行政法

学习笔记本

与

重点法条解读

NOTES
&
KEY ARTICLE INTERPRETATIONS
ON **The Administrative Law**

李广宇　编著

当代中国出版社
Contemporary China Publishing House

图书在版编目（CIP）数据

行政法学习笔记本与重点法条解读／李广宇编著．
北京：当代中国出版社，2024.11．-- ISBN 978-7
-5154-1502-4

Ⅰ．D922.105

中国国家版本馆 CIP 数据核字第 2024Y6X609 号

出 版 人	蔡继辉
责任编辑	邓颖君　彭世帆
责任校对	贾云华　康　莹
印刷监制	刘艳平
封面设计	宋　涛　鲁　娟
出版发行	当代中国出版社
地　　址	北京市地安门西大街旌勇里 8 号
网　　址	http：//www.ddzg.net
邮政编码	100009
编 辑 部	（010）66572156
市 场 部	（010）66572281　66572157
印　　刷	北京中科印刷有限公司
开　　本	880 毫米×1230 毫米　1/32
印　　张	13.75 印张　564 千字
版　　次	2024 年 11 月第 1 版
印　　次	2024 年 11 月第 1 次印刷
定　　价	68.00 元

版权所有，翻版必究；如有印装质量问题，请拨打（010）66572159 联系出版部调换。

目　录

导言：如何学习行政法……………………………………………… **001**

中华人民共和国行政诉讼法

第一章　总则 ……………………………………………………… 002
第二章　受案范围 ………………………………………………… 022
第三章　管辖 ……………………………………………………… 024
第四章　诉讼参加人 ……………………………………………… 026
第五章　证据 ……………………………………………………… 030
第六章　起诉和受理 ……………………………………………… 034
第七章　审理和判决 ……………………………………………… 052
　　第一节　一般规定 …………………………………………… 052
　　第二节　第一审普通程序 …………………………………… 056
　　第三节　简易程序 …………………………………………… 168
　　第四节　第二审程序 ………………………………………… 168
　　第五节　审判监督程序 ……………………………………… 170
第八章　执行 ……………………………………………………… 174
第九章　涉外行政诉讼 …………………………………………… 176
第十章　附则 ……………………………………………………… 178

附

最高人民法院关于适用《中华人民共和国行政诉讼法》的解释 ……… 180
最高人民法院关于行政诉讼证据若干问题的规定 …………………… 208

中华人民共和国行政处罚法

- 第一章　总则 …… 220
- 第二章　行政处罚的种类和设定 …… 222
- 第三章　行政处罚的实施机关 …… 226
- 第四章　行政处罚的管辖和适用 …… 228
- 第五章　行政处罚的决定 …… 234
  - 第一节　一般规定 …… 234
  - 第二节　简易程序 …… 236
  - 第三节　普通程序 …… 238
  - 第四节　听证程序 …… 240
- 第六章　行政处罚的执行 …… 244
- 第七章　法律责任 …… 248
- 第八章　附则 …… 252

中华人民共和国行政许可法

- 第一章　总则 …… 256
- 第二章　行政许可的设定 …… 260
- 第三章　行政许可的实施机关 …… 264
- 第四章　行政许可的实施程序 …… 266
  - 第一节　申请与受理 …… 266
  - 第二节　审查与决定 …… 268
  - 第三节　期限 …… 270
  - 第四节　听证 …… 270
  - 第五节　变更与延续 …… 272
  - 第六节　特别规定 …… 272
- 第五章　行政许可的费用 …… 276
- 第六章　监督检查 …… 278
- 第七章　法律责任 …… 282
- 第八章　附则 …… 286

附

　　最高人民法院关于审理行政许可案件若干问题的规定 …… 288

中华人民共和国行政强制法

第一章　总则 …………………………………………… 292
第二章　行政强制的种类和设定 …………………… 294
第三章　行政强制措施实施程序 …………………… 298
　第一节　一般规定 ………………………………… 298
　第二节　查封、扣押 ……………………………… 300
　第三节　冻结 ……………………………………… 302
第四章　行政机关强制执行程序 …………………… 306
　第一节　一般规定 ………………………………… 306
　第二节　金钱给付义务的执行 …………………… 308
　第三节　代履行 …………………………………… 310
第五章　申请人民法院强制执行 …………………… 312
第六章　法律责任 …………………………………… 316
第七章　附则 ………………………………………… 320

中华人民共和国行政复议法

第一章　总则 …………………………………………… 324
第二章　行政复议申请 ……………………………… 328
　第一节　行政复议范围 …………………………… 328
　第二节　行政复议参加人 ………………………… 330
　第三节　申请的提出 ……………………………… 332
　第四节　行政复议管辖 …………………………… 334
第三章　行政复议受理 ……………………………… 336
第四章　行政复议审理 ……………………………… 340
　第一节　一般规定 ………………………………… 340
　第二节　行政复议证据 …………………………… 342
　第三节　普通程序 ………………………………… 344
　第四节　简易程序 ………………………………… 346
　第五节　行政复议附带审查 ……………………… 346
第五章　行政复议决定 ……………………………… 350
第六章　法律责任 …………………………………… 358
第七章　附则 ………………………………………… 360

附

中华人民共和国行政复议法实施条例 ……………………………… 362

中华人民共和国政府信息公开条例

第一章　总则 …………………………………………………… 372
第二章　公开的主体和范围 …………………………………… 374
第三章　主动公开 ……………………………………………… 378
第四章　依申请公开 …………………………………………… 382
第五章　监督和保障 …………………………………………… 388
第六章　附则 …………………………………………………… 392

中华人民共和国国家赔偿法

第一章　总则 …………………………………………………… 396
第二章　行政赔偿 ……………………………………………… 398
　第一节　赔偿范围 …………………………………………… 398
　第二节　赔偿请求人和赔偿义务机关 ……………………… 398
　第三节　赔偿程序 …………………………………………… 400
第三章　刑事赔偿 ……………………………………………… 404
　第一节　赔偿范围 …………………………………………… 404
　第二节　赔偿请求人和赔偿义务机关 ……………………… 404
　第三节　赔偿程序 …………………………………………… 406
第四章　赔偿方式和计算标准 ………………………………… 410
第五章　其他规定 ……………………………………………… 414
第六章　附则 …………………………………………………… 416

附

最高人民法院关于适用《中华人民共和国国家赔偿法》若干问题的
　解释（一） ……………………………………………………… 418
最高人民法院关于审理行政赔偿案件若干问题的规定 ……… 420

导言：如何学习行政法

章剑生教授曾经写过一篇《我们为什么偏爱李广宇法官的裁判？》，文章的开头写道：

> 在中国行政法学界，李广宇法官可以说是无人不知的。作为最高人民法院行政庭的资深法官，多年来他与其他最高人民法院法官们一道，一直致力于通过裁判行政案件，推动域外行政法理论"本土化"，创新中国行政法理论。

这个评价尽管让我很受用，但我自己知道，对于行政法，我不过是一个半路出家而且不太用功的学徒而已。我1979年就考上了大学，但读的并不是法律，而是文学。那时候的河北大学，甚至还没有法律系。在大学期间，我一直埋头写诗，有的甚至还被诗坛前辈田间的评论文章所肯定，但也仅此而已，一直没有写出什么名堂。毕业时误打误撞分到了河北省高级人民法院，作家梦却一直不曾泯灭。参加完两年"严打"，得闲了，又开始涂鸦起来，不过已经将兴趣转向杂文，和同城的一群文青一起，发起成立了石家庄青年杂文学会，成了一名在当地小有名气的"专栏作家"。正在这个时候，法律业大成立了，作为本科生我本是可以免试入学的，但我有些不甘。后来最高人民法院与北大、人大、法大等高校合作，招收定向培养的研究生，我才动了学习法律的念头。先是在北大英语系强化了一年英语，接着便顺利考取了北大法律系行政法专业的研究生。记得入学前我去大钟寺青年公寓拜访了姜明安教授，他说你考了宪法行政法专业第一名，可以随便选导师，我就在他推荐的罗豪才、萧蔚云、龚祥瑞三位教授中选择了罗老师。因为那时我已拜读了罗老师的几本行政法著作，是我心目中的中国行政法第一人。

在北大的三年，尽管听了一些名师的课，读了几本专业的书，但我仍然不务正业得很，课余时间几乎都用来写一本《书文化大观》。说起来，那本书在读书界还是有一些影响的，因为那个时候同类的出版物还很少。记得书出版之后不久，中国书店举办读书节，发函邀请我去做一场报告，我底气不足婉谢了没去。北大图书馆系肖东发教授的《中国书史》也把它列为参考书目，但他肯定想不到，这本书的作者竟是北大法学院逃逸的不用功的学生。还有半年就要毕业时，我考上了美国哥伦比亚大学的访问学者，这样北大的学业被迫暂时中断。在纽约的那一年里，也上过几堂行政法名家的课，像大名鼎鼎的欧内斯特·盖尔洪，就是我们的老师，但在他的课上也几乎没有听懂什么。那时的精力全用来泡东亚图书馆的中文书库了，在捡来的彩色打印纸的背面，陆续写了一百多篇文学书话。每写一篇就寄到国内报刊发表，有不少还被纽约的中文报纸《侨报》刊用，甚至还作为重点作者受邀参加了《侨报》的新年酒会。

回到北大的半年里，本来是要准备学位论文，但前两个月却又点灯熬油地写起《叶灵凤传》，只是到最后时刻才草草凑成一篇《美国行政立法要论》。这个文章不过是翻译了我从美国带回的一些英文资料，并且蹩脚地套用了罗老师的"平衡论"。但罗老师却给了我很多鼓励，还曾告诉我其中的部分内容被行政立法研究组的简报摘编。我至今还记得坐公交车去给答辩委员会成员张尚鷟、皮纯协老师送论文的情形。所幸答辩委员会的主席是我自己的导师，罗老师笑眯眯地问了我一个非常简单的问题，就过关了。罗老师本来还希望我免试读他的博士，但我认真考虑了两天，还是决定回原单位去。因为到那时为止，我已参加法院工作十一年，仍然还是书记员科员，再在外面漂下去心里特别没底。虽然离开了罗老师，但此后很多年，我一直得到他的关爱。调往最高人民法院时，听说他为我说了很多好话；申报全国审判业务专家时，他又非常愉快地担任了我的推荐专家。每次见到他，他温暖的大手总是握住我不肯松开。

重返河北省高级人民法院，其实也没能从事行政审判，先是被任命为宣传科副科长兼人民法院报记者站副站长，风风火火干了将近一年，院长出事了，新院长到来后我被安排做了他的秘书。跟着领导跑了三年半，最后跑不动了，去石家庄市中级人民法院挂职副院长，差不多也是三年半。再再后来，才通过竞争上岗做了河北省高级人民法院的行政庭长，总算正儿八经地干了几年行政审判。这时期疯狂地买来许多行政法的书，还记得有一年在杭州参加行政法学会年会，与南开大学付士诚教授等人结伴去保俶路一家法律书店买书，各类行政法著作挑了整整两大捆。到北京出差的时候，法律出版社书店又成了必去之地。

2005年秋天的时候，我调到最高人民法院，担任行政庭副庭长。刚来的时候，战战兢兢，不敢多言，只是拼命读书，一直过了两三年，才开始试着写文章。那一年《政府信息公开条例》颁布了，感觉很对我的胃口，后来，又主持政府信息公开诉讼司法解释的起草，就因为这个机缘，钻研了许多问题，行政法的修养才有了一些提高。这也是我所要说的学习行政法的体会之一：挖一口井。为什么这样说？因为行政法是一个庞大的体系，漫无边际地读下去，很难抓住要领。从某一小的领域切入，就像深

挖一口井,那口井会纵深地触及方方面面,而又始终围拢在一起。我在一篇文章当中曾经这样写道:

> 政府信息公开不仅是一项全新的行政活动方式,这一类全新的诉讼也给传统的行政诉讼模式和格局产生了很大冲击,所以这个司法解释的意义不仅在于及时应对针对这样一种全新的行政活动方式所产生的诉讼,某种程度上,它也成为一种全新的行政诉讼模式的探路者和先行军。我们回过头来再看这部司法解释,会发现它在诉讼类型化、判决方式方面所作的探索,很多都已为新的《行政诉讼法》所吸收。

我在挖政府信息公开这口深井的过程中,遇到许多行政法上的重要问题,除了诉讼类型化,像利害关系、诉的利益、判诉对应、暂时权利保护、行政诉讼民事诉讼化,都是在这期间关注并思考的。这期间再读行政法学经典读物,就不是泛泛而观,而是带着问题学,将各家学说比较着学,这就是我所要说的学习行政法的体会之二。

带着问题找答案,就会知道哪些书有料,哪些书很水。虽然王名扬的外国行政法三部曲早已是案头必备,但真的看进去也是在这时。在一个初冬的刮着大风的寒夜,我曾应马怀德老师的邀请到中国政法大学讲过一场《政府信息公开司法解释的台前幕后》,一开场我就谈到了王名扬:

> 接下来,还有一位法大人不能忘记,那就是咱们行政法学界的前辈大师王名扬先生。在座各位都读过他的外国行政法三部曲,而这个司法解释和我本人关于政府信息公开的著述,就直接得益于王老的《美国行政法》。我之前也不止一次读过这部书,但当你遇到问题的时候再去读,你会发现其中暗藏着许多把钥匙,供你去打开一把又一把的锁。政府信息公开这个话题在国内引起热议,只是最近几年的事情。回过头来再看1995年出版的《美国行政法》,你才发现后面有很大篇幅是在讨论美国的《信息自由法》和《隐私权法》,很多概念,像信息的可分割性、单方审查、反信息自由法的诉讼,等等,都是从王老的书中学习的。我建议各位精读王老上下两册的《美国行政法》,这可是取之不尽、用之不竭的宝贵财富。

在写《政府信息公开司法解释读本》时,我找到了一个模板,这就是室井力、芝池义一、浜川清主编、朱芒翻译的《日本行政程序法逐条注释》,这哪里是"逐条"注释,简直是逐句、逐词注释,其精细深邃实在是前所未见。朱芒教授在"译者后记"里也谈到这一类"注释法学"著作所带给他的震撼:

> 在我学习和研究法律的路程上,第一次读到经典的逐条注释著作,感受到其中

的学术力量,是在上世纪的九十年代初,可以说,《日本国宪法精解》一书对我的影响而言,是具有里程碑意义的作品。1990年初夏,当我第一次读到该书时,开始有一种恍然大悟的感觉,现实制度运行的积淀,学术理论研究的成果原来是可以这样进入具体的法条。……遗憾的是,在中国法律领域中,至今还尚无这类法律注释书。

我就依样画葫芦地写了一本有关政府信息公开诉讼的"注释书",把许多前沿研究成果浓缩到对司法解释每一句话的注释当中。不仅使这本司法解释解读具有了不同于以往的样貌,对于我自己的学术旨趣和写作风格也产生了非常大的影响,以至于成为后来完成的《新行政诉讼法逐条注释》和《新行政诉讼法司法解释读本》的前奏。这就是我所要说的学习行政法的体会之三:找好书看。木心曾说:"找好书看,就是找一个制高点。"行政法著作可谓汗牛充栋,但基本上大同小异,没必要都去读,也没有那样的时间和精力,所以就要选最好的读。不仅内容好,方法体例也要不同凡俗。读平庸之作,只会把你带得更平庸。

有了这一阶段的积累,到参与《行政诉讼法》修改时就感觉得心应手多了。不过,一直到新《行政诉讼法》颁布,很多问题也还是只知其一不知其二。如果说后来有了一个飞跃,那要得益于独立撰写《新行政诉讼法逐条注释》。在为另一本《新行政诉讼法司法解释读本》所写的跋语中,我记录了这一过程以及我的内心追求:

1990年秋天,第一部《行政诉讼法》开始施行。我恰好进入北京大学法律系,师从罗豪才教授研修行政法。那会儿,无论如何也没料到,二十四年之后,我会代表最高人民法院全程参与《行政诉讼法》的修改。并在随后主持新《行政诉讼法》司法解释的起草。在《行政诉讼法》修正案通过之后,整整半年又两个月,几乎所有的晚间和周末,我都是在办公室度过,先后写出《新行政诉讼法逐条注释》和《新行政诉讼法司法解释读本》。写作过程的寂寞困苦难与人道,写作过程的别样欢乐也是他人所难体味。

写作的过程就是学习的过程。与大师先贤的对话恰是一种莫名的享受;享受的同时也不经意地完成了一次学问上的蜕变。我也在刻意尝试一种不同的叙述方式,既要说"是什么",又要说"为什么";既要说"怎么读",又要说"怎么做"。法条注释也应该当作学术作品去经营。

我也始终在努力思考行政法应有的样态,也始终在追问行政诉讼的模式如何转换。限于体例,不可能完整捧出系统的主张,但个中的片段絮语,却已隐含在全书的字里行间。学无止境,实践之树常青。我们总是期待着下一本,那么,下一本会是什么?

一个人写逐条注释，偷不了任何懒，每一条都要搞明白，这就是一种系统训练；而既要说"是什么"，又要说"为什么"的理念，又会让你追根溯源，不搞清来龙去脉誓不罢休。我还追求言必有出处，还记得，有时为了找一句最为到位的话，几乎翻遍所有的书橱。这样的苦功夫也能熟悉更多的经典名著，其中，哈特穆特·毛雷尔的《行政法学总论》和弗里德赫尔穆·胡芬的《行政诉讼法》成为我的最爱，以至于我在办案写裁定时也会把它们放到手边，当我遇到难题时总能在里边找到满意的答案，德国人的精细和缜密也能给人以潜移默化的影响。有一年我去位于明斯特小城的北威州行政法院访问，与德国同行畅聊一个下午的诉讼类型化，他们说："感觉你跟我们是一个思维方式。"所以，我所要说的学习行政法的体会之四就是：不动笔墨不看书。王泽鉴曾说："法学训练在于写作。"他强调："写很要紧，不要想，要写。"想可以绕过去，写是万万绕不过去的。你们不一定都要写一部逐条注释，也没这个必要。但可以拣小题目写，结合案例写，写一个小问题就把这个问题的前前后后搞明白，日积月累，就能提高。

后来，仅仅行政法的书已经难以使我满足，于是又将目光扩大到民法和民事诉讼法，民法方面，卡尔·拉伦茨的《德国民法通论》和王泽鉴的《民法学说与判例研究》读得最多；至于民事诉讼法，则喜欢日本的兼子一、中村英郎、新堂幸司和高桥宏志。这些书有的已经绝版多年了，很难找得来，但我都一一找来了。行政诉讼首先是一种诉讼，这个道理看似十分浅显，但真正体会到位的，未见得人很多。很多人都熟悉美国的行政法著作，可曾看到有关行政诉讼程序的内容？很少有。因为他们的司法审查同样适用民事诉讼程序，所以研究著作就只关心这些特殊的方面。我们的《行政诉讼法》也具有民事诉讼特别法的基因，很多程序问题不作重复规定，但这些略去的又离不开的内容在行政法著作中找不到，这就需要向民事诉讼的相关法律和文献伸出援手。近几年，我的裁判关注了诸如诉讼系属、诉讼标的、既判力、诉讼三阶段等过去少被关注的内容，也产生了一些影响，其实其中的许多观点都是从民事诉讼著作当中偷师而来。行政诉讼民事诉讼化，不是新潮，而是回归。所以，这就是我所要说的学习行政法的体会之五：学习行政法，一定不要只看行政法。

中华人民共和国行政诉讼法

(1989年4月4日第七届全国人民代表大会第二次会议通过 根据2014年11月1日第十二届全国人民代表大会常务委员会第十一次会议《关于修改〈中华人民共和国行政诉讼法〉的决定》第一次修正 根据2017年6月27日第十二届全国人民代表大会常务委员会第二十八次会议《关于修改〈中华人民共和国民事诉讼法〉和〈中华人民共和国行政诉讼法〉的决定》第二次修正)

第一章 总则

第1条 立法目的

为保证人民法院公正、及时审理行政案件，解决行政争议，保护公民、法人和其他组织的合法权益，监督行政机关依法行使职权，根据宪法，制定本法。

>>> 一、本条的宗旨
本条是对行政诉讼法的立法目的和立法根据所作的规定。

二、立法目的

每一个法律都有其立法目的。立法目的的设定，对于这个法律的内容具有决定性的意义。"行政诉讼制度，究竟系依据何种目的而运作，与民事诉讼之目的论争同，不仅攸关诉权理论之建构，亦与如何架构理想行政诉讼制度此一立法政策问题，以及如何适正解释、运用行政诉讼制度等问题，息息相关。"[1] 在法律解释方法中，就有一种目的解释方法，其创立者耶林认为，解释法律，必先了解法律所欲实现何种目的，以此为出发点，加以解释，始能得其要领。[2] 因为"所有法律条文都是为了实现这个目的而展开的。与法律目的相冲突的条文从理论上说是无效的。"[3] 行政诉讼法的修改，对本条规定的立法目的作了重要调整，值得深刻领会。

三、保护公民、法人和其他组织的合法权益，监督行政机关依法行使职权

关于行政诉讼法的立法目的，在一九八九年行政诉讼法的立法过程中，出现了四种意见。第一种意见认为，制定行政诉讼法的唯一宗旨应当是保护公民和组织的合法权益。第二种意见认为，制定行政诉讼法的主要目的是监督行政机关依法行政。第三种意见认为，制定行政诉讼法的目的首先要明确是保证人民法院正确、及时审理行政案件。第四种意见认为，制定行政诉讼法的目的应当包含"保障和监督"或"维护和促进"行政机关依法行政的两层意思。[4] 上述四种意见，除去第三种意见侧重程序价值不论，其余三种，或者是强调行政法律救济，或者是强调行政法制监督，或者是一种"二目的说"。最后，立法者综合了上述意见，将立法目的表达为："保证人民法院正确、及时审理行政案件，保护公民、法人和其他组织的合法权益，维护和监督行政机关依法行使行政职权。"事实上是采纳了"二重目的说"。撇开当中关于"维护"的表述不论（既维护又监督之自相矛盾容后详论），总体上符合多数国家关于行政诉讼目的的"通说"。

由历史沿革来看，现代行政诉讼制度得以产生，与法治主义之发展及基本人权之保障有关，换句话说，行政诉讼系基于对行政之适法性控制与对贯彻人民权利保护之要求而产生。"在理论上，行政诉讼的目的是保护、救济提起诉讼的国民的权利利益，这在行政法学界并无异议"。持"权利保护主义唯一目的说"的人也不否认行政诉讼同时具有"行政合法性的保障"、"法律秩序的确保"等功能，区别在于他们是"将权利保护作为行政诉讼的目的或根本目的，而将行政的合法性保障作为行政诉讼的功能或实现权利保护目的的结果"。[5] 既然"二者实际上互为表里"，兼采两

说,也就不会存在矛盾之处,亦不致影响行政诉讼根本目的的实现。因为"如能确实达成其中一个诉讼目的,理论上亦可同时满足另一目的的要求"。[6]

四、"维护"的存废

问题在于,1990年行政诉讼法对于"适法性控制"目的的表述,"监督"之外增加了"维护"行政机关依法行使职权。在1989年立法的时候,对于只写"监督",还是既写"监督"又写"维护",确实存在很大争论。"维护"说主要来自行政机关。政府法制部门的许多同志认为还应当规定"保障"或者"维护"行政机关依法行使行政权力,否则就会有片面性。[7] 立法机关采纳了这个意见。主要的出发点是基于"司法权与行政权的关系"。"法院对行政机关不仅有监督,还有维护的一面。法院要对行政机关具体行政行为是否合法进行审查,对违法的判决予以撤销,但不要妨碍行政机关有效充分地行使行政管理职权。因此,对在法律、法规范围内的行政行为,法院不干预,对合法的行政行为要予以维护,不代替行政机关行使行政管理职权。"[8] 对于这个考虑,在立法当时就有反对意见。他们认为,"维护行政管理、提高行政效率无须通过行政诉讼途径实现。如要实现此目的,应制定的不应是行政诉讼法,而应是各种行政管理法,通过各种行政管理法扩大行政机关的各种强制性权力和手段去消除行政管理的障碍,保证行政管理的顺利进行"。况且,"当时行政管理的现实是,行政权滥用和公民权益受到侵犯是主要问题;而行政管理因缺乏强制手段而效率低下的虽然也存在,但却不是主要矛盾。"[9]

维护行政管理、提高行政效率的立法目的,直接导致了各种具体法律规则不利于更为有效地监督行政机关依法行政,更为全面地保护相对人的合法权益,有些具体设计(如维持判决方式)甚至有违诉讼的基本规律。行政诉讼法施行24年来的情况表明,这种既维护又监督,相互矛盾的逻辑关系,也常常使得行政审判法官在维护和监督之间犹疑不定,左右为难,甚至形成了在审判指导思想方面的"人格分裂"。这次修改,将"维护"两字删除,终于使立法当时的一些激烈争论得以尘埃落定,使一些长期存在的模糊认识得以正本清源。

五、保证人民法院公正、及时审理行政案件

至于本条规定的"保证人民法院公正、及时审理行政案件",是不是也是立法目的之一,这应当是没有疑问的。但与"保护公民、法人和其他组织的合法权益"、"监督行政机关依法行使职权"这两个属于实体方面的目的相对,这一目的显然是程序方面的。[10] 那么,实体方面的目的与程序方面的目的之间是一种什么关系?实体法与程序法关系的传统观点认为,"实体法从常识来讲就是以'应当如此'的法律关系为内容,提示什么是实体正义的规范;与此相对,程序法则被理解为规定如何实现实体法内容的手段性规范。"但与前述传统观点不同的一种新的认识却日益成为主流。他们认为,"从罗马法和英国法的早期历史来看,不存在实体法或实体法规范很不清楚的时期却已经存在诉讼和审判。实

体法规范的发展和体系化其实正是长期的诉讼审判实践积累的结果;诉讼法也绝不是所谓的'助法',而具有左右甚至决定实体法内容的重要位置"。[11] 实体法立法目的的实现显然难以离开诉讼程序法而独自完成,因为"实体法上所规定的权利义务如果不经过具体的判决就只不过是一种主张或'权利义务的假象',只是在一定程序过程中产生出来的确定性判决中,权利义务才得以实现真正意义上的实体化或实定化"。[12]

就行政诉讼法来说,有的学者从本条规定的三个立法目的推导出,"行政诉讼制度应该认为是一身兼具三重身份的制度:解决行政争议的诉讼制度、对行政行为进行司法审查的行政法制监督制度、对合法权益受到侵犯的行政相对人进行救济的行政法律救济制度"。但作为传统的三大基本诉讼制度之一,行政诉讼"自然首先属于诉讼的范畴,具有诉讼的性质和特征"。[13] 司法权的特征在于,司法是消极被动的作用,要以"具体案件性"为前提,在一定的诉讼构造下,必须遵循一定的程序、规则。行政诉讼若想发挥行政法制监督功能和行政法律救济功能,必须通过以法律上的争讼作为前提的"裁判"得以实现,而不允许法院在此之外对行政机关进行积极的干预和控制。因此,作为由国家最高权力机关制定的有关行政诉讼的程序法,行政诉讼法的最直接目的自然应当是保证人民法院公正、及时审理行政案件。

还应指出的是,本次修改将"保证人民法院正确、及时审理行政案件"修改为"保证人民法院公正、及时审理行政案件",使之更加符合诉讼规律。"审判结果是否正确并不以某种外在的客观的标准来加以衡量,而充实和重视程序本身以保证结果能够得到接受则是其共同的精神实质。按照罗尔斯的分类来说,这里的倾向就是纯粹的程序正义。换言之,只要严格遵守正当程序,结果就被视为是合乎正义的。"[14]

六、解决行政争议

"解决行政争议",是本次修改中新增加的一个诉讼目的。本来,在1989年立法的过程中,行政诉讼目的论中曾经出现过"解决行政争议说"。该说主张:"行政争议的发生妨碍了行政管理的顺利进行,从而妨碍了经济建设的发展速度、效率。而某些行政争议较适于通过司法程序解决,通过司法程序解决这些争议较其他途径解决快捷、有效。因此,通过行政诉讼法的立法确立司法解决行政争议的目的主要是为了快捷、有效解决行政争议,保障行政管理的顺利进行,其他目的都只是第二位的。"[15] 这一观点的可取之处在于重视行政诉讼解决行政争议的功能,但由于它是与"保障行政管理的顺利进行"捆绑在一起,也就失去了立论的基础。总的来看,1990年行政诉讼法无论从立法目的还是总体构造,都存在着过分强调合法性审查,忽视或回避争议解决的倾向。以第一条来说,不仅并未涉及"争议"或者"争讼"的内容,甚至还出现了"维护"行政机关依法行政的明显属于超越"争议"的功能。第二条规定:"公民、法人或者其他组织认为行政机关和行政机关工作人员的具体行政行为侵犯其合法权益,有

行政案件，对具体行政行为是否合法进行审查。"上述两条规定，明显是在确立一种单向的合法性审查模式。在此模式之下，原告更多地是在扮演一个"诉讼发动者"的角色，一旦诉讼开始，法院关注的并非两造当事人间之具体权利义务或法律关系，而是致力于对被诉具体行政行为的合法性进行全面审查。因此，从本质上说，我国行政诉讼法的构造，具有较强的客观诉讼色彩。过多地强调公法秩序的维护，从而弱化了争议解决功能。

迈克尔·D.贝勒斯说过："解决争执是全部法律（程序法与实体法）的目的之一。"[16]通说认为，"行政诉讼作为传统的三大基本诉讼制度（刑事诉讼、民事诉讼、行政诉讼）之一，自然首先属于诉讼的范畴，具有诉讼的性质和特征"。[17]那么，什么是"诉讼"的性质和特征呢？我国台湾地区学者对此曾经作过定义："所谓'诉讼'，应指由具有独立地位之第三人机关，就一定之具体争讼事件，依慎重之法定程序，作成'法之宣示'之作用"。该学者进而认为："其中以行政事件为对象者，谓之'行政诉讼'"。依此说，行政诉讼作为"诉讼"的一种，与民事诉讼并无本质的不同，[18]有所区别的是，相对于民事诉讼是在解决"民事事件"，行政诉讼则在解决"行政事件"。[19]因此，我国台湾地区的"行政诉讼法"的第一章就以"行政诉讼事件"冠名，一方面在第一条明确"行政诉讼以保障人民权益，确保国家行政权之合法行使，增进司法功能为宗旨"，另一方面又于第二条跟进规定："公法上之争议，除法律别有规定外，得依本法提起行政诉讼"。该法落脚或者着眼于"争议"，系以"两造当事人间之具体权利义务或法律关系有关争执为其内容，故其争讼构造本身必须适合解决此一具体争执"。[20]本次行政诉讼法的修改，在立法目的中增加"解决行政争议"的表述，其积极意义远不仅仅是宣示，还起到了对总体架构的整备和对具体制度的完善的统领作用。

七、根据宪法制定本法

本条规定了行政诉讼法的立法依据，也就是"根据宪法制定本法"。

中国特色社会主义法律体系，是"以宪法为核心，以宪法相关法、民法商法、行政法、经济法、社会法、刑法、诉讼与非诉讼程序法等多个法律部门的法律为主干，由法律、行政法规、地方性法规等多个层次的法律规范构成"。为什么要以宪法为核心？因为宪法是国家的根本法，具有最高的法律效力，是其他一切法律规范的总依据。[21]为什么在宪法核心之外还要有多部门、多层次的法律规范？因为宪法虽说是根本法，但"不是法律大全，不能把什么都规定进去"。[22]"同时宪法又通过法律法规予以贯彻和体现"。"宪法所确立的国家根本制度和根本任务，基本原则、方针政策、活动准则等，需要通过一系列行之有效、相互衔接和配套的法律法规来贯彻来落实"。[23]对此，列宁曾经有过这样的论述："宪法是根本法，而且仅仅是根本法。宪法并不排除将来立法机关的日常立法工作，而且要求有这种工作。宪法给这种机关将来的立法工作以法律基础。"在这一点上，行政诉讼法与其他一切

法律并无不同。行政诉讼法既以宪法为依据，又是宪法的贯彻和体现。

应当强调的是，在各个部门法中，行政法（也可以说行政诉讼法，因为行政诉讼法被认为"并非纯粹的程序法"，它"包含了所有实体法问题"[24]）与宪法的关系可以说最为密切。宪法行政法学者龚祥瑞曾经这样描述行政法与宪法的关系："宪法是行政法的基础，而行政法则是宪法的实施。行政法是宪法的一部分，并且是宪法的动态部分。没有行政法，宪法每每是一些空洞、僵死的纲领和一般原则，而至少不能全部地见诸实践。反之，没有宪法作为基础，则行政法无从产生，或至多不过是一大堆零乱的细节，而缺乏指导思想。"[25] 正是由于行政法与宪法的这种密切关系，所以有学者认为，"要想正确理解行政诉讼法在今天的重要意义，就得从认识宪法开始。"[26] 习近平总书记在首都各界纪念现行宪法公布施行三十周年大会发表的重要讲话中，从几个方面概括了我国宪法的重要原则，诸如，一切权利属于人民、依法治国、人民主体、法律面前一律平等、权力制约和监督，都应当成为行政诉讼的最高准绳。公民的基本权利和义务是宪法的核心，宪法是保障公民权利的法律武器。[27] 从世界范围来看，"学者探讨行政诉讼之功能，……均由宪法保障之人民基本权的观点出发"。"当今对于基本权利的保护，有很大一部分是在行政诉讼中得以实现的。"[28] 在中国，尽管人民法院在行政裁判中能否直接援引宪法条文，至今仍是问题，但这并不妨碍行政审判法官在裁判过程中对于宪法原则和精神加以理解并认真贯彻体现。

注：
1. 刘宗德、彭凤至：《行政诉讼制度》，载翁岳生编：《行政法》，中国法制出版社2009年版，第1340页。
2. 转引自梁慧星：《民法解释学》，中国政法大学出版社2000年版，第222页。
3. 黄杰主编：《中华人民共和国行政诉讼法诠释》，人民法院出版社1994年版，第5页。
4. 参见胡康生：《〈行政诉讼法〉立法过程中的主要问题》，载最高人民法院《行政诉讼法》培训班编：《行政诉讼法专题讲座》，人民法院出版社1989年版，第35—36页。
5. 江利红：《日本行政诉讼法》，知识产权出版社2008年版，第16页。
6. 刘宗德、彭凤至：《行政诉讼制度》，载翁岳生编：《行政法》，中国法制出版社2009年版，第1336、1342页。
7. 参见胡康生：《〈行政诉讼法〉立法过程中的主要问题》，载最高人民法院《行政诉讼法》培训班编：《行政诉讼法专题讲座》，人民法院出版社1989年版，第36页。
8. 顾昂然：《立法札记——关于我国部分法律制定情况的介绍》，法律出版社2006年版，第457页。
9. 参见姜明安：《行政诉讼法》，法律出版社2007年版，第51页。

10. 黄杰主编:《中华人民共和国行政诉讼法诠释》,人民法院出版社1994年版,第5页。
11. 王亚新:《民事诉讼中的依法审判原则与程序保障》,载［日］谷口安平:《程序的正义与诉讼》,王亚新、刘荣军译,中国政法大学出版社2002年版,第2页。
12. ［日］谷口安平:《程序的正义与诉讼》,王亚新、刘荣军译,中国政法大学出版社2002年版,第6页。
13. 姜明安:《行政诉讼法》,法律出版社2007年版,第73页。
14. ［日］谷口安平:《程序的正义与诉讼》,王亚新、刘荣军译,中国政法大学出版社2002年版,第5页。
15. 参见姜明安:《行政诉讼法》,法律出版社2007年版,第51—52页。
16. 转引自何家弘、刘品新:《证据法学》,法律出版社2004年版,第58页。
17. 姜明安:《行政诉讼法》,法律出版社2007年版,第72页。
18. 在民事诉讼的目的论中,"纠纷解决说"可以说长期占据着学界通说的地位。参见［日］高桥宏志:《民事诉讼法:制度与理论的深层分析》,林剑锋译,法律出版社2003年版,第2页。
19. 翁岳生编:《行政法》,中国法制出版社2009年版,第1338页。
20. 翁岳生编:《行政法》,中国法制出版社2009年版,第1336页。
21. 张德江:《完善以宪法为核心的中国特色社会主义法律体系》,载《〈中共中央关于全面推进依法治国若干重大问题的决定〉辅导读本》,人民出版社2014年版,第2、8页。
22. 张友渔:《进一步研究新宪法,实施新宪法》,转引自傅华伶、朱国斌编著:《宪法权利与宪政》,香港大学出版社2012年版,第73页。
23. 张德江:《完善以宪法为核心的中国特色社会主义法律体系》,载《〈中共中央关于全面推进依法治国若干重大问题的决定〉辅导读本》,人民出版社2014年版,第8页。
24. ［德］弗里德赫尔穆·胡芬:《行政诉讼法》,莫光华译,法律出版社2003年版,第4页。
25. 龚祥瑞:《比较宪法与行政法》,法律出版社1985年版,第5页。
26. ［德］弗里德赫尔穆·胡芬:《行政诉讼法》,莫光华译,法律出版社2003年版,第5页。
27. 《习近平在首都各界纪念现行宪法公布施行30周年大会上的讲话》,载中央政府门户网站。
28. 徐瑞晃:《行政诉讼法》,五南图书出版股份有限公司2012年版,第17页。

第2条 诉权

公民、法人或者其他组织认为行政机关和行政机关工作人员的行政行为侵犯其合法权益,有权依照本法向人民法院提起诉讼。

| 2 | 前款所称行政行为,包括法律、法规、规章授权的组织作出的行政行为。

第 3 条 行政机关负责人出庭应诉

1 人民法院应当保障公民、法人和其他组织的起诉权利,对应当受理的行政案件依法受理。
2 行政机关及其工作人员不得干预、阻碍人民法院受理行政案件。
3 被诉行政机关负责人应当出庭应诉。不能出庭的,应当委托行政机关相应的工作人员出庭。

第 4 条 独立行使审判权

1 人民法院依法对行政案件独立行使审判权,不受行政机关、社会团体和个人的干涉。
2 人民法院设行政审判庭,审理行政案件。

第 5 条 以事实为根据,以法律为准绳原则

人民法院审理行政案件,以事实为根据,以法律为准绳。

第 6 条 **合法性审查原则**

人民法院审理行政案件,对行政行为是否合法进行审查。

>>> 一、本条的宗旨
本条规定的是合法性审查原则。与原第 5 条相比,除了将"具体行政行为"改为"行政行为",未作修改。
二、人民法院审理行政案件,对行政行为是否合法进行审查
《行政诉讼法》原第 5 条规定:"人民法院审理行政案件,对具体行政行为是否合法进行审查。"这一原则被称为"行政审判的核心和基本原则问题"。[1] 在行政诉讼的初创时期,这一原则发挥了不容抹杀的历史作用。突出表现在两个方面:第一,这一原则强调了"人民法院依法审理行政案件,有权对被诉行政行为是否合法进行审理并作出裁判",[2] 事实上为人民法院行使司法审查权提供了坚强的法律支持,在当时的历史条件下确立这一原则,绝不亚于马伯里诉麦迪逊案之于美国司法审查的意义。第二,这一原则强调对被诉行政行为的审查,从而为行政审判指引了一个正确的方向,避免了"法官和行政机关一道审原告"现象的发生,从而使行政诉讼法"保护合法权益、监督依法行政"的立法目的最大可能地得以彰显。
但是,这一原则存在非常明显的历史局限性。在行政诉讼制度不断丰富扩展、人们对行政诉讼的性质和规律认识不断清晰和深化的今天,有必要对其存废或者地位进行反思。在行政诉讼法修改过程中,有的意见(包括本书作者在内)曾经建议将该原则予以取消,或者至多将其放到撤销判决部分加以规定,但立法机关认为该原则作为行政诉讼法唯一区别于刑事诉讼法和民事诉讼法的一个原则,已耳熟能详,深入人心,很难撼动。尽管如此,本书认为仍有对这一原则进行讨论的必要,这对于加深我们对行政诉讼性质和规律的认识,拓展或者校正行政审判的思路和方法,都会有所助益。

（1）《行政诉讼法》原第5条的真正含义已经名存实亡

以往的教科书在对《行政诉讼法》原第5条进行解读时认为："行政诉讼这一基本原则包括两项内容：其一，人民法院在行政诉讼中只审查具体行政行为，而不审查抽象行政行为；其二，人民法院在行政诉讼中只审查具体行政行为的合法性，而不审查具体行政行为的合理性。"现在看来，经过《行政诉讼法》的修改，这两项内容都已不同程度得到推翻。第一，《行政诉讼法》不仅在对本条的修改中乃至在整部法律中删除了"具体"两字，使得审查对象不再限于"具体行政行为"，更通过第53条、第64条的规定，引入了规范性文件的附带审查，事实上将审查的触角延伸到了抽象行政行为。第二，《行政诉讼法》在第70条对撤销判决的修改中，增加"明显不当"为可撤销的情形，事实上将审查范围只限于行政行为的合法性，适度扩大到了合理性。此外，《行政诉讼法修正案》还通过第78条对于行政协议履行及补偿判决的规定，引入了是否"按照约定"的审查，这就离合法性审查模式更加相去甚远。不过，上述变化还属于显而易见的范畴，接下来的讨论才是笔者想要表达的重点。

（2）行政行为是审查对象而非审理对象

过去的实务见解，大多将具体行政行为当作行政诉讼的审理对象。例如有的观点认为："具体行政行为是行政诉讼的客体。人民法院审理行政案件的主要任务是对具体行政行为是否合法进行审查。"[3]这种观点实际上是混淆了诉讼对象与审查对象。关于诉讼对象，民事诉讼方面的学者认为："法院审理与判决的内容就是所谓的'诉讼对象'，又被称为'诉讼标的'或'诉讼物'等等。所谓的诉讼对象是指，在诉讼中应当被实现的实体权利的主张，也被称为'诉讼上的请求'。"[4]在这一诉讼原理问题上，行政诉讼与民事诉讼没有什么不同。以撤销诉讼为例，诉讼对象应当是原告提出的撤销被诉行政行为的诉讼请求是否成立。法院所要审理的，既包括诉的适法性，如诉权、侵权可能性、起诉期限等；又包括诉的理由具备性，如被动适格、被诉行政行为的违法性、权利侵害与撤销请求权。[5]与众多需要审理的事项相比，行政行为的合法性问题只是其中的一个环节，尽管它确实属于最为核心的环节。其实，早在《行政诉讼法》最初起草的时候，就有诉讼法领域的学者提出过行政案件的审理对象问题。例如刘家兴教授指出："有人认为……人民法院审理行政案件，就是审理行政机关的具体行政行为。这种认识，不仅在理论上是不清楚的，而且是不符合客观实际的。""人民法院对行政案件审查的是具体行政行为，而审理的则是因具体行政行为所发生的行政法律关系……如果不是这样来认识问题，而将审查的对象等同于审理的对象，那就不能揭示诉讼的实质，不会着眼于案件的全部事实，也就难以从法律关系是否应该成立的根据上，对具体行政行为作出正确的判断。"[6]

(3) 合法性审查是撤销诉讼的原则，但不是所有诉讼类型一体适用的原则

以往的实务见解普遍认为："审查具体行政行为合法性原则作为行政诉讼的基本原则之一，它贯穿于行政诉讼的各个方面，指导各个诉讼环节，是带有普遍性的诉讼行为准则。"[7] 这种认识是撤销诉讼一体主义的历史背景下的必然产物。但是，随着干预行政向给付行政的演变，行政活动的方式大大丰富，行政诉讼的类型也大大丰富，与撤销诉讼相伴而生的合法性审查原则就日益显现出其适用领地的局限性，很难对所有诉讼类型一体适用。以义务之诉为例。且不说很多情况下在这一诉讼类型中并不存在一个已经作出的"行政行为"，即便在行政机关已经作出一个明确拒绝的行政行为的情况下，法院所要审理的要件事实，也绝不限于行政行为的合法性。按照德国的行政诉讼实务，义务之诉理由具备性的审查要件包括：被动适格、请求权基础、管辖权、程序、虽有请求权仍被拒绝、权利侵害、裁判时机成熟。[8] 德国的经验同时也说明，要件审查方法比之于合法性审查，不仅更为全面、清晰，也能够针对不同诉讼类型作出符合各自特点的设计。

(4) 诉讼类型的丰富也在"行为诉讼"之外产生了"关系诉讼"

传统的行政诉讼基本属于"行为诉讼"，但作为补充，"关系诉讼"也渐次被引入行政诉讼之中，最典型的莫过于确认之诉。与行为诉讼不同，此类诉讼有时并非针对一个行政行为而提起，在这种情况下也就谈不上对行政行为的合法性进行审查。例如，在德国有所谓的确认法律关系存在或者不存在之诉。法院所要审理的是原告所主张的法律关系，如果原告所主张的法律关系存在（积极的确认之诉），或者不存在（消极的确认之诉），那么，一般确认之诉就具备理由。[9] 在我国台湾地区，将其称作确认法律关系成立或不成立。其诉讼对象系公法上法律关系，而"公法上法律关系之存在，有直接基于法规规定者，亦有因行政处分、行政契约或事实行为而发生者，惟法规、行政行为或事实行为，均非法律关系，不得以其存否为确认之对象"。[10] 我国行政诉讼法亦引入了确认判决的方式，虽然并没有明文规定可以确认法律关系成立不成立之问题，但确认之诉作为一种独立的诉讼类型，它的引进行政诉讼本身，就天生带着与撤销诉讼等传统诉讼类型不一样的使命，针对法律关系展开诉讼应当是题中应有之义。行政法近几十年来的发展表明，"由行政行为（和其他活动方式）建立的行政法律关系却有取而代之的趋势"，这"有助于从另一个角度认识行政行为，并且可以赋予行政行为以新的内涵"。[11] 因此可以说，以上对于合法性审查原则的讨论，也有助于我们开阔思路，更新观念，准备迎接新的实践挑战。

注：
1. 罗豪才："序"，载蔡小雪：《行政审判中的合法性审查》，人民法院出版社1999年版，第1页。

2. 全国人大常委会法制工作委员会行政法室编著：《中华人民共和国行政诉讼法解读》，中国法制出版社2014年版，第20页。
3. 蔡小雪：《行政审判中的合法性审查》，人民法院出版社1999年版，第3页。
4. ［日］中村英郎：《新民事诉讼法讲义》，陈刚、林剑锋、郭美松译，法律出版社2001年版，第110页。
5. 参见［德］弗里德赫尔穆·胡芬：《行政诉讼法》，莫光华译，法律出版社2003年版，第211页以下以及第408页以下。
6. 刘家兴：《关于审理行政案件中的几个问题》，载最高人民法院《行政诉讼法》培训班编：《行政诉讼法专题讲座》，人民法院出版社1989年版，第184页。
7. 黄杰主编：《中华人民共和国行政诉讼法诠释》，人民法院出版社1994年版，第16、18页。
8. ［德］弗里德赫尔穆·胡芬：《行政诉讼法》，莫光华译，法律出版社2003年版，第438页以下。
9. ［德］弗里德赫尔穆·胡芬：《行政诉讼法》，莫光华译，法律出版社2003年版，第465页。
10. 徐瑞晃：《行政诉讼法》，五南图书出版股份有限公司2012年版，第113页。
11. ［德］汉斯·J.沃尔夫、奥托·巴霍夫、罗尔夫·施托贝尔：《行政法》（第2卷），高家伟译，商务印书馆2002年版，第10页。《《《

第7条	合议、回避、公开审判和两审终审原则	人民法院审理行政案件，依法实行合议、回避、公开审判和两审终审制度。
第8条	法律地位平等原则	当事人在行政诉讼中的法律地位平等。
第9条	本民族语言文字原则	1. 各民族公民都有用本民族语言、文字进行行政诉讼的权利。 2. 在少数民族聚居或者多民族共同居住的地区，人民法院应当用当地民族通用的语言、文字进行审理和发布法律文书。 3. 人民法院应当对不通晓当地民族通用的语言、文字的诉讼参与人提供翻译。
第10条	辩论原则	当事人在行政诉讼中有权进行辩论。
第11条	法律监督原则	人民检察院有权对行政诉讼实行法律监督。

第二章 受案范围

第12条 行政诉讼受案范围

人民法院受理公民、法人或者其他组织提起的下列诉讼:
(一)对行政拘留、暂扣或者吊销许可证和执照、责令停产停业、没收违法所得、没收非法财物、罚款、警告等行政处罚不服的;
(二)对限制人身自由或者对财产的查封、扣押、冻结等行政强制措施和行政强制执行不服的;
(三)申请行政许可,行政机关拒绝或者在法定期限内不予答复,或者对行政机关作出的有关行政许可的其他决定不服的;
(四)对行政机关作出的关于确认土地、矿藏、水流、森林、山岭、草原、荒地、滩涂、海域等自然资源的所有权或者使用权的决定不服的;
(五)对征收、征用决定及其补偿决定不服的;
(六)申请行政机关履行保护人身权、财产权等合法权益的法定职责,行政机关拒绝履行或者不予答复的;
(七)认为行政机关侵犯其经营自主权或者农村土地承包经营权、农村土地经营权的;
(八)认为行政机关滥用行政权力排除或者限制竞争的;
(九)认为行政机关违法集资、摊派费用或者违法要求履行其他义务的;
(十)认为行政机关没有依法支付抚恤金、最低生活保障待遇或者社会保险待遇的;
(十一)认为行政机关不依法履行、未按照约定履行或者违法变更、解除政府特许经营协议、土地房屋征收补偿协议等协议的;
(十二)认为行政机关侵犯其他人身权、财产权等合法权益的。
除前款规定外,人民法院受理法律、法规规定可以提起诉讼的其他行政案件。

第13条 受案范围的排除

人民法院不受理公民、法人或者其他组织对下列事项提起的诉讼:
(一)国防、外交等国家行为;
(二)行政法规、规章或者行政机关制定、发布的具有普遍约束力的决定、命令;
(三)行政机关对行政机关工作人员的奖惩、任免等决定;
(四)法律规定由行政机关最终裁决的行政行为。

第三章 管辖

第 14 条 基层人民法院管辖第一审行政案件

基层人民法院管辖第一审行政案件。

第 15 条 中级人民法院管辖的第一审行政案件

中级人民法院管辖下列第一审行政案件：
（一）对国务院部门或者县级以上地方人民政府所作的行政行为提起诉讼的案件；
（二）海关处理的案件；
（三）本辖区内重大、复杂的案件；
（四）其他法律规定由中级人民法院管辖的案件。

第 16 条 高级人民法院管辖的第一审行政案件

高级人民法院管辖本辖区内重大、复杂的第一审行政案件。

第 17 条 最高人民法院管辖的第一审行政案件

最高人民法院管辖全国范围内重大、复杂的第一审行政案件。

第 18 条 一般地域管辖和法院跨行政区域管辖

1. 行政案件由最初作出行政行为的行政机关所在地人民法院管辖。经复议的案件，也可以由复议机关所在地人民法院管辖。
2. 经最高人民法院批准，高级人民法院可以根据审判工作的实际情况，确定若干人民法院跨行政区域管辖行政案件。

第 19 条 限制人身自由行政案件的管辖

对限制人身自由的行政强制措施不服提起的诉讼，由被告所在地或者原告所在地人民法院管辖。

第 20 条 不动产行政案件的管辖

因不动产提起的行政诉讼，由不动产所在地人民法院管辖。

第 21 条 共同管辖

两个以上人民法院都有管辖权的案件，原告可以选择其中一个人民法院提起诉讼。原告向两个以上有管辖权的人民法院提起诉讼的，由最先立案的人民法院管辖。

第 22 条 移送管辖

人民法院发现受理的案件不属于本院管辖的，应当移送有管辖权的人民法院，受移送的人民法院应当受理。受移送的人民法院认为受移送的案件按照规定不属于本院管辖的，应当报请上级人民法院指定管辖，不得再自行移送。

第 23 条 指定管辖

1. 有管辖权的人民法院由于特殊原因不能行使管辖权的，由上级人民法院指定管辖。
2. 人民法院对管辖权发生争议，由争议双方协商解决。协商不成的，报它们的共同上级人民法院指定管辖。

第 24 条 管辖权转移

1. 上级人民法院有权审判下级人民法院管辖的第一审行政案件。
2. 下级人民法院对其管辖的第一审行政案件，认为需要由上级人民法院审理或者指定管辖的，可以报请上级人民法院决定。

第四章　诉讼参加人

第25条　原告资格

1. 行政行为的相对人以及其他与行政行为有利害关系的公民、法人或者其他组织，有权提起诉讼。
2. 有权提起诉讼的公民死亡，其近亲属可以提起诉讼。
3. 有权提起诉讼的法人或者其他组织终止，承受其权利的法人或者其他组织可以提起诉讼。
4. 人民检察院在履行职责中发现生态环境和资源保护、食品药品安全、国有财产保护、国有土地使用权出让等领域负有监督管理职责的行政机关违法行使职权或者不作为，致使国家利益或者社会公共利益受到侵害的，应当向行政机关提出检察建议，督促其依法履行职责。行政机关不依法履行职责的，人民检察院依法向人民法院提起诉讼。

第26条　被告资格

1. 公民、法人或者其他组织直接向人民法院提起诉讼的，作出行政行为的行政机关是被告。
2. 经复议的案件，复议机关决定维持原行政行为的，作出原行政行为的行政机关和复议机关是共同被告；复议机关改变原行政行为的，复议机关是被告。
3. 复议机关在法定期限内未作出复议决定，公民、法人或者其他组织起诉原行政行为的，作出原行政行为的行政机关是被告；起诉复议机关不作为的，复议机关是被告。
4. 两个以上行政机关作出同一行政行为的，共同作出行政行为的行政机关是共同被告。
5. 行政机关委托的组织所作的行政行为，委托的行政机关是被告。
6. 行政机关被撤销或者职权变更的，继续行使其职权的行政机关是被告。

第27条　共同诉讼

当事人一方或者双方为二人以上，因同一行政行为发生的行政案件，或者因同类行政行为发生的行政案件、人民法院认为可以合并审理并经当事人同意的，为共同诉讼。

第28条　共同诉讼的诉讼代表人

当事人一方人数众多的共同诉讼，可以由当事人推选代表人进行诉讼。代表人的诉讼行为对其所代表的当事人发生效力，但代表人变更、放弃诉讼请求或者承认对方当事人的诉讼请求，应当经被代表的当事人同意。

第29条　诉讼第三人

1. 公民、法人或者其他组织同被诉行政行为有利害关系但没有提起诉讼，或者同案件处理结果有利害关系的，可以作为第三人申请参加诉讼，或者由人民法院通知参加诉讼。
2. 人民法院判决第三人承担义务或者减损第三人权益的，第三人有权依法提起上诉。

第30条　法定代理人

没有诉讼行为能力的公民，由其法定代理人代为诉讼。法定代理人互相推诿代理责任的，由人民法院指定其中一人代为诉讼。

第31条　委托代理人

1. 当事人、法定代理人,可以委托一至二人作为诉讼代理人。
2. 下列人员可以被委托为诉讼代理人:
   (一)律师、基层法律服务工作者;
   (二)当事人的近亲属或者工作人员;
   (三)当事人所在社区、单位以及有关社会团体推荐的公民。

第32条　当事人及诉讼代理人权利

1. 代理诉讼的律师,有权按照规定查阅、复制本案有关材料,有权向有关组织和公民调查,收集与本案有关的证据。对涉及国家秘密、商业秘密和个人隐私的材料,应当依照法律规定保密。
2. 当事人和其他诉讼代理人有权按照规定查阅、复制本案庭审材料,但涉及国家秘密、商业秘密和个人隐私的内容除外。

第五章 证据

第33条 证据种类

1. 证据包括:
   (一) 书证;
   (二) 物证;
   (三) 视听资料;
   (四) 电子数据;
   (五) 证人证言;
   (六) 当事人的陈述;
   (七) 鉴定意见;
   (八) 勘验笔录、现场笔录。
2. 以上证据经法庭审查属实,才能作为认定案件事实的根据。

第34条 被告举证责任

1. 被告对作出的行政行为负有举证责任,应当提供作出该行政行为的证据和所依据的规范性文件。
2. 被告不提供或者无正当理由逾期提供证据,视为没有相应证据。但是,被诉行政行为涉及第三人合法权益,第三人提供证据的除外。

第35条 行政机关收集证据的限制

在诉讼过程中,被告及其诉讼代理人不得自行向原告、第三人和证人收集证据。

第36条 被告延期提供证据和补充证据

1. 被告在作出行政行为时已经收集了证据,但因不可抗力等正当事由不能提供的,经人民法院准许,可以延期提供。
2. 原告或者第三人提出了其在行政处理程序中没有提出的理由或者证据的,经人民法院准许,被告可以补充证据。

第37条 原告可以提供证据

原告可以提供证明行政行为违法的证据。原告提供的证据不成立的,不免除被告的举证责任。

第38条 原告举证责任

1. 在起诉被告不履行法定职责的案件中,原告应当提供其向被告提出申请的证据。但有下列情形之一的除外:
   (一) 被告应当依职权主动履行法定职责的;
   (二) 原告因正当理由不能提供证据的。
2. 在行政赔偿、补偿的案件中,原告应当对行政行为造成的损害提供证据。因被告的原因导致原告无法举证的,由被告承担举证责任。

第39条 法院要求当事人提供或者补充证据

人民法院有权要求当事人提供或者补充证据。

第40条 法院调取证据

人民法院有权向有关行政机关以及其他组织、公民调取证据。但是,不得为证明行政行为的合法性调取被告作出行政行为时未收集的证据。

第41条 申请法院调取证据

与本案有关的下列证据,原告或者第三人不能自行收集的,可以申请人民法院调取:
(一)由国家机关保存而须由人民法院调取的证据;
(二)涉及国家秘密、商业秘密和个人隐私的证据;
(三)确因客观原因不能自行收集的其他证据。

第42条 证据保全

在证据可能灭失或者以后难以取得的情况下,诉讼参加人可以向人民法院申请保全证据,人民法院也可以主动采取保全措施。

第43条 证据适用规则

1. 证据应当在法庭上出示,并由当事人互相质证。对涉及国家秘密、商业秘密和个人隐私的证据,不得在公开开庭时出示。
2. 人民法院应当按照法定程序,全面、客观地审查核实证据。对未采纳的证据应当在裁判文书中说明理由。
3. 以非法手段取得的证据,不得作为认定案件事实的根据。

第六章 起诉和受理

第44条 行政复议与行政诉讼的关系

1. 对属于人民法院受案范围的行政案件，公民、法人或者其他组织可以先向行政机关申请复议，对复议决定不服的，再向人民法院提起诉讼；也可以直接向人民法院提起诉讼。
2. 法律、法规规定应当先向行政机关申请复议，对复议决定不服再向人民法院提起诉讼的，依照法律、法规的规定。

第45条 经行政复议的起诉期限

公民、法人或者其他组织不服复议决定的，可以在收到复议决定书之日起十五日内向人民法院提起诉讼。复议机关逾期不作决定的，申请人可以在复议期满之日起十五日内向人民法院提起诉讼。法律另有规定的除外。

第46条 起诉期限

1. 公民、法人或者其他组织直接向人民法院提起诉讼的，应当自知道或者应当知道作出行政行为之日起六个月内提出。法律另有规定的除外。
2. 因不动产提起诉讼的案件自行政行为作出之日起超过二十年，其他案件自行政行为作出之日起超过五年提起诉讼的，人民法院不予受理。

第47条 行政机关不履行法定职责的起诉期限

1. 公民、法人或者其他组织申请行政机关履行保护其人身权、财产权等合法权益的法定职责，行政机关在接到申请之日起两个月内不履行的，公民、法人或者其他组织可以向人民法院提起诉讼。法律、法规对行政机关履行职责的期限另有规定的，从其规定。
2. 公民、法人或者其他组织在紧急情况下请求行政机关履行保护其人身权、财产权等合法权益的法定职责，行政机关不履行的，提起诉讼不受前款规定期限的限制。

第48条 起诉期限的扣除和延长

1. 公民、法人或者其他组织因不可抗力或者其他不属于其自身的原因耽误起诉期限的，被耽误的时间不计算在起诉期限内。
2. 公民、法人或者其他组织因前款规定以外的其他特殊情况耽误起诉期限的，在障碍消除后十日内，可以申请延长期限，是否准许由人民法院决定。

第49条 起诉条件

提起诉讼应当符合下列条件：
（一）原告是符合本法第二十五条规定的公民、法人或者其他组织；
（二）有明确的被告；
（三）有具体的诉讼请求和事实根据；
（四）属于人民法院受案范围和受诉人民法院管辖。

>>> 一、本条的宗旨
本条是关于起诉条件的规定。与原第41条相比，对第1项规定的原告适格有所修改。

第二十五条 行政行为的相对人以及其他与行政行为有利害关系的公民、法人或者其他组织,有权提起诉讼。

有权提起诉讼的公民死亡,其近亲属可以提起诉讼。

有权提起诉讼的法人或者其他组织终止,承受其权利的法人或者其他组织可以提起诉讼。

人民检察院在履行职责中发现生态环境和资源保护、食品药品安全、国有财产保护、国有土地使用权出让等领域负有监督管理职责的行政机关违法行使职权或者不作为,致使国家利益或者社会公共利益受到侵害的,应当向行政机关提出检察建议,督促其依法履行职责。行政机关不依法履行职责的,人民检察院依法向人民法院提起诉讼。

二、起诉条件

"诉讼以原告进行起诉开始"。"因起诉而开始的诉讼是以法院对诉讼上的请求作出判决为目标的发展过程"。中村英郎认为,"其过程理论上分为三个阶段:即为了让法院就诉讼进行审理、判决,首先诉讼必须适法提起(第一阶段)。使诉讼适法提起的要件称为'起诉要件';其次,一旦具备这一要件,事件便系属于法院,其系属在程序上必须适法(第二阶段)。使诉讼适法系属所必须具备的要件称为'诉讼要件'。经过以上阶段,最后就原告的请求(本案)进行审理、判决(第三阶段)。要使法院裁判原告的请求有理,必须满足实体法上的构成要件,使其主张得到认可。这称为'权利保护要件'或'本案要件'"。[1] 我国行政诉讼法对于诉讼过程的阶段构造,更像采取两阶段论,即起诉和受理、审理与判决。没有一个明确的第二阶段。其实中村英郎也认为,居于第二阶段的"诉讼要件(广义)属于判决事项","适用于诉讼系属中的各个阶段,包括本案审理进行了相当长的情形以及上级审理的情形"。[2]

本条规定的"起诉条件"包括四项:原告是符合本法第25条规定的公民、法人或者其他组织;有明确的被告;有具体的诉讼请求和事实根据;属于人民法院受案范围和受诉人民法院管辖。一旦符合前述条件,诉讼便告成立,法院必须对事件进行审理并作出判决。诉讼的适法提起还产生以下效果:受诉法院的确定、当事人的确定、诉讼对象的确定、禁止重复诉讼。[3] 以下对本条规定的四个起诉条件分别进行讨论。

三、原告适格

本条规定的起诉条件,第一项是原告适格。所谓的原告适格,是当事人适格的子概念。"所谓当事人适格,是指在具体事件的诉讼中,能够作为当事人进行诉讼或被诉,且获得本案判决的诉讼法上的权能或地位。这种权能或地位在教学上称作'诉讼实施权',具有该权能或地位的人就是'正当当事人'。因此,当事人适格、诉讼实施权与正当当事人一般是被同义使用的。就能够成为诉讼主体的诉讼法上的地位这一意义而言,当事人适格与当事人能力具有相同点。但是,前者是以具体诉讼为前提,而后者不以具体诉讼为前提,是指一般意义上某人能成为诉讼主体的资格,这也是两者的区别之处"。[4] 关于原告适格,《行政诉讼法》原第41条第一项规定的是:"原告是认为具体行政行为侵犯其合法权益的公民、法人或者其他组织。"这一规定的缺点是,"认为具体行政行为侵犯其合法权益"的标准属于原告的主观判断,不利于法官对起诉人是否具有原告资格作出客观判断,还给违法不受理案件提供了操作空间。最主要的是,是否侵犯其合法权益,应当属于实体审理所要解决的问题,在起诉阶段就纠结于这个问题会不当提高原告适格的门槛。本次修改中对该项条件作了修改,修改之后的表述是:"原告是符合本法第二十五条规定的公民、法人或者其他组织。"而第25条规定的内容是:"行政行为的相对人以及其他与行政行为有利害关系的公民、法人或者其他组

织,有权提起诉讼。"这就确立了一个相对客观的标准,即,只要与被诉行政行为具有利害关系,在法院主张自己的权利者,就是行政诉讼的适格原告。相反,"当原告以自己的名义(亦即不是作为他人的代理人)主张他人的权利时。这时,事实上就涉及了诉讼地位,主张情况下需要一种特殊的诉权"。

在修改本条时之所以采用"利害关系"标准,在于强调"无利害即无资格"。[5] 因为提起行政诉讼必须有"诉的利益"即"利用诉讼制度的利益"。[6] 行政诉讼系对行政机关作出的行政行为(或者没有作出被申请的行政行为)不服而提起,因而行政行为的相对人以及其他与行政行为有利害关系的人一般情况下应当是适格的原告。至于没有采用司法解释所用的"法律上利害关系"以及民事诉讼法所用的"直接利害关系",是因为,"法律上的利害关系"实践中会有不同理解,可能会客观上限制公民的起诉权利;用"直接利害关系"作标准,又有可能被解释成行政行为的相对人。[7] 而在"利害关系"标准下,"行政诉讼的原告并不局限于行政管理直接相对人(即具体行政行为后果的主要承担人),在特定情况下,公民、法人或者其他组织即使不是直接相对人,只要其有充足理由认为其权益受到该具体行政行为的影响,也可以成为行政诉讼的原告"。[8]

还应强调的是,只要属于被诉行政行为的直接相对人或者利害关系人,即满足了原告适格的要求,无须再行作出额外证明。有的教科书对行政诉讼法及其相关司法解释涉及的行政诉讼相对人及利害关系人进行过梳理,这些列举有所交叉,也不全面,但仍有一些参考价值。具体包括:作为具体行政行为直接对象的公民、法人或者其他组织;合法权益受到不利影响的具体行政行为的间接相对人;因具体行政行为撤销、变更而致使其合法权益受到不利影响的相对人;不服行政复议决定的复议申请人;与行政复议决定有利害关系的其他相对人;合法权益因行政不作为而受到不利影响的相对人;不服行政处罚或行政处理决定的受到相应处罚、处理的相对人侵害的人;相邻权因具体行政行为受到侵害的人;公平竞争权因具体行政行为受到侵害的人;具有原告资格的公民死亡后其近亲属;具有原告资格的法人或其他组织终止后其权利承受者;同一具体行政行为所指向的若干相对人(共同原告);合伙企业(以核准登记的字号为原告;无字号的,以合伙人为共同原告);联营企业、中外合资企业、中外合作企业的联营、合资、合作各方(认为联营、合资、合作企业权益或者自己一方权益受到侵犯均可起诉);农村土地承包人等土地使用权人(对行政机关处分其使用的土地的行为不服);被行政机关注销、撤销、合并、强令兼并、出售、分立或改变企业隶属关系的非国有企业或其法定代表人;股份制企业的股东大会、股东代表大会、董事会等,认为行政机关具体行政行为侵犯其经营自主权。[9]

四、有明确的被告

关于行政诉讼的被告问题,在德国法上有所谓的被动诉讼实施权与被动适格之区分。前者是指实施诉讼的权利,后者是指实体法

上的能力。"两者具有相同的前提,都遵循法定主体原则(所谓法定主体原则,'是这样一种法定主体:其行政机关作出了被诉行政行为,或者没有作出被申请的行政行为')。但是对诉讼实施权和被动适格必须作严格的区分,因为诉讼实施权是一个实质裁判条件;相反,被动适格则无疑属于理由具备性审查范围"。德国的学说和实务见解普遍认为,在进行理由具备性审查时才提出"正确的被告"的问题,在起诉阶段,"不应当用复杂的行政结构问题和'正确的被告'问题为公民增加负担"。"只需要指出行政机关的名称,就算指明了被告"。至于被告不够清晰这样的问题,法院可以履行提示义务予以解决。"如果在法院提示之后,原告仍然错误地坚持控告不适格的行政机关,他将不受法律保护"。10 本条对于适格被告的规定,仅要求"有明确的被告"。所谓明确,就是指原告所列被告必须具体特定,可以指认。"如果只是被告的名称有误,且并不妨碍识别真正的法定主体,诉讼申请仍然可以得到处理"。11

五、有具体的诉讼请求和事实根据

本条规定的第三个起诉条件是:"有具体的诉讼请求和事实根据。"事实上包括了"有具体的诉讼请求"和相应的"事实根据"这两个方面。

(1)有具体的诉讼请求

什么是诉讼请求?日本学者冈田正则有一个非常简练的定义:"由原告基于一定的事实关系所请求的裁判之要求。"12 诉讼请求对于诉讼来说异常重要,有人说它堪称"诉讼的支柱"。日本民事诉讼学家中村英郎对诉讼请求有过颇为系统的论述。他指出:"在诉讼中,由于原告就争议的事件主张权利,因而就必须提起诉,也就是说,诉是当事人向代表国家的法院提起的要求审理和判决的申请,而请求则构成诉的内容。""诉讼上的请求"又被称为"诉讼标的"或"诉讼对象",在日本也称为"诉讼物",其实质也就是"在诉讼中应当被实现的实体权利的主张"。中村认为:"诉讼是围绕着诉讼对象(诉讼上的请求)而开始、发展乃至终了。具体而言首先在起诉阶段,诉讼对象成为决定法院事务管辖的基础,并由此决定该事件的第一审法院究竟是地方法院还是简易法院,当事人可以在此范围内提出攻击防御的方法,如果原告欲要求法院审理此范围以外的请求,那么就必须通过另行起诉或诉的变更的程序来实现。当法院在同一个诉讼程序中对数个请求进行审理,就形成请求的合并。另外,当后来提起的诉讼对象与既已系属中诉讼的诉讼对象相同时,那么后提起的诉讼就会因重复诉讼而遭到法院的排斥。最后,当诉讼已至裁判成熟的时机时,法院就对诉讼对象作出判决,并使其产生既判力。由此可以看出,从诉讼的开始至终了阶段,诉讼对象自始至终地成为诉讼的核心,同样也就不难理解'诉讼对象是诉讼的支柱'说法的确切含义。"13

在每一个诉中,诉讼请求(诉讼对象)都应当特定,而"有关诉讼对象的特定因诉讼类型的不同而会产生不同的问题"。在民事

诉讼中，通常是根据原告诉讼标的之性质和内容，将诉分为给付之诉、确认之诉和形成之诉，中村英郎就曾针对这三个不同的诉讼类型，分别讨论各自不同的诉讼对象。依中村之见解，"给付诉讼中的诉讼对象是要求对方履行一定给付的实体法上的请求权"，该诉讼对象"根据请求趣旨与请求原因加以确定"。"在确认诉讼中，当事人主张的是，由实体法规定的'权利或法律关系'的存在（或不存在），而不是主张由实体法权利或法律关系产生的'法效果'。具体而言，在这类诉讼中，像给付诉讼与形成诉讼一样，权利主张与权利根据并不是相互分离的，因而，争议权利或法律关系的存在（或不存在）就相当于权利根据，并作为请求原因加以载明，而权利主张就是该争议权利与法律关系存在（或不存在）的主张，并作为诉讼趣旨记载于诉状"。"形成诉讼中的形成请求可以分为三类，原告对被告的实体法形成请求就是诉讼对象。形成诉讼的诉讼对象也由请求趣旨和请求原因，即由引起形成请求发生的实体法构成要件加以特定。即使是谋求同一结果的形成请求，只要实体法的构成要件不同也会形成不同的请求"。[14]

诉讼类型化，亦是20世纪以来行政诉讼制度的发展趋势之一。尤其是在隶属大陆法系的德国、日本，根据不同的诉讼类型研究特定诉讼对象，亦成通例。例如德国学者弗里德赫尔穆·胡芬认为，"撤销之诉或义务之诉的诉讼标的之确定，应当：①根据原告的权利主张：行政行为或停止作出行政行为违法，并且侵害了原告权利。②根据那些支持诉的理由"。而"一般的确认之诉的标的，则是原告所提出的，以具体事实状况为基础的主张，亦即一个法律关系之存在与否"。[15] 在我国，虽然修改前的行政诉讼法并不采类型化设计，但已有不少学者强调请求内容的特定化及类型化。例如有的学者指出："具体是指请求的内容特定化，从而有别于其他诉讼请求。"[16] 有的学者则对具体的诉讼请求进行了例举："如撤销具体行政行为、变更行政处罚、责成被告在一定期限内履行法定职责、赔偿所受损失等。"[17]

最高人民法院《关于适用〈中华人民共和国行政诉讼法〉若干问题的解释》，充分体现了在诉讼类型化方面的努力。该解释第2条规定："行政诉讼法第四十九条第三项规定的'有具体的诉讼请求'是指：（一）请求判决撤销或者变更行政行为；（二）请求判决行政机关履行法定职责或者给付义务；（三）请求判决确认行政行为违法；（四）请求判决确认行政行为无效；（五）请求判决行政机关予以赔偿或者补偿；（六）请求解决行政协议争议；（七）请求一并审查规章以下规范性文件；（八）请求一并解决相关民事争议；（九）其他诉讼请求。当事人未能正确表达诉讼请求的，人民法院应当予以释明。"最高人民法院行政审判庭负责人对此指出："这不是司法解释增加的要求，而是行政诉讼法第四十九条第三项的明确规定。不仅如此，任何一个起诉，都应当有明确的诉讼请求，这不仅是诉的具体的内容，是原告的诉讼主张，也同时构成了法院审理和裁判的对象。过去，原告提起诉讼常常只说对某个具体行政行为不服，这是因为修改前的行政诉讼法基本只有撤

销诉讼一种类型,法院所要解决的,主要是对被诉行政行为的合法性进行审查。新行政诉讼法在撤销诉讼之外增加了不少新的诉讼类型,例如,原告不仅可以请求撤销行政行为,也可以请求变更行政行为,或者请求确认行政行为违法或者无效,还可以请求判决行政机关予以赔偿或者补偿。不仅可以针对行政行为起诉,还可以请求判决行政机关履行法定职责或者给付义务,请求解决行政协议争议,请求一并审查规章以下规范性文件,请求一并解决相关民事争议。可以说,诉讼类型越丰富,权利救济的渠道也就越丰富。人民法院针对具体的诉讼请求进行审理和裁判,也更有针对性,更能作出具体明确的解决实际问题的判决。如果当事人不知道如何正确表达诉讼请求,《解释》也要求人民法院提供帮助,予以释明。"

(2) 事实根据

按照本条规定,提起诉讼不仅应有具体的诉讼请求,还要有事实根据。为什么要提供事实根据,"事实根据"应达到何种程度,中村英郎亦有详论:"实体法规定,法律要件得到满足就会产生相应的法律效果。因此,在诉状的请求旨趣中,要记载具体的法律效果,而在请求原因中,必须记载满足使其发生具体效果的必要的法律要件的具体事实(法律事实)。但是,在具体的诉讼中,要当事人一开始就对事件作出正确的法律评价并向法院作出提示,应当说在未实行强制律师主义的诉讼制度下几乎是不可能的。有些事件是伴随着审理的进行,法律要件才能得以特定。另外,如果在诉讼开始时就特定法律要件,那么就有可能限定审理范围以及为法院适用正确的法律造成障碍。诉状中记载的'请求原因'是与'请求旨趣'相辅相成的,随着辩论的进行,两者只要能够达到明确究竟是什么请求,即基于满足何种法律要件而产生的权利主张程度即可。"[18]

在适用"有具体的诉讼请求和事实根据"这一起诉条件时,实践中较常发生的问题是,原告于起诉时一般只是表示对某一行政行为"不服",而其提起行政诉讼所要求实现的具体权利主张为何,则不甚了了。这还不能说就是提出了具体的诉讼请求。出现这一问题,与当事人缺乏诉讼基本知识固然有很大关系,但起决定性作用的,恐怕首先还是我国行政诉讼的理论和制度建构本身就先天性地存在对行政诉讼"诉讼对象"的定位偏差。不是将诉讼对象定位于原告"在诉讼中应当被实现的实体权利的主张",而是定位于"行政行为"本身。例如有的观点认为:"由于行政诉讼是当事人对行政行为不服提起的诉讼,因此,具体的诉讼请求应当指向有关行政行为。"由此出发,该观点还进而主张,"关于起诉条件中的事实根据问题,按照有关司法解释的规定,当事人一般能够证明行政行为存在即可。这里主要是证明行政行为存在的事实根据,一般不包括其他诉讼请求的事实根据"。[19]这种认识其实早已为德国学者弗里德赫尔穆·胡芬所否定。他指出:"在行政诉讼中,原则上也有三个不同的关涉点可以考虑:——有争议的行为本身,例如,被诉的或者被申请作出的行政行为,——原告

在诉讼上的请求权，亦即，对行政行为的撤销请求权，义务设置请求权等，——原告的权利主张，即，行政行为或者对行政行为的拒绝违法，并侵害了他的权利。""它也包括诉讼请求的那些实质性理由"，"与法律关系或者被诉的或者被追求的行政行为相关涉的那个概念太狭窄，因为对行政行为之存在与否本身，既不能争议也不能裁判"。[20] 我国学者也在行政诉讼法刚刚颁布之时对行政诉讼的审理对象和审查对象的区别进行过辨析："在行政诉讼中，人民法院审查的对象与审理的对象是不相同的，前者是具体行政行为，后者是案件的事实，二者之间，既存在必然的联系，又有所区别。""行政诉讼的诉讼标的是因具体行政行为发生的行政法律关系，而不是具体行政行为本身。""如果不是这样来认识问题，而将审查对象等同于审理对象，那就不能揭示诉讼的本质，不会着眼于案件的全部事实，也就难以从法律关系是否应该成立的根据上，对具体行政行为作出正确的判断。"[21]

学说和实务见解还对正确认识起诉权与胜诉权的关系予以了关注，例如有的学者认为："起诉权的一个重要属性是它的独立性。"这种属性"是指起诉权不以起诉人是否有理为转移，也就是说，不论起诉人所主张的权利实际为他所有还是主张错误，都不影响他的起诉权"。"不论判决的内容和性质如何（有利于原告或不利于原告），获得判决始终是起诉权的对象和最终目的"。[22] 理解起诉权的这种属性，对于正确把握原告所要提供的事实根据应当达到何种程度，具有重要意义。例如有的学者指出："起诉时要求原告提供事实根据，是为了证明案情事实（主要是行政争议）是否存在，而不是要求原告提供证据证明具体行政行为违法，即不是要求原告承担具体行政行为的举证责任。并且，原告所提供的事实根据，也不要求具有全面的、真实的证明作用，只以能够证明所争议的行政法上的权利义务关系客观存在为必要。"[23]

关于人民法院对于具体诉讼请求和事实根据的审查方式，首要的一点是，应当要求起诉人对具体诉讼请求应当尽可能做到明确、特定。尤其是要在撤销之诉、义务之诉、确认之诉、一般给付之诉以及行政协议之诉、请求行政赔偿、补偿这些不同类型的诉讼之间作出一个大致的选择。其次，"起诉状所须记载的诉讼请求原因，仅指能使诉讼标的特定化或者能被识别所需的最低限度的事实，至于原告支持其胜诉的案件事实以及作为攻击防御方法的举证等，在起诉时都不作为必要条件，仅需要简单的说明即可"。[24] "即使起诉状中提供的材料、证据不够全面，起诉理由不够充分，法院也不应裁定不予受理，而只能在通过法庭审理后再确定是否满足原告的诉讼请求"。[25]

六、属于人民法院受案范围和受诉人民法院管辖

本条涉及的是提起行政诉讼的法律途径以及（如果法律途径是开启的话）具体管辖法院问题。行政诉讼法对受案范围和管辖都有专章规定，此处不赘。

注:

1. [日]中村英郎:《新民事诉讼法讲义》,陈刚、林剑锋、郭美松译,法律出版社 2011 年版,第 145、151 页。
2. [日]中村英郎:《新民事诉讼法讲义》,陈刚、林剑锋、郭美松译,法律出版社 2011 年版,第 155 页。
3. [日]中村英郎:《新民事诉讼法讲义》,陈刚、林剑锋、郭美松译,法律出版社 2011 年版,第 150 页。
4. [日]中村英郎:《新民事诉讼法讲义》,陈刚、林剑锋、郭美松译,法律出版社 2011 年版,第 54 页。
5. 吴偕林:《行政诉讼原告资格新论》,载《行政法学研究》1993 年第 4 期。
6. [日]中村英郎:《新民事诉讼法讲义》,陈刚、林剑锋、郭美松译,法律出版社 2011 年版,第 154 页。
7. 全国人大常委会法制工作委员会编著:《中华人民共和国行政诉讼法解读》,中国法制出版社 2014 年版,第 73 页。
8. 胡建淼主编:《行政诉讼法学》,法律出版社 2004 年版,第 105 页。
9. 姜明安:《行政诉讼法》,法律出版社 2007 年版,第 118 页。
10. [德]弗里德赫尔穆·胡芬:《行政诉讼法》,莫光华译,法律出版社 2003 年版,第 198 页以下。
11. [德]弗里德赫尔穆·胡芬:《行政诉讼法》,莫光华译,法律出版社 2003 年版,第 199 页。
12. [日]冈田正则:《行政诉讼中撤销诉讼的诉讼物》,载《新井古稀》,第 3 页以下。转引自[日]盐野宏:《行政救济法》,杨建顺译,北京大学出版社 2008 年版,第 63 页。
13. [日]中村英郎:《新民事诉讼法讲义》,陈刚、林剑锋、郭美松译,法律出版社 2011 年版,第 110 页以下。
14. [日]中村英郎:《新民事诉讼法讲义》,陈刚、林剑锋、郭美松译,法律出版社 2011 年版,第 118 页以下。
15. [德]弗里德赫尔穆·胡芬:《行政诉讼法》,莫光华译,法律出版社 2003 年版,第 139 页以下。
16. 胡建淼主编:《行政诉讼法学》,法律出版社 2004 年版,第 201 页。
17. 姜明安:《行政诉讼法》,法律出版社 2007 年版,第 216 页。
18. [日]中村英郎:《新民事诉讼法讲义》,陈刚、林剑锋、郭美松译,法律出版社 2011 年版,第 110 页以下。
19. 全国人大常委会法制工作委员会行政法室编著:《中华人民共和国行政诉讼法解读》,中国法制出版社 2014 年版,第 136 页。
20. [德]弗里德赫尔穆·胡芬:《行政诉讼法》,莫光华译,法律出版社 2003 年版,第 139 页。
21. 刘家兴:《关于审理行政案件的几个问题》,载最高人民法院《行政诉讼法》培训班编:《行政诉讼法专题讲座》,人民法院出版社 1990 年版,第 184 页以下。
22. 柯阳友:《起诉权研究》,北京大学出版社 2012 年版,第 2 页。

23. 马怀德主编:《行政诉讼法学》,北京大学出版社2004年版,第165页。
24. 柯阳友:《起诉权研究》,北京大学出版社2012年版,第74页。
25. 姜明安:《行政诉讼法》,法律出版社2007年版,第216页。<<<

第50条 起诉方式

1. 起诉应当向人民法院递交起诉状,并按照被告人数提出副本。
2. 书写起诉状确有困难的,可以口头起诉,由人民法院记入笔录,出具注明日期的书面凭证,并告知对方当事人。

第51条 登记立案

1. 人民法院在接到起诉状时对符合本法规定的起诉条件的,应当登记立案。
2. 对当场不能判定是否符合本法规定的起诉条件的,应当接收起诉状,出具注明收到日期的书面凭证,并在七日内决定是否立案。不符合起诉条件的,作出不予立案的裁定。裁定书应当载明不予立案的理由。原告对裁定不服的,可以提起上诉。
3. 起诉状内容欠缺或者有其他错误的,应当给予指导和释明,并一次性告知当事人需要补正的内容。不得未经指导和释明即以起诉不符合条件为由不接收起诉状。
4. 对于不接收起诉状、接收起诉状后不出具书面凭证,以及不一次性告知当事人需要补正的起诉状内容的,当事人可以向上级人民法院投诉,上级人民法院应当责令改正,并对直接负责的主管人员和其他直接责任人员依法给予处分。

第52条 法院不立案的救济

人民法院既不立案,又不作出不予立案裁定的,当事人可以向上一级人民法院起诉。上一级人民法院认为符合起诉条件的,应当立案、审理,也可以指定其他下级人民法院立案、审理。

第53条 规范性文件的附带审查

1. 公民、法人或者其他组织认为行政行为所依据的国务院部门和地方人民政府及其部门制定的规范性文件不合法,在对行政行为提起诉讼时,可以一并请求对该规范性文件进行审查。
2. 前款规定的规范性文件不含规章。

第七章 审理和判决

第一节 一般规定

第54条 公开审理原则及例外

1. 人民法院公开审理行政案件,但涉及国家秘密、个人隐私和法律另有规定的除外。
2. 涉及商业秘密的案件,当事人申请不公开审理的,可以不公开审理。

第55条 审判人员的回避

1. 当事人认为审判人员与本案有利害关系或者有其他关系可能影响公正审判,有权申请审判人员回避。
2. 审判人员认为自己与本案有利害关系或者有其他关系,应当申请回避。
3. 前两款规定,适用于书记员、翻译人员、鉴定人、勘验人。
4. 院长担任审判长时的回避,由审判委员会决定;审判人员的回避,由院长决定;其他人员的回避,由审判长决定。当事人对决定不服的,可以申请复议一次。

第56条 诉讼不停止执行原则

1. 诉讼期间,不停止行政行为的执行。但有下列情形之一的,裁定停止执行:
   (一)被告认为需要停止执行的;
   (二)原告或者利害关系人申请停止执行,人民法院认为该行政行为的执行会造成难以弥补的损失,并且停止执行不损害国家利益、社会公共利益的;
   (三)人民法院认为该行政行为的执行会给国家利益、社会公共利益造成重大损害的;
   (四)法律、法规规定停止执行的。
2. 当事人对停止执行或者不停止执行的裁定不服的,可以申请复议一次。

第57条 先予执行

1. 人民法院对起诉行政机关没有依法支付抚恤金、最低生活保障金和工伤、医疗社会保险金的案件,权利义务关系明确、不先予执行将严重影响原告生活的,可以根据原告的申请,裁定先予执行。
2. 当事人对先予执行裁定不服的,可以申请复议一次。复议期间不停止裁定的执行。

第58条 拒不到庭或中途退庭的法律后果

经人民法院传票传唤,原告无正当理由拒不到庭,或者未经法庭许可中途退庭的,可以按照撤诉处理;被告无正当理由拒不到庭,或者未经法庭许可中途退庭的,可以缺席判决。

第59条 妨害行政诉讼的强制措施

1. 诉讼参与人或者其他人有下列行为之一的,人民法院可以根据情节轻重,予以训诫、责令具结悔过或者处一万元以下的罚款、十五日以下的拘留;构成犯罪的,依法追究刑事责任:
   (一)有义务协助调查、执行的人,对人民法院的协助调查决定、协助执行通知书,无故推拖、拒绝或者妨碍调查、执行的;

（二）伪造、隐藏、毁灭证据或者提供虚假证明材料，妨碍人民法院审理案件的；
（三）指使、贿买、胁迫他人作伪证或者威胁、阻止证人作证的；
（四）隐藏、转移、变卖、毁损已被查封、扣押、冻结的财产的；
（五）以欺骗、胁迫等非法手段使原告撤诉的；
（六）以暴力、威胁或者其他方法阻碍人民法院工作人员执行职务，或者以哄闹、冲击法庭等方法扰乱人民法院工作秩序的；
（七）对人民法院审判人员或者其他工作人员、诉讼参与人、协助调查和执行的人员恐吓、侮辱、诽谤、诬陷、殴打、围攻或者打击报复的。

2　人民法院对有前款规定的行为之一的单位，可以对其主要负责人或者直接责任人员依照前款规定予以罚款、拘留；构成犯罪的，依法追究刑事责任。

3　罚款、拘留须经人民法院院长批准。当事人不服的，可以向上一级人民法院申请复议一次。复议期间不停止执行。

第60条　调解

1　人民法院审理行政案件，不适用调解。但是，行政赔偿、补偿以及行政机关行使法律、法规规定的自由裁量权的案件可以调解。

2　调解应当遵循自愿、合法原则，不得损害国家利益、社会公共利益和他人合法权益。

第61条　行政附带民事诉讼

1　在涉及行政许可、登记、征收、征用和行政机关对民事争议所作的裁决的行政诉讼中，当事人申请一并解决相关民事争议的，人民法院可以一并审理。

2　在行政诉讼中，人民法院认为行政案件的审理需以民事诉讼的裁判为依据的，可以裁定中止行政诉讼。

第62条　行政诉讼撤诉

人民法院对行政案件宣告判决或者裁定前，原告申请撤诉的，或者被告改变其所作的行政行为，原告同意并申请撤诉的，是否准许，由人民法院裁定。

第63条　人民法院审判依据

1　人民法院审理行政案件，以法律和行政法规、地方性法规为依据。地方性法规适用于本行政区域内发生的行政案件。

2　人民法院审理民族自治地方的行政案件，并以该民族自治地方的自治条例和单行条例为依据。

3　人民法院审理行政案件，参照规章。

第64条　规范性文件的审查和处理

人民法院在审理行政案件中，经审查认为本法第五十三条规定的规范性文件不合法的，不作为认定行政行为合法的依据，并向制定机关提出处理建议。

第65条　裁判文书公开

人民法院应当公开发生法律效力的判决书、裁定书，供公众查阅，但涉及国家秘密、商业秘密和个人隐私的内容除外。

第五十三条 公民、法人或者其他组织认为行政行为所依据的国务院部门和地方人民政府及其部门制定的规范性文件不合法,在对行政行为提起诉讼时,可以一并请求对该规范性文件进行审查。

前款规定的规范性文件不含规章。

第66条 有关行政机关工作人员和被告的处理

1. 人民法院在审理行政案件中,认为行政机关的主管人员、直接责任人员违法违纪的,应当将有关材料移送监察机关、该行政机关或者其上一级行政机关;认为有犯罪行为的,应当将有关材料移送公安、检察机关。
2. 人民法院对被告经传票传唤无正当理由拒不到庭,或者未经法庭许可中途退庭的,可以将被告拒不到庭或者中途退庭的情况予以公告,并可以向监察机关或者被告的上一级行政机关提出依法给予其主要负责人或者直接责任人员处分的司法建议。

第二节 第一审普通程序

第67条 发送起诉状和提出答辩状

1. 人民法院应当在立案之日起五日内,将起诉状副本发送被告。被告应当在收到起诉状副本之日起十五日内向人民法院提交作出行政行为的证据和所依据的规范性文件,并提出答辩状。人民法院应当在收到答辩状之日起五日内,将答辩状副本发送原告。
2. 被告不提出答辩状的,不影响人民法院审理。

第68条 审判组织形式

人民法院审理行政案件,由审判员组成合议庭,或者由审判员、陪审员组成合议庭。合议庭的成员,应当是三人以上的单数。

第69条 驳回原告诉讼请求判决

行政行为证据确凿,适用法律、法规正确,符合法定程序的,或者原告申请被告履行法定职责或者给付义务理由不成立的,人民法院判决驳回原告的诉讼请求。

>>> 一、本条的宗旨
本条是关于驳回原告诉讼请求判决的规定,同时也是对原第54条规定的维持判决的取代。
二、判决方式的完善和创新
从本条开始一直到第79条,都是关于第一审判决方式的规定。在具体设计上,体现出以下几个方面的创新:
(1)回归依诉择判、诉判同一的基本诉讼原则
"判与诉是相对应的,判决是对诉讼请求的回应。"[1] 民事诉讼如此,刑事诉讼如此,行政诉讼也概莫能外。但是,由于行政诉讼法在起草之时过分放大"行政案件与民事案件不同",过分凸显"维护行政机关依法行使行政职权",[2] 从而没有采纳诉讼法专家提出的"诉讼法的立法目的同实体法的立法目的,在立法表述上应有所不同"[3] 的建议,作出了一系列有违诉讼基本规律的制度建构。其中,尤以维持判决的"独树一帜"和"驳回原告诉讼请求判决"的"付诸阙如"为最具代表性,直接导致了诉判关系在行政诉讼中的严重扭曲。在司法实务中,"合法性审查"也成为行政诉讼"去民事化"的鲜明标签。
殊不知,近在我们的周边,一场行政诉讼"民事诉讼化"的"回归之旅"已经悄悄进行。在我国台湾地区,2000年对"行政诉讼法"进行了全面修正,其中一个值得注意的动向是,"对程序事项

则尽量采用民事诉讼法之相关规定,形成明显之民事诉讼化(Zivilprozessualisierung)现象"。[4]而在日本,"随着现代公共行政的发展,公共行政的主体与行政手段呈现多样化、复杂化,特别是非权力行政的兴起,公私法的领域趋于融合,公私法的界限并不明确"。"行政案件与民事案件的界限也不明显"。[5]在此背景之下,2004年行政案件诉讼法完成较大修改,其中一大成果,就是义务赋课诉讼和停止诉讼一起得以法定化。这一"的确是应对现代社会需求的诉讼"不仅脱胎于民事诉讼中的给付诉讼,就是在立法指导思想上,"脱离撤销诉讼中心主义","返回民事诉讼基本"之旨趣也属清晰可辨。[6]

近年来,在我国关于行政诉讼法修改问题的讨论中,"一种让行政诉讼制度逐渐向民事诉讼'回归'的声音渐次泛起",[7]其中,以依诉择判、诉判同一原则为基准,合理重构我国行政判决体系的呼声尤其引人瞩目。[8]当然,行政诉讼独立论仍有相当市场。而介于两者之间的,是所谓的"两点论"。例如有学者认为,"行政诉讼一定程度上是以行政行为的合法性审查为中心的,而非原告的诉讼请求。这种特殊性也导致了行政诉讼的性质、审理对象、诉讼法律关系乃至诉判关系等方面与民事诉讼具有较大的差异性",而且,"我国行政诉讼功能模式应当是混合模式,即主观公权利救济和客观法秩序维护相统一的功能模式"。因之,该说提出了所谓的"两点论":"主观公权利救济模式下,行政诉判关系具有诉与判相对应的特点",而在"客观法秩序维护模式下,具有行政诉判关系未必对应的特点"。[9]

对此,本书的立场是:第一,行政诉讼在权利救济的功能之外,确实还承载着"统制"抑或"监督"行政权力运行的客观法秩序维护之职能,就这一点来说,对民事诉讼制度的"全盘返祖"绝非可能。第二,在此前提之下也应看到,即使这种客观法秩序维护之职能,也是在发生个案行政争议并且诉诸法院的情况下通过诉讼程序而展开的。此时不妨体味一下日本学者对于"行政诉讼"所作的定义。南博方认为:"所谓行政案件诉讼(或称行政诉讼),是指由法院根据诉讼程序进行的行政案件的审判。"[10]行政诉讼之所以成为"诉讼",就不能无视能够成其为"诉讼"的共通的一般规律。质言之,在秉持行政诉讼固有特色的基础上,于法技术层面与民事诉讼适度趋同,不仅有利于弥补现行行政诉讼体制存在的构造性缺陷,也是解决现代型行政纷争之必须。例如政府信息公开诉讼,无疑就属于现代型行政纷争的典型代表。美国联邦法院在此类诉讼中罕见地采用类似于民事诉讼的"重新审理"方式,应当正是基于案件类型的特点和"当前的需要",由"司法复审"的古典模式向"以权利为根据"、"直接涉及是非曲直"的新型模式的转变。

英国行政法学家卡罗尔·哈洛和理查德·罗林斯将司法审查的古典模式比喻为"排水管","狭窄、不容改变长度的管道由僵硬的安装环链接而成",并关注到传统模式正"向更宽泛更敏锐的司法审查变化"。阿伦则针对"人们通常认为法院只关注行政行为

的合法性,而不能涉及其是非曲直",指出:"法院的管辖权可以以司法审查申请人的权利为根据进行合理的界定,法院对其利益的主要关注——与更宽泛的公共当局的目标相对——构成司法功能的核心。"伍尔夫勋爵将这些变化描述为"剧烈的",法院有权力改变其干预的程度以反映当前的需要,并通过此种方式(有助于)维护作为普通法制度力量之一的民主社会的微妙平衡。[11] 基于上述立场,本次行政诉讼法的修改在判决方式的设计上,形成这样一个诉讼路线图:根据原告不同的诉讼请求,在各种相应的诉讼类型中对号入座;诉讼理由成立的,作出各种不同形式的胜诉判决;诉讼理由不成立的,全部以驳回诉讼请求(而非维持被诉具体行政行为)的方式结案。

(2)从"无漏洞且有效的权利保护"出发,对判决方式进行类型化改造

"无漏洞且有效的权利保护"所说的"无漏洞",一方面指"救济领域无欠缺",另一方面指"各救济领域完全"。所谓"救济领域无欠缺","是对所有救济途径的整体性要求";而"各救济领域完全",则是对具体救济途径自身之完全性的要求。对于行政诉讼而言,则要求"行政诉讼方式对国民的权利利益所提供的救济必须完全"。[12] 从比较法的视角看,权利救济是否完全,"除了行政审判权限的范围、原告适格的条件以及诉讼中的暂时性权利保护措施外,最主要的就属诉讼类型数量的多寡及其适法性要件的设计了"。[13] 在德国,为了使行政诉讼所提供的法律保护与宪法所要求的实施有效法律保护的精神相吻合,而对传统的列举原则予以拒绝,代之以具有开放性的诉讼种类。"对于侵犯公民权利的每一种国家权力行为,都必须有一个适当的诉讼种类可供利用。"[14] 在日本,"行政诉讼法制的整备过程,也曾经是诉讼类型整备的过程。"[15] 该国 1962 年制定的行政案件诉讼法,第一项任务即是,"将诉讼的种类类型化,明确所适用的法规范。"2004 年该法在以"为了谋求国民的权利利益的更加有效的救济,而整备其程序"为目的进行的较大修改中,又增加了义务赋课诉讼和中止诉讼,从而"揭示了与民事诉讼不同的诉讼类型,并采取了将关于诉讼类型的适用法规范予以明确的主义,这是该法的特色所在"。[16] 反观我国,虽然应松年教授主编的《行政诉讼法学》(1994 年版)较早提出了诉讼类型的概念,并认为行政诉讼法存在确认之诉、撤销之诉、变更之诉、行政赔偿之诉和履行之诉五种诉讼类型,[17] 但通说认为,行政诉讼法对于诉讼类型并未"明定",最多"存在若干诉讼类型的雏形"。而"停止作为之诉、预防性不作为之诉和预防性确认诉讼等在权利保护要求上较高的诉讼类型"更是难见端倪。[18] 这样,在现代型行政纷争不断涌现的今天,就很难对权利救济提供全面、适切的诉讼手段。基于司法实践的需要,最高人民法院通过司法解释,相继补充了一些判决方式,为行政诉讼法的修改起到了投石问路的作用。本次修改,立法机关对于完善判决方式用力甚多,虽然限于体例不便对法律框架作大的调整,但基本上体现了类型化的思路,除去预防

性禁止判决未被吸收,其他必要的判决种类大致罗列完备。

(3) 合理界定司法权与行政权的疆界,增强行政判决"解决问题"的能力

论者尝言:"行政诉讼判决突出展现了法院在案件结果处理方面的权力和对当事人权利救济的程度。"[19] 但是,当我们回顾行政诉讼二十余年的实践,恐怕都不会否认,我国行政诉讼法所确立的判决方式,无论是纠纷解决能力还是权利救济程度,都堪称先天不足。"行政诉讼不解决问题"已经成为遭人诟病时的代表性话语。究其根源,核心问题就在于,无论在立法之初,还是在司法过程之中,我们对司法权与行政权二者关系的认识和处理上确实存在一些偏差。翻阅行政诉讼法立法前后的档案资料,我们可以发现,"正确处理好司法权与行政权的关系"是一个被反复提及、着重强调的重大问题。诸如:"法院对政府的具体行政行为是否合法进行审查,至于政府在法律法规范围内当与不当的问题,法院原则上不管,法院更不直接代替行政机关行使行政管理职权。""行政机关不履行或者拖延履行法定职责的,法院可以判决其在一定期间履行,而不是代替行政机关作出决定。""法院审理行政案件,对具体行政行为原则上不直接判决变更。"等等。[20] 以这种理念为指导,行政诉讼法提供的判决形式只能是隔靴搔痒,难敷实用。不仅如此,在实践层面,还长期存在着对本已有限的判决资源的限缩性解读,更使得这条羊肠小道越走越窄。在较多的误读当中,最要害的问题莫过于重做判决和履行判决能否包含特定内容。许多人对具体判决持否定态度,"认为法院在履行判决中应尽量少涉及行政机关所应履行职责的具体内容。依此推演,在行政机关未予答复的情况下,法院更不能直接要求行政机关履行特定内容的法定职责,因为这样,司法权侵犯了行政权的首次判断权"。[21]

不可否认,"司法审查虽然能够发挥重要的作用,但是这是一个有限的作用"。[22] 这一有限性体现在两个方面:其一,"司法权并非可以审判一切案件,其本身存在着一定的界限";[23] 其二,"司法审查只能监督行政机关行使权力,不能代替行政机关行使权力"。[24] 这是由分权原则和司法权、行政权各自的性质或功能所决定的。但是,上述"司法权界限论"在晚近出现了明显松动或者发展。这种松动或者发展主要体现于两个"区分":

一是"羁束裁量"与"便宜裁量"的区分。传统"司法权界限论"主张的司法权的"有限性",主要针对自由裁量而言,他们认为自由裁量被排除于司法审查的对象范围之外。但其忽略了自由裁量还有"羁束裁量"与"便宜裁量"之分。"在公法中没有不受约束的自由裁量权。"[25] "对于羁束裁量可以进行司法审查,即使对于便宜裁量也可以进行司法审查,只不过审查的强度不同"而已。[26] 当裁量缩减为零,"此时也只存在唯一一种行动可能性,因为每一种其他的决定都会是违法的。"[27] 因此其性质就与羁束行政没有什么实质不同,都属于合法性而不是合理性问题。以此推演,当只存在"唯一一种行动可能性"的时候,法院判决行

政机关作出该特定行为,就不能认为法院是在代替行政机关作出决定,法院只不过是传达了法律本身的要求。更何况,这种特定行为的实际作出者终究还是行政机关自己。

二是"形式法治主义"与"实质法治主义"的区分。"法治主义是行政法赖以存在的基础,也是行政法的基本原理。但随着社会历史的发展,法治主义也呈现现代化的趋势"——由"形式法治主义"向"实质法治主义"的转变。"形式法治主义要求行政机关严格地依法行政,而不问法律的内容是否公正,此时,法治主义对行政诉讼的要求就是符合法律,而不论行政诉讼制度是否能够充分救济国民的权利利益。而在实质法治主义中,不仅要求行政诉讼符合法律,而且,要求行政诉讼制度必须能够充分救济国民的权利利益。"这种"充分救济",包括救济的"实效性"在内。例如日本,"在法院就是否应当作出或不作出某种行政行为的要件明确时,可以作出课予义务判决或停止判决"。尽管曾几何时,"首次判断权理论对于行政诉讼的影响在于从理论上否定了设置课予义务诉讼或停止诉讼等给付诉讼的可能性"。[28]再如美国,虽则在三权分立之下格外强调法院"不能代替行政机关行使权力","对于需要重新作出决定的行为,只能发回行政机关重新处理",但在政府信息公开诉讼中却一反常态,当"行政机关不能证明公众要求的文件受到该法规定的免除公开的保护时,法院必须判决命令行政机关提供请求人所要求的文件"。[29]

在修改后的行政诉讼法中,增加了不少具体、直接、到位的判决方式,例如,第72条规定:"人民法院经过审理,查明被告不履行法定职责的,判决被告在一定期限内履行。"第73条规定:"人民法院经过审理,查明被告依法负有给付义务的,判决被告履行给付义务。"甚至幅度较大地扩充了变更判决的适用情形,除原有的"行政处罚显失公正"修改为"行政处罚明显不当"外,对于"其他行政行为涉及对款额的确定、认定确有错误的",人民法院亦可以判决变更。凡此种种,都会使行政诉讼能够实际解决问题的能力得到有效提升。

三、判决驳回原告诉讼请求

判决驳回原告诉讼请求,是本次修改增加的判决方式,同时,还以这一判决方式取代了原第54条第1项规定的维持判决。但这不仅仅是一个简单的一对一的替代,相比于维持判决,驳回诉讼请求判决具有更为广阔的适用空间。同时,也更加符合诉讼的一般规律。

《行政诉讼法》原第54条第1项规定:"具体行政行为证据确凿,适用法律、法规正确,符合法定程序的,判决维持。"这就是所谓的维持判决。"维持判决一说,是中国特色。在与中国相似的欧洲大陆法系国家以及日本的行政诉讼制度中,没有维持判决形式。在英美法系国家,更没有维持判决形式。"[30]在行政诉讼法修改过程中,乃至回溯到行政诉讼法施行之初,维持判决的必要性与合理性就一直受到广泛质疑。其中比较有代表性的观点主要集中在以下几个方面:其一,超出了司法权的范围。学说见解认为,

"司法权是一种中立性、被动性的权力,因而,司法实行不告不理原则。由司法权的性质所决定,判决要与原告的诉讼请求相衔接。判与诉是相对应的,判决是对诉讼请求的回应。任何超出诉讼请求的问题,法院都不应主动去裁判,否则超出了司法权的范围。"[31] 其二,影响行政权的灵活运用。实务见解认为,"经法院判决维持的行政行为,行政机关不能轻易变更。这不是维持判决的优点,而是其缺点。因为,这限制了行政机关根据条件的变化和行政管理的需要作出应变的主动性。"[32] 而驳回诉讼请求判决就不会发生这种效果。[33] 其三,维持判决没有必要。"根据行政法的一般原理,有效的行政行为一经作出,在被有权机关撤销或者变更之前,应当一直视为有效而具有约束力。法院判决维持一个有效的具有约束力的具体行政行为,实属没有必要。"[34]

当然,主张保留维持判决的也有人在,但其理由似乎很难成立。例如有的认为,维持判决为贯彻行政诉讼法维护行政机关依法行使行政职权的立法宗旨所必须。对合法的具体行政行为判决维持,就是对行政机关合法行使行政职权的一种保障或维护。[35] 但也有人不认为维持判决能够起着支持行政机关依法行使行政职权的作用。"或许是因为起草行政诉讼法时,立法机关所遭受的阻力过大,而凭空想出来的一个'支持'行政机关依法行政的判决形式"。[37] 在本次修改已经将立法目的中的"维护"功能予以删除的情况下,维持判决的存在更是失去了最根本、最基础性的理由。还有的认为,"行政诉讼与民事诉讼最本质的区别在于,除了要解决纠纷之外,还要考量公共利益的平衡问题","因此对合法的行政行为予以维持恰好体现了司法对公共利益的关切和维护"。该说试图以德国为例说明行政诉讼审理模式包含更多的职权探知主义色彩,[38] 但其忽视了这样一个事实:正是在德国,非但不设维持判决,反而最为强调"诉的理由具备性",认为这是"从行政诉讼法通往实体行政法的最重要的桥梁"。弗里德赫尔穆·胡芬举例认为,撤销之诉的理由具备性审查的基本结构是:被告被动适格、行政行为违法、原告的权利因此受到侵害。"只要其中一个条件缺失,诉就不具备理由,法院必须将其驳回"。[39] 可见,在行政诉讼中对公共利益予以关切和维护,并不需要非得以维持被诉行政行为的方式实现,并不妨碍通过针对原告诉的理由具备性的审查实现对案件的最终裁判。

正是由于废除维持判决的意见已成主流,本次修改中对此几乎没有引发任何争议。这可能也得益于早在十几年前最高人民法院就已通过《关于执行〈中华人民共和国行政诉讼法〉若干问题的解释》引入了驳回诉讼请求的判决方式,使得维持判决的适用空间事实上已经变得非常狭小。但是,该司法解释第56条引入的驳回诉讼请求判决,本质上还只是对维持判决所作的一种补充,适用情形非常有限。除兜底条款外,其实只限于三种情形:起诉被告不作为理由不能成立的;被诉具体行政行为合法但存在合理性问题的;被诉具体行政行为合法,但因法律、政策变化需要变更或者废止的。因而,其实质只是对维持判决的一种"帮衬",而非

"替代"，也不具有针对每一种诉讼类型的普适效力。反观我国台湾地区"行政诉讼法"第195条的规定，驳回判决的适用范围却宽得多。该条规定："行政法院认为原告之诉为有理由者，除别有规定外，应为其胜诉之判决；认为无理由者，应以判决驳回之。"可见，驳回诉讼请求判决是与各种原告胜诉判决相对应的原告败诉判决，与后者之间是一种如影随形的关系，凡诉讼请求无理由者，均得适用。

日本学者中村英郎曾对判决的对象和类型作过清晰分析，有助于我们理解驳回诉讼请求判决的性质及其在所有判决方式中所处的地位。首先，他将判决分为本案判决和诉讼判决。就原告诉讼上请求的裁判叫"本案判决"，就诉的适法、不适法以及其他诉讼问题所作的判决叫"诉讼判决"。而"本案判决"则大体分作两类：驳回请求或请求认同。其次，他认为，"判决是对原告起诉所作出的国家性回答，特别是本案判决以构成诉的内容的'诉讼上的请求'作为判决对象，因而，判决特别是本案判决的记载事项与诉状的记载事项（请求的宗旨及原因）之间是一个对应关系。""法院不能对当事人没有申请的事项作出裁判"。[40]

以前述中村理论观察本条后半部分，可以说，关于"原告申请被告履行法定职责或者给付义务理由不成立的，人民法院判决驳回原告的诉讼请求"的规定，不仅较好地体现了"对当事人申请的事项作出裁判"这一诉讼原则，还体现了对诉讼进行类型化划分的努力。但对于本条前半部分来说，则缺憾比较明显。"行政行为证据确凿，适用法律、法规正确，符合法定程序的"，"人民法院判决驳回原告的诉讼请求"，很明显是把维持判决的适用条件简单移植到了驳回诉讼请求，这样处理，至少存在以下几方面的问题：其一，行政行为证据确凿，适用法律、法规正确，符合法定程序，是对行政行为合法性的判定，仍属针对行政机关作出，没有实现向审查诉的理由具备性的转变。其二，混淆了审查对象与审理对象的关系。行政诉讼法第六条的确要求对被诉行政行为的合法性进行审查，但在撤销诉讼中，被诉行政行为的合法性只能说是审查对象，而不是审理对象。后者的范围大于前者，是对包括行政行为合法性在内的全部适用条件的审查。对两个对象的混淆也就导致了驳回诉讼请求判决适用条件的列举不全。按照德国的通说，撤销诉讼之诉讼标的"由违法性与权利损害两者构成，并强调权利损害系行政处分违法之结果"。[41] 我国行政诉讼法也规定，"行政机关和行政机关工作人员的行政行为侵犯其合法权益"，亦是原告请求撤销行政行为的资格条件。据此可以认为，驳回原告诉讼请求，不仅仅限于被诉行政行为证据确凿，适用法律、法规正确，符合法定程序这一种情况，换言之，即使在行政行为不合法的情况下，如果原告的合法权益并非因此受到侵害，是否也得驳回原告诉讼请求，应当是一个值得探讨的问题。日本最高法院大法官藤田宙靖就注意到了这一问题，他曾指出："假使作出了违法的行政行为，而其结果对自己法的利益并不产生直接侵害的话，那么该行政行为就不能成为取消诉讼的对象，而且因

违法的行政活动而遭受法的利益直接的具体的侵害以外的人,不能通过行政事件诉讼法对该行为提起诉讼。换句话说,行政事件诉讼法这种制度的确是为了保障行政活动的合法性,但未必是以实现行政活动的合法本身为目的,其本来的目的是出现受违法行政活动侵害的私人时,对该私人进行的救济。"[42]

注:
1. 马怀德主编:《行政诉讼原理》,法律出版社2002年版,第430页。
2. 顾昂然:《行政诉讼法起草情况和主要精神》,载最高人民法院《行政诉讼法》培训班编:《行政诉讼法专题讲座》,人民法院出版社1989年版,第10页以下。
3. 参见胡康生:《〈行政诉讼法〉立法过程中的若干问题》,载最高人民法院《行政诉讼法》培训班编:《行政诉讼法专题讲座》,人民法院出版社1989年版,第36页。
4. 吴庚:《行政法之理论与实用》,中国人民大学出版社2005年版,第383页。
5. 江利红:《日本行政诉讼法》,知识产权出版社2008年版,第109、113页。
6. [日]盐野宏:《行政救济法》,杨建顺译,北京大学出版社2008年版,第55页。
7. 章志远:《行政诉讼法前沿问题研究》,山东人民出版社2008年版,第269页。
8. 参见张旭勇:《行政判决的分析与重构》,北京大学出版社2006年版,第115页以下。
9. 林莉红等:《行政诉讼法问题专论》,武汉大学出版社2010年版,第225页。
10. [日]南博方:《行政法》(第6版),杨建顺译,中国人民大学出版社2009年版,第169页。
11. 参见[英]卡罗尔·哈洛、理查德·罗林斯:《法律与行政》,杨伟东、李凌波、石红心、晏坤译,商务印书馆2003年版,第1063、1069页。
12. 江利红:《日本行政诉讼法》,知识产权出版社2008年版,第66页。
13. 赵清林:《行政诉讼类型研究》,法律出版社2008年版,第68页。
14. [德]弗里德赫尔穆·胡芬:《行政诉讼法》,莫光华译,法律出版社2003年版,第211页。
15. [日]盐野宏:《行政救济法》,杨建顺译,北京大学出版社2008年版,第55页。
16. [日]盐野宏:《行政救济法》,杨建顺译,北京大学出版社2008年版,第48、51、55页。
17. 应松年主编:《行政诉讼法学》,中国政法大学出版社1994年版,第189—190页。

18. 参见赵清林:《行政诉讼类型研究》,法律出版社 2008 年版,第 75 页以下。
19. 杨伟东:《行政行为司法审查强度研究》,中国人民大学出版社 2003 年版,第 236 页。
20. 顾昂然:《行政诉讼法起草情况和主要精神》,载最高人民法院《行政诉讼法》培训班编:《行政诉讼法专题讲座》,人民法院出版社 1989 年版,第 31 页。
21. 转引自杨伟东:《行政行为司法审查强度研究》,中国人民大学出版社 2003 年版,第 244 页。
22. 王名扬:《美国行政法》,中国法制出版社 1995 年版,第 567 页。
23. 江利红:《日本行政诉讼法》,知识产权出版社 2008 年版,第 74 页。
24. 王名扬:《美国行政法》,中国法制出版社 1995 年版,第 567 页。
25. [英]威廉·韦德:《行政法》,徐炳等译,中国大百科全书出版社 1997 年版,第 68 页。
26. 江利红:《日本行政诉讼法》,知识产权出版社 2008 年版,第 74 页。
27. [德]弗里德赫尔穆·胡芬:《行政诉讼法》,莫光华译,法律出版社 2003 年版,第 445 页。
28. 江利红:《日本行政诉讼法》,知识产权出版社 2008 年版,第 68、80 页。
29. 王名扬:《美国行政法》,中国法制出版社 1995 年版,第 567、1013 页。
30. 甘文:《行政诉讼法司法解释之评论——理由、观点与问题》,中国法制出版社 2000 年版,第 159 页。
31. 马怀德主编:《行政诉讼原理》,法律出版社 2002 年版,第 430 页。
32. 甘文:《行政诉讼法司法解释之评论——理由、观点与问题》,中国法制出版社 2000 年版,第 159 页。
33. 日本学者高桥宏志认为:"在驳回请求的场合中,给付之诉与形成之诉并不产生执行力或形成力,换言之,在驳回请求的状况下,无论是给付之诉,还是确认之诉,或是形成之诉,作为判决效而言,产生的仅仅是基于'法律要件不存在'之确认判断的既判力"。参见[日]高桥宏志:《民事诉讼法:制度与理论的深层分析》,林剑锋译,法律出版社 2003 年版,第 70 页。
34. 甘文:《行政诉讼法司法解释之评论——理由、观点与问题》,中国法制出版社 2000 年版,第 159 页。
35. 胡康生:《〈行政诉讼法〉立法过程中的若干问题》,载最高人民法院《行政诉讼法》培训班编:《行政诉讼法专题讲座》,人民法院出版社 1989 年版,第 36 页。
36. 甘文:《行政诉讼法司法解释之评论——理由、观点与问题》,中国法制出版社 2000 年版,第 160 页。

37. 胡建淼主编:《行政诉讼法修改研究》,浙江大学出版社 2007 年版,第 393 页。
38. [日]藤田宙靖:《日本行政法入门》,杨桐译,中国法制出版社 2012 年版,第 150 页。
39. [德]弗里德赫尔穆·胡芬:《行政诉讼法》,莫光华译,法律出版社 2003 年版,第 397 页。
40. [日]中村英郎:《新民事诉讼法讲义》,陈刚、林剑锋、郭美松译,法律出版社 2001 年版,第 218 页以下。
41. 徐瑞晃:《行政诉讼法》,五南图书出版股份有限公司 2012 年版,第 60 页。
42. [日]藤田宙靖:《日本行政法入门》,杨桐译,中国法制出版社 2012 年版,第 150 页。<<<

第 70 条　撤销判决

行政行为有下列情形之一的,人民法院判决撤销或者部分撤销,并可以判决被告重新作出行政行为:
(一)主要证据不足的;
(二)适用法律、法规错误的;
(三)违反法定程序的;
(四)超越职权的;
(五)滥用职权的;
(六)明显不当的。

>>> 一、本条的宗旨
本条是对撤销判决的规定,系由原第 54 条第 2 项改造而来。最重要的修改是在可撤销的情形中增加了"明显不当"。
二、撤销诉讼
(1)撤销诉讼概说
判决撤销行政行为,顾名思义,是指撤销诉讼中在原告诉讼请求有理由时所作的终局判决。弗里德赫尔穆·胡芬曾说:"作为一种要求撤销国家——为公民设置负担——的个别调整的诉,撤销之诉是行政诉讼的'经典'诉讼种类。"[1] 也是"救济人民权益的最重要方法"。[2] 撤销诉讼的目标在于撤销、变更行政行为,因此属于一种形成之诉。[3] "它以通过撤销为原告设定负担的行政行为的方式来形成权利,也就是要达到消除行政行为之效力的目的"。[4] 在日本行政诉讼理论中,也有观点认为,"撤销诉讼是最具有行政诉讼特点的诉讼",因为"无效确认诉讼只不过是撤销诉讼的补充,当事人诉讼在属于有关法律关系、权利义务的争议这点上与民事诉讼相同,并没有充分显示出行政诉讼的特点"。在日本,过去存在所谓的撤销诉讼中心主义,"从整部行政事件诉讼法的规定来看,详细规定了撤销诉讼的诉讼要件、审理程序、判决等一般性事项,对于其他的诉讼类型,仅仅规定相当于撤销诉讼的特殊之处,对其他与撤销诉讼相同之处规定准用撤销诉讼的条款"。[5] 我国行政诉讼法的全部结构和内容,几乎都是围绕撤销诉讼设计的,这次修改,终于打破撤销诉讼一统天下的局面,在撤销判决

之外增加了确认、给付、履行义务等判决方式,这无疑是朝着诉讼类型化迈出了可喜的一步;但是,对于与之相应的不同于撤销诉讼的诉讼规则则少有顾及,这又是一个缺憾。

(2) 撤销诉讼的对象:行政行为

如前所述,撤销诉讼的对象是行政行为,那么,行政行为的存在就是撤销诉讼的前提。正如弗里德赫尔穆·胡芬所言,"单凭原告认为或声称,行政机关针对他做出了调整性的行为,这是不够的。对于确定一个适当的诉讼种类而言,重要的仅仅是:行政机关已经以哪一种形式,客观上可以辨认地采取了行动"。接下来,更重要的一个问题是撤销之诉中行政行为的定义。按照德国的立法例,撤销之诉中的行政行为应具有以下特征:其一,是一种调整。就此特征而言,关键要看它是否含有一个具有法律约束力的,旨在设定一种法律后果的命令。与此相反的概念是事实行为。各种事实上的活动(事实行为)都不是调整。其二,是一种国家权力行为。反概念则是私法上的行为。其三,是一个个别情况。也就是说,行政行为相对人的范围在采取措施的时刻是确定的,而且不会以某种不确定的方式扩大。与此相对的概念当然是抽象、普遍的调整,也就是我们所称的抽象行政行为。其四,是由行政机关作出的。行政机关概念的真正目的,在于将行政机关与立法、统治和审判划清界限。也就是说,当议会、政府和法院分别行使其各自的立法、国家领导和审判职能时,它们都不是行政机关。其五,具有对外效力。反概念是纯内部行政行为。[6]

在日本行政事件诉讼法中,撤销之诉的对象则被表述为"行政厅的处分"。日本最高法院大法官藤田宙靖对何谓"行政厅的处分"的论述,堪与胡芬所论相互参照,庶几也能帮助我们能够更为清楚地理解撤销之诉对象的概念特征。藤田宙靖说:"简单来说,这里所指的就是在各种行政活动中特别具有'公定力'的行为,即'行政行为'的情况。基于这样的观点,即使是行政活动,而不是'行政行为',例如民法上签订合同等所谓私法上的行为,还有行政主体组织内部行为,不具有直接剥夺、限制私人权利的法效果的'计划'、'行政指导'等行为,还有假定事实上存在对私人利益有重大影响的情况,但从法的角度来看,并没有对私人的权利义务产生直接、具体影响效果的所有行为,都不是这里所说的'行政厅的处分'。"[7] 由上观之,在德国法和日本法上,作为撤销之诉对象的"行政行为"或"行政厅的处分",在其特征上更近似于我国行政诉讼法已经放弃不用的"具体行政行为"的概念。这就从又一个角度说明诉讼类型化的重要。行政诉讼法修改之后,普遍用"行政行为"取代了"具体行政行为"的概念,这对于引入行政协议诉讼、允许一并请求对规范性文件的审查等,无疑意义重大,但作为撤销之诉的对象,仍然应当局限于传统意义上的"具体行政行为"。相应地,行政诉讼法第六条所说的"对行政行为是否合法进行审查",也应当指的是"具体行政行为"。进而言之,合法性审查原则,也应当主要是统领撤销之诉的原则,否则,就会有许多说不通的地方。

(3) 撤销诉讼的理由具备性

从比较法上来看，德国、日本，基本是将"被动适格"、"违法性"与"权利损害"作为撤销诉讼理由具备性的主要构成。[8] 本条规定的撤销判决的适用条件，则只着眼于违法性这一方面。并不是说我国行政诉讼法并不考虑"被动适格"与"权利损害"问题，但似乎更倾向于将其作为起诉条件（德国称此为"诉的适法性"）来处理。在德国，亦有观点认为被动适格属于适法性审查。但更多的观点与此相反，认为"适法性审查不应包括对被告正确与否的审查，而是只能在理由具备性审查中对被动适格问题进行审查"。胡芬主张："无论这种争论结果如何，被动适格审查对于理由具备性而言，都是不可或缺的。而且，即使已经在适法性审查中进行过关于'正确的被告'分析，至少也应当在理由具备性审查中简要提及分析结果。"我国的司法实践倒是多采如此处理。至于"权利损害"，从我国司法实践来看，将其作为理由具备性审查似乎并不如将其作为原告资格审查来得更加自觉。反观德国、日本，作为支持诉权的"权利损害"与作为理由具备性的"权利损害"，还是有所区别。正如胡芬所言："对诉权的获得而言，原告关于权利侵害的可信陈述，或者侵权的可能性就足够了；而对理由具备性来说，在法院进行裁判的那个时刻——亦即在最后的言词审理之后——必须确定的是，原告自身的权利的确已经受到了侵害。"[9]

至于"行政行为造成权利侵害"的认定，胡芬提出了三个判断上的进路。一是，"如果较之于未有行政行为时的情况，一项权利以并非完全不显著的方式受到了限制、受到了妨碍、被施加了负担等，该权利就算受到了侵害"。二是，"行政行为造成的侵权，不一定必须是故意的侵犯。也就是说，侵权更有可能是无意的，例如由一个被批准的计划造成的侵权"。三是，"权利侵权必须是由行政行为造成的，即行政行为与被施加给原告的负担之间存在因果关系"。[10]

三、行政行为的违法性

行政行为的违法性是撤销判决适用条件的核心。对于行政行为的违法性，本条共列举了六项，分别是：主要证据不足，适用法律、法规错误，违反法定程序，超越职权，滥用职权，明显不当。以下分别讨论。

(1) 主要证据不足

将违法性审查的第一个问题确定为主要证据不足，是因为，无论是作出行政行为，还是进行行政诉讼，都以认定事实、适用法律为主要内容。认定事实是适用法律的前提，证据又是认定事实的基础。王名扬先生曾经指出："法院审查行政机关的事实裁定是为了保障法律的正确执行。如果行政机关能够对事实问题任意作出判断，不管证据如何，也不管从已经存在的证据中能够得出推论如何，那么，行政机关将可以任意改变法律的意义和效果。"[11] 按照本项规定，在事实方面得撤销的情形是"主要证据不足"，主要证据的反概念是次要证据，对主要证据和次要证据进行区分，

首先就是要求人民法院对证据进行全面审查,"不能单凭一个证据孤立地观察,而应就全部记录中的证据综合观察,不能只顾有利于行政机关的证据,也应考虑不利于行政机关的证据"。只有在对主要证据和次要证据进行全面审查的基础上,才能作出主要证据是否"不足"的判断。至于什么是"主要证据",学说见解认为,是指"认定事实必不可少的证据","缺少了就不能认定相应事实"。[12]"被告提交的证据中仅缺少个别枝节证据,不影响定性、处理结果的,不属主要证据不足"。[13]

如果说我国行政诉讼法是从主要证据与次要证据的角度界定事实问题的违法性,美国则是从合理与不合理进行区分。在联邦最高法院一九三八年的一个司法审查判决中,法院确立了一个"实质性证据标准"。法院声称:"实质性的证据不是一现即逝的闪光,它是关于这样的证据,即一个合理的人可能接受作为一个结论的正当的支持。"换言之,"只要行政机关的证明合理,即具备实质性的证据支持"。这体现了法院对行政机关的事实裁定既要进行严格审查,又要给予必要的尊重。"法院对行政机关的事实裁定必须进行审查,不表示法院对每个事实问题都要重新决定。这样的审查会摧毁设立行政机关的目的"。[14]在德国法上,尽管法院的调查可以对行政机关有瑕疵的事实调查进行"订正",但有瑕疵的事实调查必然已经导致行政行为违法。"在一些复杂的案件中,法院有可能不对事实问题作出裁判,而是直接撤销行政行为和复议决定,其目的就在于让行政机关继续进行事实调查"。[15]从比较法上进行考察,无非是想说明,当行政行为"主要证据不足",本身就已成就可撤销的条件,因而在行政行为是否违法这一案件事实方面已经达到了"事实清楚"的程度,人民法院没有必要代替行政机关把证据"补足"。

严格来讲,本条在对事实问题违法性的规定方式上似乎还存在一些问题。例如,"主要证据不足"不能说就是行政行为事实认定违法的全部情形。主要证据倒是很"充足",但属于行政机关"错误认定作为决定根据的案件事实",或者"以与本案无关的事实为根据作出决定",[16]或者"认定事实正确但适用法规错误即所谓涵摄错误",或者"认定事实关系违背经验法则与论理法则",[17]也都属于违法之范围,但都不是"主要证据不足"所能涵盖的。

(2) 适用法律、法规错误

适用法律法规是否正确,可以说是行政行为实体合法性的核心。因为,"行政行为——作为'法的具体化行为'——必须与其所执行的法律规范一致。除此之外,行政行为必须符合所有有关的法律规定和法律原则,包括宪法"。[18]学说见解认为,"适用法律、法规错误","是指行政机关实施相应具体行政行为依据了不相适应的法律、法规,依据的法律、法规不是调整相应行为而是调整其他事物的,或者说,相应行为是不应受行政机关所适用的法律、法规调整而应受其他法律、法规调整的"。姜明安教授指出:"适用法律、法规错误主要有下述七种情况:①相应具体行政行为应适用彼法律、法规,而行政机关错误地适用了此法律、法规,

即'张冠李戴'。②相应具体行政行为应适用法律、法规的彼条款，而行政机关错误地适用了此条款。③相应具体行政行为适用的法律、法规与高位阶的法律、法规相抵触。④相应具体行政行为应同时适用两个或几个有关法律、法规，而行政机关仅适用了其中某一个法律、法规；或该行为只应适用某一法律、法规，而行政机关却另适用了其他不应适用的法律、法规。⑤相应具体行政行为应同时适用法律、法规的两个或几个条款，而行政机关仅适用了其中某一个条款；或该行为只应适用某一法律、法规的某一条款，而行政机关却另适用了其他不应适用的条款。⑥相应具体行政行为适用了过时的、已被废止、撤销或尚未生效的法律、法规。⑦相应具体行政行为应适用特别法条款而适用了一般法条款。"[19]

(3) 违反法定程序

违反法定程序是形式上的违法的主要方面。"违背程序规定作出的行政行为，总是违法的"。[20] 所谓法定程序，学说见解认为，是指"法律、法规规定的方式、形式、步骤、顺序、时限等"。[21] 法定程序的内涵与是否制定了统一的行政程序法密切相关，我国尚无统一的行政程序法，因此所谓法定程序，散见于各个单行法当中。从比较法的角度看，根据德国的立法例，程序违法最重要的情形有：一个利害关系人未参与，未对一个参加人进行听证；缺乏另一个行政机关的协作；一个可能不公正的公务员的协作；违法拒绝咨询或拒绝阅卷；违反理由说明要求。此外，胡芬认为，有瑕疵的事实调查、程序种类选择有误、行政行为的公布有缺陷，也都属于程序违法。[22] 哈特穆特·毛雷尔则将行政行为的"形式"独立于"程序"，进行过专门论述，他指出，"行政行为可以书面、口头或其他法律允许的形式作出"，但"书面形式是原则，这是法的明确性、减轻证明负担以及行政机关按照规程制作案卷等理由的客观要求。通过口头、姿势或者其他结论性的活动作出行政行为，只有在客观上能够实现行政行为目的的情况下才能适用"。[23] 毛雷尔还对说明理由进行了专门强调，指出，"说明理由原则上属行政行为的法定方式。以书面方式作出或确认的行政行为都必须说明理由。理由中必须表明作出行政行为的事实和法律要点。如果行政机关享有裁量空间，则'应当'说明所依据的裁量权衡"。[24] 最高人民法院《关于审理政府信息公开行政案件若干问题的规定》第12条，就对人民法院审查行政行为的说明理由提出了明确规定。

应当指出的是，虽然"违背程序作出的行政行为，总是违法的"，但也并非所有的程序违法都会对行政行为的结果产生实质性影响。当行政行为程序轻微违法，但对原告权利不产生实际影响时，《行政诉讼法》第74条第1款第2项规定了另一种处理方法，即"判决确认违法，但不撤销行政行为"。如果程序违法导致行政机关的事实调查出现瑕疵，为了有利于行政机关适用合法的程序重新查清事实，法院则应当在撤销行政行为的同时，判决被告重新作出行政行为。行政程序有必要补正，而且实际可以补正的，

法院亦可以"以补正为目的,把案件发还行政机关"。在德国,有些程序瑕疵"在行政法院程序结束之前都可以补作",按照该国行政法院法的规定,法官"可以给予行政机关——在不超过三个月的期限内——补正程序和形式瑕疵的机会,只要法官据其自由心证,认为这不会影响诉讼的按期终结"。"法院甚至还可以依申请中止言词审理,以便补正程序和形式瑕疵"。虽然这些做法也招致人们的批评,认为"它使程序瑕疵变得毫无风险,并最终使行政程序贬值",但如果处置得当,还是能"在事实上有助于程序集中原则"。[25]

(4) 超越职权

超越职权是指行政机关超越了法律、法规授予的权限,实施了其无权实施的行为。超越职权构成违法,是因为"行政机关应当在执行法定任务的同时遵守管辖权的界限。管辖权是行政机关活动的基础和范围"。在德国法上,管辖权问题亦属形式合法性的范畴。但毛雷尔认为,"遵守管辖权不是单纯的形式主义(例如这种看法:只要决定的内容正确,哪一个行政机关是无关紧要的),因为只有主管机关才具备受过专门训练、通晓专业的人员和必要的设备,而这正是作出正确决定的保障所在"。不仅如此,明确的管辖权还能"有助于避免重复劳动、摩擦损失和权限困难,通过行政机关活动范围的划分确保行政的统一性;而且符合公民的利益,公民需要并且必须知道哪一个行政机关负责处理自己的事件"。[26]
在管辖权的种类上,毛雷尔将其分为四种,即:针对行政机关的主管专业事务的专业管辖权;针对行政机关活动的空间范围的地域管辖权;以多等级的行政机关结构为基础,用于解决上级行政机关是否以及在何种条件下有权作出决定的级别管辖权;着眼于行政机关的内部领域,确定特定的行政任务由特定的机构成员(如机构首长)办理的专属管辖权。毛雷尔认为,在办理具体案件中,"一般只需审查专业管辖权和地域管辖权",同时"应当将四个方面的管辖结合起来考虑"。[27]我国学理上对于超越职权的分类与前述德国的分类大体接近。唯一有所差异的是对待内部业务分配计划的态度。姜明安教授认为:"内部管理机关(如办公厅、内部人士、财务管理机关等)没有直接对外管理的职能,不能直接实施影响相对人权益的具体行政行为。内部管理机关如实施此种对外行为,即是侵越外部管理机关的职权,属于越权。"[28]而胡芬认为:"如果只是没有遵守内部的业务分配计划,这并不属于管辖权瑕疵。对于'行政官员的合法性',公民并无主观权利。"在管辖权瑕疵的类别上,胡芬似乎也只列举了事务、地域、审级这三类,并没涉及内外之分的问题。[29]

(5) 滥用职权

学说见解认为,"'滥用职权'是指行政机关行使职权背离法律、法规的目的,背离基本法理,其所实施的具体行政行为虽然形式上在其职权之内,但其内容与法律、法规设定该职权的用意相去甚远。"姜明安教授具体指出,滥用职权主要有下述表现:以权谋私,专断(不考虑相关因素或者考虑不相关因素),反复无常,

人身迫害，故意拖延。"[30]滥用职权这一违法类型，在大陆法系国家表述得并不清晰。其渊源更似来源于普通法系。美国司法审查中有一个专横、任性、滥用自由裁量权标准，其具体表现是：不正当的目的，忽视相关的因素，不遵守自己的先例和诺言，显失公平的严厉制裁，不合理的迟延。根据王名扬教授的解读，"通常把专横和任性标准称为审查行政机关行使自由裁量权力的标准"，因为"法律授予行政机关自由裁量权力，不是授予行政机关按照个人意志，随心所欲行使这种权力。"[31]

值得探讨的是，本次修改，在行政行为违法性方面新增加了一种"明显不当"的情形，这一情形针对的同样是"行政机关行使自由裁量权过程中极端不合理的情形"，[32]看似与滥用职权在性质上有所重叠。那么，为什么在已有"滥用职权"标准的情况下又增加"明显不当"标准？两者又有什么区别？本书认为，在立法意图上应该出于以下几个方面的考虑：第一，虽然行政诉讼法从一开始就确立了"滥用职权"标准，但由于"合法性审查"原则极具影响力，使得这一标准在规范自由裁量权方面的使命较少被发掘和运用，因此有必要写进通过行政复议法的实施已经被广为人知的"明显不当"标准，以强调在合法性审查原则之下，对于行政机关明显不合理的行政行为，法院亦可进行审查。第二，由于刑法中有滥用职权罪，使得法院不免心怀投鼠忌器的顾虑，造成事实上很少以"滥用职权"名义撤销行政行为，这就形成了制度的空置。第三，明显不当与滥用职权并非完全相同。两者的区别主要体现在两个方面：一是程度不同。滥用职权"是达到非常不合理的程度，以致行政机关的决定没有任何合理的基础。任何合理的人不会作出这样的判断，它超过了一个合理的人对事实看法的不同。""是以外在的合法掩盖实质上的不合法律目的、法律精神的一种本源性的违法形态"。[33]明显不当在程度上则相对较轻，"它是以合法为前提的，是合法范围内的不当"。[34]二是规范角度不同。滥用职权侧重于主观动机，明显不当则侧重于客观结果。我国台湾地区亦有"裁量逾越"与"权力滥用"之区分。学说上认为，"所谓裁量逾越，系指行政机关之裁量，超出其外在或客观之范围。所谓权力滥用，系指行政机关之裁量，虽遵守其外在或客观的范围，但裁量权内在的或主观的动机错误，或以与裁量权授权之目的不一致的方法行使裁量权"。[35]可资参考。

（6）明显不当

明显不当是行政复议法规定的对行政行为予以撤销的一种情形，行政诉讼法本来没作规定。一般认为，"对于是否适当的判断，需要一定的专业与管理知识，由司法机关进行审查并不适合。行政复议作为上级行政机关对下级行政机关的层级监督，需要把具体行政行为是否适当纳入复议范围"。[36]法律授予行政机关自由裁量权"真正的法律价值，主要体现在面对复杂多样的生活关系的行政，在个案上的公正性和必要的'灵活性'。就这个意义而言，具有最终决定权的乃是行政执行机关，而非行政法院"，"但是，对行政的这种余地的急剧扩展，人们也存在显著的法治国上的担

忧"。[37] "面对行政裁量权膨胀带来的滥用权力的种种弊端,现代司法一反不介入行政裁量的传统立场,在这一领域展开越来越深入的司法审查。时至今日,法院对行政裁量行为的有效审查已成为现代行政法最引人注目的成就之一。"[38] 在行政诉讼法修改过程中,有些地方、法院、专家学者和社会公众提出,现行行政诉讼法规定人民法院只能对具体行政行为是否合法进行审查,对于行政机关明显不合理的行政行为,没有规定人民法院可以判决撤销,不利于解决行政争议。修改决定最终采纳了这一建议,在本条规定的可以判决撤销的情形中,增加一项"明显不当的"情形。[39]

对于行政裁量的审查,列国已经积累了一些比较成熟的做法。例如德国,"在被赋予裁量权的情况下,行政机关享有一定的活动空间和决定空间,但必须遵守裁量权的界限和法律授权的目的。行政机关不遵守这些裁量约束,行政行为即具有裁量瑕疵,因而违法"。[40] 具体来讲,《德国行政法院法》第114条和《行政程序法》第40条中,对所谓的"裁量瑕疵"作了明确规定。包括:①未作裁量和裁量不足。是指"行政机关认为自己受到法律约束,或者出于其他原因而没有实施现有裁量,或者没有充分实施裁量"。②裁量有误和滥用裁量。是指"行政机关不遵循裁量规定的法定目的,而是以法律不允许的方式将各种行政目的结合在一起"。③裁量越权。是指"行政机关选择了一种它未获授权的方案,因此就不能确保自己能在由规范开辟的裁量范围内活动"。胡芬指出:如果法院确定了裁量瑕疵的存在,而且这个瑕疵也没有以补充的裁量权衡的方式得到"补正",那么该决定就是违法的。这在撤销之诉中总会导致决定的撤销,只要原告的权利受到了侵害。[41]

值得注意的是,在审查行政裁量时,比例原则被广泛应用。所谓比例原则,有时由禁止过度、最小侵害等术语表示,其着眼点是目的—手段—关系。"作为实现某种目的(或结果)的手段的措施,必须符合广义的比例性;也就是说,必须具有妥当性、必要性和相称性"。妥当性,即所采取的措施可以实现所追求的目的;必要性,即除采取的措施之外,没有其他给关系人或公众造成更少损害的适当措施;相称性,即采取的必要措施与其追求的结果之间并非不成比例(狭义的比例性)。[42] 比例原则之被应用,不仅在德国,在大陆法系,甚至蔓延到了普通法系。林峰教授指出:"比例原则是普通法中正在发展中的一个司法复核的依据。""该原则的核心是公共机构所作出的决定必须与所要达到的目标成比例。特别是在行使自由裁量权的过程中,若所要达到的目的与所采用的方式之间不存在一合理的比例关系,或者是当行政机构所作出的处罚与它所针对的违法行为完全不成比例时,法院可以在司法复核程序中撤销行使自由裁量权所作出的决定"。[43]

四、撤销诉讼的判决形式
（1）概说

原告提起撤销诉讼，其目的在于请求法院撤销违法的行政行为，如果行政行为具有本条规定的违法情形之一，且原告的合法权益因而受到侵害，人民法院应当判决撤销该行政行为。按照本条规定，撤销判决有三种形式：①判决全部撤销；②判决部分撤销；③判决撤销并可以判决被告重新作出行政行为。其实，这只是撤销判决的主要类型，本条之外，还有不少判决形式，亦属于撤销判决的样态或撤销判决的变种。例如第七十四条规定的三种确认行政行为违法而不撤销或不需要撤销的情形：①"行政行为依法应当撤销，但撤销会给国家利益、社会公共利益造成重大损害的"；②"行政行为程序轻微违法，但对原告权利不产生实际影响的"；③"行政行为违法，但不具有可撤销内容的"。再如第七十七条的变更判决："行政处罚明显不当，或者其他行政行为涉及对款额的确定、认定确有错误的，人民法院可以判决变更"，有人亦称其为撤销诉讼中的自为判决或代替判决，也有人指其在性质是类似部分撤销判决。[44] 之所以存有种种撤销判决之样态，盖系"基于诉讼经济、当事人权利之保护、行政效率或公益、传统对行政行为之司法审查之定位等因素之考虑"。我国台湾地区学者更进一步对导致撤销判决样态繁多的诸般因素作了如下深入分析：其一，"系争行政处分违法之事由或其受损害之性质与态样，相当复杂而多样化"；其二，"于若干情形，原告之权利是否确实因该违法处分而受有损害等事实，纵经行政法院审理后亦未必明确"；其三，"系争处分往往涉及对行政裁量或判断余地之审查，其中存有不宜以法院之判断取代行政专业判断之空间"；其四，"早期台湾行政法理论将行政处分拟制为下级审法院之裁定，而对行政法院则定位为上级审之抗告法院等因素之影响"。[45]

（2）判决撤销或者部分撤销

判决撤销是所有撤销判决中最基础的样态，有学说惯常称之为"单纯之撤销判决。""行政法院审理结果认原告之诉为全部有理由，且单纯以撤销系争处分方式即可达成原告之救济目的者，应即作成撤销判决"。所谓原告之诉为全部有理由，是指"被动适格"、"违法性"与"权利损害"等要件均已具备，而不是要求法条所列举的数种违法情形一概具备。应当指出的是，判决撤销，既包括全部撤销，也包括部分撤销。正如哈特穆特·毛雷尔所指出："法律救济程序中的废除也可能限于行政行为的一部分。在法律救济程序中，废除的范围限于行政行为违法的范围（在违法和侵犯关系人权益的范围内，必须撤销行政行为）。"[46] 部分撤销的重要性"正随着一般命令的日渐增多而相应地增强，这种一般命令主要以与物相关的，作为若干个规定组成的调整集合体之一部分的形式存在着。"[47]

"部分撤销的前提是，行政行为是客观上可分的。亦即，如果法院撤销被请求的某部分，剩余的其他部分仍然还能保持其各自原来的意义，而不会因为被分割而在调整内容上发生变化"。[48] 我国

台湾地区学者刘宗德、赖恒盈认为:"于单一之诉,如原告之诉为一部有理由一部无理由者,应否就该有理由部分撤销,而驳回原告其余之诉,端视原告起诉请求撤销之行政处分是否具有可分性而定。此一问题属行政实体法之问题,应就具体个案情形,依所涉及行政实体法规定判断。"[49]这一见解只提及"原告之诉为一部有理由一部无理由"时可适用部分撤销,似不全面,实践中还会存在一种情形:"撤销之诉的原告不一定必须针对'整个行政行为'起诉,原则上,也允许对一个仅仅在某种范围内违法的,或者仅仅对原告部分不利的行政行为予以部分撤销。"[50]这种情况下,虽然是部分撤销,但原告之诉未必就是"一部有理由一部无理由"。此外,我国台湾地区学者吴庚曾经讨论过多阶段处分之撤销:"原告全部胜诉时,行政法院惯常将主文写作:'原(复议)决定及原处分均予撤销',在一般情形固然可行,若遇有一个案件涉及多个处分者,上述写法简洁有余,明确不足。试以所谓多阶段处分为例,主文应直接写明被撤销之处分(即某机关某一日期及文号公函所为之处分),有时且须撤销两个以上之处分始能达到效果,端视实际案情而定。"[51]德国学者胡芬则曾论及行政处分附款(附属规定)之撤销:"如果撤销的是一个独立的附属规定(例如一个附带的义务),则不属于部分撤销。因为这种规定本身就是行政行为,其自身的合法性应受到审查。相反,如果撤销的是一个非独立的附属规定(例如:撤销条件或者期限设定),这就是部分撤销——前提是,这些规定可以分别与'作为主体的行政行为'相分离,也就是说,它们具有彼此独立的调整内容。"[52]

(3) 判决被告重新作出行政行为

"撤销诉讼是基于原告的请求权以溯及既往地消灭行政行为的效力为目的的诉讼",因此,"撤销行政行为的判决在确定行政行为违法性的同时还发挥着宣告行政行为溯及既往地丧失效力的关联性效果"。[53]理论上,并无于撤销判决之外,"另外谕之被告另为适法之处分或决定之可能与必要"。我国行政诉讼法为何创设"重作判决",立法资料解说得并不十分清楚,一些只言片语的论述稍稍透露出一些端倪。例如江必新大法官当年在行政诉讼法制定过程中撰写的著作中写道:"法院审理行政案件在遇到行政行为确有问题的时候,要么驳回当事人的诉讼请求,要么撤销行政机关的决定,只有两种手段可供采用。而实践上,行政机关的决定大都是正确与错误混杂;合法与非法共存;或者瑕瑜互见;或者基本错误而稍带正确的因素;或者基本正确而有些微瑕疵。在这种情况下,完全驳回诉讼请求将会使公民的权益受到不同程度的损害;完全撤销又影响了行政机关职权的行使。"在无变更手段的撤销中,"撤销后也就应当允许行政机关去伪存真,除瑕就瑜"。[54]

寻根溯源,重作判决这种判决形式有极大可能舶来于我国台湾地区。我国台湾地区学者谓:"撤销原处分及原决定后,发回被告机关重为适法处分之判决","此为学者所谓我国行政法院成立以来最典型的判决方式,使我国行政诉讼法制在事实上成为典型的撤销发回之行政审判制度,而非实质内容自为判决之行政审判制度。

学者认此系过去法制不备之不得已措施。新法实施后，只有在例外情形为减轻法院负担，可认为有重大必要由行政机关进一步调查事实，且考量当事人间之利害关系亦为适当时，始得撤销原处分，发回交由原处分机关重为调查处分"。[55]更有我国台湾地区学者由以下几个可供使用的路径，进一步阐明"于撤销判决时，实应尽量避免采用此一判决模式"：其一，"理论上现行行政诉讼制度既采职权探知主义，于事实真伪不明确时，有举证责任理论可供解决依据"；其二，"于作成撤销或变更（即部分撤销）判决后，被告机关拖延不结或置之不理情形，则有课予义务诉讼或一般给付诉讼可供运用"；其三，"于涉及行政裁量或判断余地情形，亦有裁量逾越或滥用等强化司法审查之深度与密度之理论可供适用"。[54]

适用重作判决，应当注意以下几个方面的问题：

其一，重作判决虽然存在一定的合理性和必要性，譬如，有些行政行为因违法被撤销，"但具体问题并没有解决，行政机关尚需对行政管理相对人作出新的处理决定方可解决"，[57]但设置这一判决方式，也不无过分强调尊重行政机关的首次判断权以及法律赋予法院解决问题的手段关于简单的因素。与我国台湾地区的情况类似，行政诉讼法的修改使得法院解决问题的手段已经今非昔比，之前出于无奈而过多地倚赖重作判决的情形，必定会大幅减少。因此，从尽快稳定行政法律关系、减少循环诉讼出发，能够通过诉讼实质解决争议的，应当尽量避免适用重作判决。

其二，适用重作判决时，应当"在判决理由部分指明被告应重新作出具体行政行为的方向，在判决部分写明重新作出具体行政行为的期限"，[58]以避免过多地减损撤销判决的救济功能。关于限定重新作出具体行政行为的期限问题，最高人民法院《关于执行〈中华人民共和国行政诉讼法〉若干问题的解释》第60条规定："人民法院判决被告重新作出具体行政行为，如不及时重新作出具体行政行为，将会给国家利益、公共利益或者当事人利益造成损失的，可以限定重新作出具体行政行为的期限。"这一规定确立的"以不限定重作期限为原则，以限定重作期限为例外"的原则，在当时就存在一些不同看法，[59]在修订司法解释时值得进行检讨。至于期限设定为多长时间，实务见解认为，"应当由法院根据案件的实际情况进行指定，一般来讲，有法定标准的应按照法定标准，没有明确法定标准的，可以参照类似具体行政行为的期限标准和实践中行政机关作出此种具体行政行为的一般情况来确定"。[60]

其三，本条规定的"可以判决被告重新作出行政行为"，包括责令复议机关重新作出复议决定。最高人民法院《关于执行〈中华人民共和国行政诉讼法〉若干问题的解释》第53条第2款规定："复议决定改变原具体行政行为错误，人民法院判决撤销复议决定时，应当责令复议机关重新作出复议决定。"这是因为，复议决定也是一种行政行为，对于第三人效力处分，复议决定撤销或变更原行政行为，看似满足了复议申请人的愿望，但对于复议申请人以外的利害关系人（主要是原行政行为的直接相对人）来说，复议决定就是对其合法权益产生"第一次不利益"的新的行

政行为。"第一次不利益"之说来自德国立法例,"系因当事人完全未因原处分而受到不利益。诉愿决定可能产生第一次之不利益,受到不利益者,可能是参加人、第三人或甚至是原处分机关。例如:在第三人效力处分(例如建筑许可)将授益处分撤销。在此情形,通常系因人民对于第三人效力处分提起诉愿,经诉愿决定撤销或变更原处分,致第三人受有不利益,而原处分对于该第三人并无不利益情形,因此诉愿决定对于该当事人之不利益,称为第一次之不利益"。针对产生第一次之不利益的复议决定提起的撤销诉讼,"诉讼要件之遵守,与上述以原处分为对象之情形,并无不同"。[61]但是,有的观点认为,复议决定改变原具体行政行为错误的,之所以要在判决撤销复议决定的同时,责令复议机关重新作出复议决定,是因为,尽管复议决定被撤销了,但相对人的复议申请依然存在,在相对人撤回复议申请之前,复议机关仍然有义务作出复议决定。这种理由恐怕存在问题。[62]

注:
1.[德]弗里德赫尔穆·胡芬:《行政诉讼法》,莫光华译,法律出版社2003年版,第211页。
2.林腾鹞:《行政诉讼法》,三民书局股份有限公司2013年版,第87页。
3.陈清秀:《行政诉讼法》,元照出版有限公司2012年版,第166页。
4.[德]弗里德赫尔穆·胡芬:《行政诉讼法》,莫光华译,法律出版社2003年版,第211页。
5.江利红:《日本行政诉讼法》,知识产权出版社2008年版,第154页。
6.参见[德]弗里德赫尔穆·胡芬:《行政诉讼法》,莫光华译,法律出版社2003年版,第212页以下。
7.[日]藤田宙靖:《日本行政法入门》,杨桐译,中国法制出版社2012年版,第140页。
8.徐瑞晃:《行政诉讼法》,五南图书出版股份有限公司2012年版,第60页。
9.参见[德]弗里德赫尔穆·胡芬:《行政诉讼法》,莫光华译,法律出版社2003年版,第434页以下。
10.[德]弗里德赫尔穆·胡芬:《行政诉讼法》,莫光华译,法律出版社2003年版,第436页以下。
11.王名扬:《美国行政法》,中国法制出版社1995年版,第680页。
12.姜明安:《行政诉讼法》,法律出版社2007年版,第290页。
13.黄杰主编:《中华人民共和国行政诉讼法诠释》,人民法院出版社1994年版,第181页。
14.王名扬:《美国行政法》,中国法制出版社1995年版,第683、681页。

15. ［德］弗里德赫尔穆·胡芬:《行政诉讼法》,莫光华译,法律出版社2003年版,第412页。
16. ［德］哈特穆特·毛雷尔:《行政法学总论》,高家伟译,法律出版社2002年版,第229页。
17. 吴庚:《行政法之理论与实用》,三民书局股份有限公司2014年版,第653页。
18. ［德］哈特穆特·毛雷尔:《行政法学总论》,高家伟译,法律出版社2002年版,第237页。
19. 姜明安:《行政诉讼法》,法律出版社2007年版,第291页。
20. ［德］弗里德赫尔穆·胡芬:《行政诉讼法》,莫光华译,法律出版社2003年版,第411页。
21. 姜明安:《行政诉讼法》,法律出版社2007年版,第292页。
22. ［德］弗里德赫尔穆·胡芬:《行政诉讼法》,莫光华译,法律出版社2003年版,第411页。
23. ［德］哈特穆特·毛雷尔:《行政法学总论》,高家伟译,法律出版社2002年版,第236页。
24. ［德］哈特穆特·毛雷尔:《行政法学总论》,高家伟译,法律出版社2002年版,第237页。
25. ［德］哈特穆特·毛雷尔:《行政法学总论》,高家伟译,法律出版社2002年版,第413页。
26. ［德］哈特穆特·毛雷尔:《行政法学总论》,高家伟译,法律出版社2002年版,第236页。
27. ［德］哈特穆特·毛雷尔:《行政法学总论》,高家伟译,法律出版社2002年版,第513页。
28. 姜明安:《行政诉讼法》,法律出版社2007年版,第296页。
29. ［德］弗里德赫尔穆·胡芬:《行政诉讼法》,莫光华译,法律出版社2003年版,第411页。
30. 姜明安:《行政诉讼法》,法律出版社2007年版,第296页以下。
31. 王名扬:《美国行政法》,中国法制出版社1995年版,第685页。
32. 全国人大常委会法制工作委员会行政法室编著:《中华人民共和国行政诉讼法解读》,中国法制出版社2014年版,第197页。
33. 马怀德主编:《新编中华人民共和国行政诉讼法释义》,中国法制出版社2014年版,第329页。
34. 张越:《行政复议法学》,中国法制出版社2007年版,第459页。
35. 徐瑞晃:《行政诉讼法》,五南图书出版股份有限公司2012年版,第82页。
36. 张越:《行政复议法学》,中国法制出版社2007年版,第3页。
37. ［德］弗里德赫尔穆·胡芬:《行政诉讼法》,莫光华译,法律出版社2003年版,第422页。
38. 王振宇:《行政诉讼制度研究》,中国人民大学出版社2012年版,第289页。

39.《全国人民代表大会法律委员会关于〈中华人民共和国行政诉讼法修正案(草案)〉修改情况的汇报》,载全国人大常委会法制工作委员会行政法室编著:《行政诉讼法修改前后条文对照表》,人民法院出版社2014年版,第116页。
40.[德]哈特穆特·毛雷尔:《行政法学总论》,高家伟译,法律出版社2002年版,第238页。
41.[德]弗里德赫尔穆·胡芬:《行政诉讼法》,莫光华译,法律出版社2003年版,第423页以下。
42.[德]哈特穆特·毛雷尔:《行政法学总论》,高家伟译,法律出版社2002年版,第238页。
43.林峰:《香港地区行政诉讼:制度、立法与案例》,浙江大学出版社2011年版,第53页。
44.参见刘宗德、赖恒盈:《台湾地区行政诉讼:制度、立法与案例》,浙江大学出版社2011年版,第325页。
45.刘宗德、赖恒盈:《台湾地区行政诉讼:制度、立法与案例》,浙江大学出版社2011年版,第324页。
46.[德]哈特穆特·毛雷尔:《行政法学总论》,高家伟译,法律出版社2002年版,第272页。
47.[德]弗里德赫尔穆·胡芬:《行政诉讼法》,莫光华译,法律出版社2003年版,第232页。
48.[德]弗里德赫尔穆·胡芬:《行政诉讼法》,莫光华译,法律出版社2003年版,第232页。
49.刘宗德、赖恒盈:《台湾地区行政诉讼:制度、立法与案例》,浙江大学出版社2011年版,第325页。
50.[德]弗里德赫尔穆·胡芬:《行政诉讼法》,莫光华译,法律出版社2003年版,第232页。
51.吴庚:《行政法之理论与实用》,三民书局股份有限公司2014年版,第691页。
52.[德]弗里德赫尔穆·胡芬:《行政诉讼法》,莫光华译,法律出版社2003年版,第588页。
53.江利红:《日本行政诉讼法》,知识产权出版社2008年版,第190页。
54.江必新:《行政诉讼问题研究》,中国人民公安大学出版社1989年版,第227页以下。
55.林腾鹞:《行政诉讼法》,三民书局股份有限公司2013年版,第87页。
56.刘宗德、赖恒盈:《台湾地区行政诉讼:制度、立法与案例》,浙江大学出版社2011年版,第329页。
57.黄杰主编:《中华人民共和国行政诉讼法诠释》,人民法院出版社1994年版,第184页。
58.黄杰主编:《中华人民共和国行政诉讼法诠释》,人民法院出版社1994年版,第184页。
59.参见甘文:《行政诉讼法司法解释之评论——理由、观点与问题》,中国法制出版社2000年版,第172页。

60. 最高人民法院行政审判庭编:《关于执行〈中华人民共和国行政诉讼法〉若干问题的解释释义》，中国城市出版社 2000 年版，第 126 页。
61. 徐瑞晃:《行政诉讼法》，五南图书出版股份有限公司 2012 年版，第 62、83 页。
62. 参见甘文:《行政诉讼法司法解释之评论——理由、观点与问题》，中国法制出版社 2000 年版，第 151 页。<<<

第 **71** 条	重作判决对被告的限制	人民法院判决被告重新作出行政行为的，被告不得以同一的事实和理由作出与原行政行为基本相同的行政行为。
第 **72** 条	**履行判决**	人民法院经过审理，查明被告不履行法定职责的，判决被告在一定期限内履行。

>>> 一、本条的宗旨

本条规定的是履行判决。是由原第 54 条第 3 项改造而来。虽然在内容上与原来的规定差异不大，但将其置于各种诉讼类型中考量，则又有比较突出的意义，因为它代表了一个撤销诉讼之外的独立的诉讼类型：义务之诉。

二、诉讼类型

所谓诉讼类型，又称诉讼种类，简言之，就是诉讼方式或型态之格式化。如我国台湾地区行政法学者蔡志方的观点是：行政诉讼，"习惯上仍循一定之方式、形式或类型，原告始得就其所受侵害，请求行政法院提供救济，而行政法院亦仅能就法定之诉讼种类所相应得以救济之方法为裁判。此种诉讼方式或型态之格式化，谓之'行政诉讼之种类'"。[1] 在民事诉讼中，通常是根据原告诉讼标的之性质和内容，将诉分为给付之诉、确认之诉和形成之诉，分别对应实体法上的请求权、支配权和形成权。这三种诉的最终确立，是民事诉讼制度漫长发展史中的一大终点。[2] 行政诉讼的类型化，是二十世纪以来行政诉讼制度发展的趋势之一。对诉讼进行分类，在行政诉讼制度中占有重要地位。质言之，"行政诉讼种类之多寡，将影响人民权利保护之机会与行政法院裁判方法之加强或抑制"。[3]

从比较法的角度看，美国法律没有明确规定行政诉讼的类型，这可能与其"司法审查"制度并非典型之行政诉讼不无关联。相应地，其在分类方面，似乎更习惯以不同的审查对象作区分，例如：事实裁定的审查、法律结论的审查、行政法规的审查。[4] 而英、法两国则均有行政诉讼类型划分之滥觞。比如，英国行政诉讼分为普通救济诉讼和特别救济诉讼两种最基本类型。以诉讼请求为标准，普通救济诉讼又分为禁止令之诉、宣告令之诉和损害赔偿之诉；特别救济诉讼又分为人身保护令之诉、调卷令之诉、禁令之诉和强制令之诉。[5] 在法国，向行政法院起诉，起诉人的诉究标的须同各具特色的起诉方式相符，否则法庭将拒绝受理。起诉状必须遵守的这些方式，就是各种行政诉讼。其传统分类来源

于十九世纪爱德华·拉弗里埃尔在其名著《行政裁判概论》中的分法，共有四种：撤销法规诉讼、全权裁判诉讼、解释诉讼、处罚诉讼。[6]

相比之下，对于诉的类型的研究，向来是德国行政诉讼法学的重点，并且已经形成了比较成熟的体系。可以说，对诉的类型的规范在德国行政法院法中是"核心内容"。[7]该法第四十条规定："针对侵犯公民权利的每一种国家权力行为，都必须有一个适当的诉讼种类可供利用。"在德国，诉的类型的形成是依据一定标准对不同的诉进行划分的结果。通常的分类方法有两种：一种是根据原告起诉要求法院提供的法律保护的方式，将各种类型的诉划分到形成之诉、给付之诉和确认之诉三大基本类型中。此三分法源自民事诉讼法，也是行政法院法划分诉的类型的根本依据；另一种是根据诉的标的将诉分类为针对行政行为、事实行为和法律以下的法规三大类别。一般认为，德国行政诉讼中有如下类型的诉：①撤销之诉，指原告要求撤销（已作出的）行政行为的诉。②义务之诉，指原告要求法院判决被告作出其拒绝作出或停止作出的（通常是授益性的）行政行为的诉。义务之诉是给付之诉中特别针对行政行为的诉种，也称为特别给付之诉。义务之诉可分为对行政机关拒绝作出某行政行为的（否定性）决定提起的否定决定之诉、对行政机关的不作为提起的不作为之诉和旨在要求法院判决行政机关根据法院的法律观点对原告作出答复的答复之诉。③确认之诉，指原告要求法院判决确认某法律关系的存在与否或确认行政行为自始无效的诉。确认之诉的亚类较多，有旨在确认某法律关系存在（积极确认）或不存在（消极确认）的一般确认之诉、涉及对未来法律关系进行确认的预防性确认之诉、要求确认行政行为自始无效的无效性确认之诉、要求确认已经不再产生法律效果的行政行为的违法性的继续确认之诉、要求确认在诉讼过程中某一有争议的法律关系存在与否的中间确认之诉等。④一般给付之诉，指公民要求公共行政主体作出、容忍或停止作出除行政行为以外的其他所有行为或公共行政主体要求公民依公法规范作出、容忍或停止作出某行为的诉。一般给付之诉适用的范围非常广泛，其要求的给付通常可以是除行政行为以外的任何一种给付。⑤规范审查程序，指法院经申请对有关行政机关制定的规范进行审查的程序。也可被认为是确认之诉的一种特别的亚类。⑥行政诉讼中的机构之诉。涉及的是同一法人或法定主体内部不同机构之间的公法争议。严格而言，机构之诉并不是诉的一种类型，而是有关内部机构争议的各种程序的总称。在机构之诉中通常采用的诉的类型有一般给付之诉、一般确认之诉和规范审查等。⑦其他的形成之诉。[8]

也许是受到德国法的一些影响，日本行政案件诉讼法比较注重清晰地划分行政诉讼的类型。在日本，行政诉讼中的诉讼种类脱胎于民事诉讼的痕迹比较明显，正如盐野宏所言："行政案件诉讼的诉讼类型可以归属于民事诉讼的某种类型"，因为"民事诉讼的分类和行政案件诉讼的分类只是观点不同，它们并不是相互排他

的"。⁹ 无独有偶，德国学者弗里德赫尔穆·胡芬也称："仔细审视便会发现，行政诉讼中诉讼种类体系之'开放性'的意义，其实也并不像乍看时那么大。在多数情况下，那些被称为'特别的'诉种或者'特殊的'诉种的诉讼类型，其实最终也可以被归入某个司空见惯的'类型'中，也就是形成之诉、给付之诉、确认之诉。"¹⁰ 不过，日本学者还认为，毕竟"行政案件诉讼与民事诉讼的性质不同，在历史性沿革上，其源于行政诉愿；在目的上，行政诉讼除了国民的权利救济外，还要谋求对行政进行法的统制。并且，鉴于司法权和行政权分立的旨趣（作用分担），也不能不考虑对行政权的行使进行司法审查存在制约。因此，行政案件诉讼法对诉讼类型的规定自有其鲜明特色。具体而言，该法以对行政厅的公权力的行使不服的诉讼（抗告诉讼）为中心，在承认了各种各样的特殊性的同时，规定了抗告诉讼、当事人诉讼、民众诉讼和机关诉讼共四种诉讼类型。"对于抗告诉讼，行政案件诉讼法则进一步规定了如下六种诉讼形式（法定抗告诉讼）：处分的撤销诉讼、裁决的撤销诉讼、无效等确认诉讼、不作为的违法确认诉讼、义务赋课诉讼、中止诉讼。¹¹

我国台湾地区"行政诉讼法"则明显以德国法与日本法为蓝本，在诉讼类型上，列举七大类：撤销诉讼、怠为处分之诉、拒绝申请之诉、确认行政处分无效或违法之诉、确认法律关系存否之诉、一般给付诉讼、合并请求财产上给付之诉讼。此外，"行政诉讼法"第九条规定："人民为维护公益，就无关自己权利及法律上利益之事项，对于行政机关之违法行为，得提起行政诉讼。但以法律有特别规定者为限。"第十条规定："选举罢免之争议，除法律别有规定外，得依本法提起行政诉讼。"¹² 我国台湾地区学者刘宗德、彭凤至曾云："行政诉讼类型具有提供适当权利保护模式、统一处理及筛检适当诉讼方式以及调整行政权与司法权关系等功能。"¹³ 我国早期的一本行政诉讼法权威统编教材曾用专节论述了"诉的种类"问题。并指出："对行政诉讼中的诉进行分类的意义主要在于：①为不同的诉设定不同的起诉条件；②不同的诉具有不同的权利保护要件；③不同的诉可能适用不同的诉讼程序。"¹⁴ 但与当时行政诉讼法的实定法规范相对照，这恐怕还只是一个高于现实的理想。

行政诉讼类型化之所以越来越成为各国行政诉讼制度之中心课题，且"诉讼类型在客观上表现出多样化、细密化的发展趋势"，¹⁵ 盖与社会法治国时代行政任务的急剧变化息息相关："传统自由主义法治国时代受限于国家目的之单纯性而产生之行政行为'单样化'——即只依靠行政处分，已不符合时代的需要"，¹⁶ 与此相应，"传统的撤销诉讼一体主义的行政诉讼旧格局"¹⁷ 亦被打破。但是，我国行政诉讼法由于深受行政行为形式论的影响，在以撤销诉讼为中心的立法模式之下，"几将行政诉讼全部等同于以具体行政行为为适用对象的撤销诉讼"，"也就是说，整部行政诉讼法的条文设计几乎全部是专门为撤销诉讼所精心准备的"。"因而从严格意义上来说，我国并不存在实质上的类型化的行政诉讼，充其量

只能说存在几种类型诉讼的萌芽"。"在这种情况下,即使出现了若干新类型的行政诉讼,现行行政诉讼法也无法为其提供起码的诉讼规则,甚至可以说新型诉讼根本就难以融入现行行政诉讼的制度框架之中"。[18] 最高人民法院《关于审理政府信息公开行政案件若干问题的规定》在行政诉讼法修改之前率先进行了诉讼类型化的尝试。这次行政诉讼法修改过程中,最高人民法院的一些法官和一些专家学者极力倡导类型化改造,[19] 虽然限于修法体例无法进行彻底的类型化改造,但通过具有类型化样态的判决方式的设计,还是使得这部法律在诉讼类型上基本具备规模,所欠缺的只是一些不同于撤销诉讼但为各个诉讼类型所必需的特殊规则。

三、义务之诉

(1) 概说

如前所说,本条规定的履行判决,代表了一个独立的诉讼类型:义务之诉。[20] 那么,什么是义务之诉呢?德国学者弗里德赫尔穆·胡芬指出:"比较而言,义务之诉本身的历史并不算长,因为这一诉讼种类并不源于经典的干预行政,而是产生于给付行政。""义务之诉的诉讼目的,就是要求作出特定行政行为"。"其准确的诉讼标的,就是原告基于一个具体的事实状况提出的如下主张:他的权利由于所请求的行政行为被拒绝或未作出而受到了伤害。至于行政机关可否通过行政行为作出决定,或者被申请的行政行为有无法律基础,这些都不是诉讼标的方面的问题,而是理由具备性的问题"。[21]

在德国,义务之诉又可再分为"否定决定之诉"和"不作为之诉"两个亚类。"如果行政机关已经通过否定性决定拒绝作出行政行为,那就涉及一种否定决定之诉";"如果有管辖权的行政机关既没有拒绝,也没有作出被申请的行政行为,当事人就可以提起不作为之诉。"[22] 与德国法如出一辙的是,在我国台湾地区的"行政诉讼法"中,课予义务诉讼也有拒绝申请之诉(否准之诉)与怠为处分之诉之分,其区别只在于起诉前该行政机关有无处分行为而已,其余之要件并无不同。[23] 值得注意的是,无论是德国,还是我国台湾地区,义务之诉都属申请型处分之课予义务诉讼,亦即,"提起请求应为行政处分之诉讼之特别实体判决要件,首先须有人民依法申请之案件。原告未经向主管机关申请,遂行提起请求应为行政处分之诉讼,即属欠缺特别实体判决要件,应认其诉不备其他要件,以裁定驳回"。"非申请型处分之课予义务之诉,以无申请权为前提,由于非经依法申请",而法律规定的义务之诉须依法申请,"受此特别实体判决要件之限制,似不得提起此种类型之诉讼"。[24] 而日本有所不同。日本新修正之行政事件诉讼法第三条第六项规定:"本法中所谓'课予义务诉讼'是指在下列情况下,请求法院命令行政机关应当作出处分或裁决的诉讼。①行政机关应当作出一定的处分却没有作出时。②在基于法令向行政机关提起请求作出一定处分或裁决的申请或审查请求的情况下,该行政机关应当作出该处分或裁决却没有作出时。"[25] 可

见,日本法上的课予义务诉讼,既包括申请型,又包括非申请型。考之我国行政诉讼法,在第十二条关于受案范围的规定中,其中第一款第三项规定:"申请行政许可,行政机关拒绝或者在法定期限内不予答复";第六项规定:"申请行政机关履行保护人身权、财产权等合法权益的法定职责,行政机关拒绝履行或者不予答复的。"应当认为,是既包括了拒绝申请之诉,又包括了怠为处分(不予答复)之诉的。但是,这两个条款都使用了"申请"的概念,是不是意味着非申请型义务之诉被排除在外?对此,本条规定中关于"查明被告不履行法定职责"的表述,亦没有予以明确。但从第三十八条的规定[26]来看,还是包括了非申请型义务之诉,也就是说,包括了我们常说的"被告应当依职权主动履行法定职责"。

(2)义务之诉与撤销之诉、一般给付之诉的区别

在拒绝申请之诉中,因行政机关作出了一个拒绝决定,当事人有时就会在提起诉讼时,首先请求撤销该拒绝决定,法院在判决时通常也会首先判决撤销该拒绝决定,这就使得义务之诉与撤销之诉有些看似相近的东西,两者容易发生混淆。对于义务之诉与撤销之诉这种"貌合神离"的关系,弗里德赫尔穆·胡芬曾有著名论断:"撤销之诉旨在撤销至此为止有效的行政行为,也就是试图通过法院直接形成权利。"而"义务之诉的诉讼目的,就是要求作出特定行政行为。其准确的诉讼标的,就是原告基于一个具体的事实状况提出的如下主张:他的权利由于所请求的行政行为被拒绝或未作出而受到了侵害。"[27]我国台湾地区学者徐瑞晃亦曾对两种诉讼类型进行辨析:"请求应为行政行为之诉,目的在于使人民就其依法申请之案件,不因行政机关逾期不为处置或否准,而不能实现。因此,原告系请求行政法院判命行政机关作成行政处分,性质上仍属给付之诉。撤销诉讼则在于请求行政法院撤销行政机关违法之行政处分,性质上为形成之诉。又请求应为行政处分之诉讼,以人民依法申请之案件未获实现为前提,故行政法院判命行政机关应为之行政处分,通常属于得满足原告请求之授益处分;撤销诉讼则系人民请求除去加诸己身之违法行政行为,故请求行政法院撤销之行政处分,通常是负担处分。"[28]

如前徐瑞晃所言,义务之诉"性质上仍属给付之诉",这就需要廓清义务之诉与所谓"一般给付之诉"之间有何区别。总体来说,义务之诉在性质上属于"一种请求行政机关作成行政处分之特别形式的给付诉讼"。[29]我国台湾地区"最高行政法院"98年度判字第147号判决对此有相当明白的区分,谓:"人民请求国家为一定之行为时,国家应为之行为,可能是法律行为,也可能是事实行为。如属法律行为,可能为行政处分,亦可能为行政处分以外之其他法律行为。如属行政处分者,人民固应依'行政诉讼法'第五条之规定,提起课予义务诉讼。如属行政处分以外之法律行为或事实行为,则得依'行政诉讼法'第8条之规定提起给付诉讼。至于事实行为中之金钱给付,须因公法上原因发生财产上之给付,而其请求金额已获准许或已确定应支付或返还者,

即得直接提起一般给付诉讼。"³⁰ 胡芬则从是否含有"调整"内容界定两种诉讼:"如果原告只想获得不含有调整内容的实际给付,例如:单纯的答复、信息、咨询、事实声明的收回等等,那么适当的就不是义务之诉,而是一般给付之诉。这一规则也适用于已经作出了一个关于实际给付之决定,因此仅仅涉该决定之实施的案件。与此相反,如果在实际给付之前,需要进行一次对前提的要式审查,并就给付作出(裁量)决定,这个决定就是调整,义务之诉便因此是适当的。"³¹

我国《行政诉讼法》第72条规定:"人民法院经过审理,查明被告不履行法定职责的,判决被告在一定期限内履行",第73条规定:"人民法院经过审理,查明被告依法负有给付义务的,判决被告履行给付义务",就是对义务之诉与一般给付诉讼分别作出规定。值得强调的是,在日本,《行政事件诉讼法》2004年修改之前,课予义务之诉一直没有明文规定。虽然被作为"无名抗告诉讼"的典型例子来考虑,"但是当时大多数判例、学说认为,这些诉讼即使是作为无名抗告诉讼,原则上也是不允许的"。³² 而我国行政诉讼法从一开始立法时就明确规定:"被告不履行或者拖延履行法定职责的,判决其在一定期限内履行。"这次又补充进一般给付之诉,使得诉讼类型更为条理和完整。在我国台湾地区,法定义务之诉仅只包括"申请型"一种,并不允许提起直接型的义务之诉。而依大陆地区行政诉讼法,可以针对行政机关应当依职权主动履行法定职责而未履行的情形提起诉讼。这也是我们的制度先进的一面。

单一的"申请型"义务之诉,使得权利救济的范围受到不少限制,正如我国台湾地区学者所列举,"在原告非行政处分相对人之情形,例如攻击性竞争者诉讼,原告请求之利益须由行政机关以行政处分为之;又如邻人诉讼,请求课予邻人兴建隔音墙之负担,可否提起请求应为行政处分之诉讼,即有疑义。另外在行政机关未积极管制,造成第三人受到侵害之情形,例如人民依公平交易法或空气污染防治法提出检举,主管机关不为处罚时,人民除提起撤销诉讼外,可否提起请求应为行政处分之诉讼,诉请主管对于行为人作成处罚之行政处分,亦不无疑义"。³³ 相较之下,这类诉讼在大陆地区均属常见。在法律依据方面,早在2000年,最高人民法院《关于执行〈中华人民共和国行政诉讼法〉若干问题的解释》第13条就作出规定:"有下列情形之一的,公民、法人或者其他组织可以依法提起行政诉讼:(一)被诉的具体行政行为涉及其相邻权或者公平竞争权的;(二)与被诉的行政复议决定有法律上利害关系或者在复议程序中被追加为第三人的;(三)要求主管行政机关依法追究加害人法律责任的;(四)与撤销或者变更具体行政行为有法律上利害关系的。"在诉讼实践方面,日前最高人民法院公布的行政不作为十大案例中,有多起就是相邻权人或者举报人为原告起诉,要求法院判决行政机关履行查处职责。例如,张某竹诉濮阳市国土资源局案,原告的诉讼请求就是要求法院判决被告对土地违法行为进行查处。彭某诉深圳市南山

区规划土地监察大队案,就是要求法院判决被告对邻居在开放式阳台上违法搭建钢结构玻璃幕墙的行为进行查处。[34]

(3) 义务之诉的特别实体判决要件

第一,依法申请。

实务见解认为:"行政行为中有依申请行政行为和依职权行政行为。依申请的行政行为,或者称被动性行政行为、消极行政行为,是指行政主体只有在相对人申请的条件下方能作出,没有相对人的申请,行政主体便不能主动作出的行政行为。依申请的行政行为是以行政相对人申请为前提,是要式行政行为,一般要求行政相对人以法定的形式,遵循法定的程序提出申请。"[35]《行政诉讼法》第38条规定,"在起诉被告不履行法定职责的案件中,原告应当提供其向被告提出申请的证据",但该条还规定了一个例外情形:"被告应当依职权主动履行法定职责。"也就是说,依法申请,"这只是应申请行政不作为中的作为义务的产生条件;在依职权性行政不作为中,行政主体之作为义务的产生则是基于一定法定事实的发生而产生的"。[36]不过这一类依职权性行政不作为,在案例中并非常见。

第二,被动适格。

被动适格是德国法上的概念,国内学者也有的将其称为"行政权能的存在"。[37]胡芬对此指出:"理由具备性的前提是,诉讼针对的是这样一个行政机关的法定主体:该行政机关拒绝作出行政行为,但是这个未作出的行政行为必须由它作出。如果义务之诉针对的是一个没有事务管辖权的机关,那么由于缺乏适格的被告,诉就不具备理由。"[38]有人可能主张,被动适格问题应当是审查起诉中解决的问题,但现实情况是,行政机关是否具有事务管辖权,不经过庭审调查,未必就会那么明了。例如,最高人民法院公布的行政不作为十大案例中,张某琪诉天津市人力资源和社会保障局、天津市社会保险基金管理中心行政不作为案,就属此类情形。最高人民法院在总结该案的典型意义时指出:"在行政主体相互推诿,均否认具有相应法定职责的情况下,可依法将相关行政主体都列为被告,共同参加诉讼,通过庭审举证、质证和辩论,最终确定履责主体。"[39]

第三,请求权基础。

胡芬指出:"义务之诉的理由具备性前提……本来可以更就简单地表述为'只要原告对所申请的行政行为有请求权,法院就会宣布行政机关的义务……'"他更进一步指出:"原告对行政行为是否具有请求权,取决于实体法上的规定。这样一种权利可以产生于或者基于某一法律,或者产生于某项基本权利、某个保证,以及某一公法合同。""最简单的情况就是,法律中已明确含有对请求权的表述,而且利害关系人也满足请求权的相应前提。"[40]例如,政府信息公开条例第十三条规定,公民、法人或者其他组织可以向行政机关申请公开政府信息,公民、法人或者其他组织也就具有了申请公开政府信息的请求权,当行政机关拒绝公开,申请人就可以提起诉讼,请求法院判决行政机关公开其所申请的政府信息。

第四,虽有请求权仍被拒绝。

"人民向行政机关申请,未获满足,始得提起请求应为行政处分之诉讼。人民未获满足之情形有二,一为行政机关消极不作为,应提起怠为行政处分之诉;一为行政机关积极作为,否准其请求,应提起拒绝申请之诉。""判断行政机关是否怠为处分,应视行政机关之不作为是否逾越法定期间。"[41]关于行政机关履行职责的法定期间,《行政诉讼法》第47条规定:"公民、法人或者其他组织申请行政机关履行保护其人身权、财产权等合法权益的法定职责,行政机关在接到申请之日起两个月内不履行的,公民、法人或者其他组织可以向人民法院提起诉讼。法律、法规对行政机关履行职责的期限另有规定的,从其规定。""公民、法人或者其他组织在紧急情况下请求行政机关履行保护其人身权、财产权等合法权益的法定职责,行政机关不履行的,提起诉讼不受前款规定期限的限制。"

第五,合法权益受到侵害。

关于此一要件,域外学说观点并不十分一致。我国台湾地区学者徐瑞晃认为:"原告须主张其权利或法律上利益受损害,所谓权利或法律上利益受损害之意义,与撤销诉讼相同。"[42]我国台湾地区另一学者吴庚认为:"原告只须主张权益受损即可,不必再强调其违法,盖违反作为义务本身已有违法之意。"[43]德国学者胡芬则认为:"与撤销之诉不同的是,在义务之诉中,违法性的客观和主观方面通常是重合的。如果对行政行为的拒绝,违反了某个支持请求权的规范,这就是违法的。只有在存疑的情况下,才必须在'权利侵害'的名下,澄清权利和——遭到无理拒绝的对原告的——授益之归属问题。"[44]

第六,裁判时机成熟。

"如果义务之诉具备理由,则法院就宣布行政机关的义务:行政机关应作出原告所申请的职权行为。"正是由于义务之诉所具有的"彻底裁判"的特点,"在理由具备性方面,撤销之诉与义务之诉的最重要的区别在于,作出履行判决之前需要裁判时机成熟"。胡芬认为:"裁判时机成熟意味着,对于一个即将终结的关于诉讼请求的法院决定而言,所有事实和法律上的前提皆已具备。""通常,法院应当审查所有事实和法律上的条件,以使案件中的裁判决定成为可能。也就是说,必须'促使'对法律纠纷的'裁判时机成熟'。尤其是,法院必须一方面通过行政机关补作所欠缺的事实调查,另一方面通过自己判定不清楚的法律问题等途径,促使裁判时机成熟。"但是,在涉及裁量决定、权衡决定、带有评判余地的决定等场合,是存在裁判时机成熟的例外的。"如果在违法性和权利侵害得到确认之后,行政机关仍然保有独立的裁判余地,那么,裁判时机就是不成熟的,或者出于法律上的原因无法被创造。这时候,倘若法院还要全面满足诉讼请求,那就违背了权力分配原则。"[45]

(4)义务之诉的判决方式

最高人民法院《关于适用〈中华人民共和国行政诉讼法〉若干问

题的解释》第二十二条规定:"原告请求被告履行法定职责的理由成立,被告违法拒绝履行或者无正当理由逾期不予答复的,人民法院可以根据行政诉讼法第七十二条的规定,判决被告在一定期限内依法履行原告请求的法定职责。"这就是说,如果义务之诉的理由具备,且达到裁判时机成熟的程度,法院可以直接作出具体判决,例如:被告有义务向原告颁发……的许可。实践中,我们的法官即使在裁判时机成熟的情况下,也宁愿作出答复判决,这主要是顾虑太过直接的话是不是有司法权代行行政权的嫌疑。其实,"授益效力(还)不是直接从判决本身之中产生的,因为法院自己并不能颁发被申请的许可。准确地讲,此处必须由行政机关采取相应措施"。当然,"如果裁判时机尚未成熟,法院就应当作出答复判决。"这也就是新行政诉讼法司法解释第22条第二句话的规定:"尚需被告调查或者裁量的,应当判决被告针对原告的请求重新作出处理。"德国学者弗里德赫尔穆·胡芬对此认为:"这种判决使行政机关有义务对原告作出答复,而不仅仅确认其拒绝性决定的违法性,就此而言,它也是一种真正的施加义务的判决。答复判决的效力不仅包括,行政机关有义务作出新的答复,而且也包括'法院的法律观'——它体现在答复判决的决定理由中"。[46]

一个有争议的问题是:在履行判决中,要不要先将行政机关的拒绝性决定判决撤销?一些德国学者认为,义务之诉兼具给付诉讼和撤销诉讼双重性质,"逻辑上先决条件即是先要排除已存在拒绝处分"。[47]在我国台湾地区,亦有学者持相同主张,例如刘宗德、彭凤至先生认为:"对怠为处分之诉为有理由之判决主文,应判命行政机关为行政处分,或应为特定内容之行政处分,并就诉讼费用为裁判;惟对拒绝处分之诉为有理由之判决主文,则除前列两项主文外,尚包含一项撤销原拒绝处分及诉愿决定之主文,或包含一项撤销诉愿决定之主文。此乃课予义务诉讼中,为达到获得原告所申请处分之诉讼目的,必须先排除否准处分之当然结果。"[48]但胡芬认为:"对行政机关的拒绝性决定和可能存在的复议决定的撤销本身,却不是必要的,因为它已经包含于对职权行为的履行之中。""从根本上看针对的也不是否定决定本身,而是要求履行某一种给付义务。也就是说,否定决定之诉并不包含任何(对否定决定本身的)撤销,因为这种诉讼纯粹是义务之诉"。[49]吴庚先生也认为:在怠为处分之诉,根本无原处分或原决定之存在,原告起诉声明直接写明被告机关应为之行政处分即可,至于提起拒绝申请之诉,必然有拒绝原告申请事项之公文书存在,起诉声明是否应写:原处分及原决定均撤销字样?值得研究。按拒绝申请之诉作用即在替代撤销诉讼,以单一之起诉声明俾能"毕其功于一役",因之似应认为不必先请求撤销原处分及原决定,从而,行政法院之判决主文亦毋庸为撤销之谕知。[50]但在实践中,为求澄清事实和法律关系清楚,"故仍于判决主文中,将原否准处分及诉愿决定应予撤销,列为第一项"。[51]最高人民法院《关于审理政府信息公开行政案件若干问题的规定》第九条第一

款规定:"被告对依法应当公开的政府信息拒绝或者部分拒绝公开的,人民法院应当撤销或者部分撤销被诉不予公开决定,并判决被告在一定期限内公开。尚需被告调查、裁量的,判决其在一定期限内重新答复。"就是在义务之诉中首先撤销行政机关的拒绝决定,然后判决行政机关履行原告所申请的特定义务。此外,该条还对答复判决的运用提供了一个范例。[52]

现实中可能还存在只有部分理由具备的情形。"如果对行政行为的拒绝虽然违法,而且在此范围内也是侵权性的,但原告所能要求的许可或其他授益,也是有限制的,诉讼因此就只是部分具备理由,而义务的履行也就只能针对所申请的授益中具有请求权的那部分。倘若决定不可分割,那就只能够作出答复判决"。[53]

注:
1. 蔡志方:《行政救济法新论》,元照出版有限公司1997年版。转引自马怀德、吴华:《对我国行政诉讼类型的反思与重构》,载《政法论坛》2001年第5期。
2. 江伟主编:《民事诉讼法专论》,中国人民大学出版社2005年版,第171页。
3. 翁岳生编:《行政法》,翰芦图书出版有限公司1998年版。转引自马怀德、吴华:《对我国行政诉讼类型的反思与重构》,载《政法论坛》2001年第5期。
4. 参见王名扬:《美国行政法》,中国法制出版社1995年版,第679页以下。
5. 参见薛刚凌:《行政诉讼类型研究》,载《诉讼法学研究》2002年第1期。
6. [法]让·里韦罗、让·瓦利纳:《法国行政法》,鲁仁译,商务印书馆2008年版,第782页。
7. 刘飞:《行政诉讼类型制度探析——德国法的视角》,载《法学》2004年第3期。
8. 参见[德]弗里德赫尔穆·胡芬:《行政诉讼法》,莫光华译,法律出版社2003年版,第三编、第四编;刘飞:《行政诉讼类型制度探析——德国法的视角》,载《法学》2004年第3期。
9. [日]盐野宏:《行政救济法》,杨建顺译,北京大学出版社2008年版,第55页。
10. 参见[德]弗里德赫尔穆·胡芬:《行政诉讼法》,莫光华译,法律出版社2003年版,第211页。
11. [日]南博方:《行政法》(第六版),杨建顺译,中国人民大学出版社2009年版,第178页。
12. 吴庚:《行政法之理论与实用》,中国人民大学出版社2005年版,第404页以下。
13. 刘宗德、彭凤至:《行政诉讼制度》,载翁岳生编:《行政法》,中国法制出版社2002年版,第1338页。
14. 参见罗豪才、应松年主编:《行政诉讼法学》,中国政法大学出版社1990年版,第82页。

15. 章志远:《行政诉讼类型构造研究》,法律出版社 2007 年版,第 28 页。
16. 陈新民:《公法学札记》,中国政法大学出版社 2001 年版,第 105 页。
17. 章志远:《行政诉讼类型构造研究》,法律出版社 2007 年版,第 28 页。
18. 章志远:《行政诉讼类型构造研究》,法律出版社 2007 年版,第 74 页以下。
19. 参见李广宇、王振宇:《行政诉讼类型化:完善行政诉讼制度的新思路》,载《法律适用》2012 年第 2 期。
20. 在德国,其又称课予义务之诉;在我国台湾地区,"行政诉讼法"将其表述为请求应为行政处分之诉讼。
21. [德]弗里德赫尔穆·胡芬:《行政诉讼法》,莫光华译,法律出版社 2003 年版,第 283 页。
22. [德]弗里德赫尔穆·胡芬:《行政诉讼法》,莫光华译,法律出版社 2003 年版,第 283 页。
23. 吴庚:《行政法之理论与实用》,中国人民大学出版社 2005 年版,第 404 页以下。
24. 徐瑞晃:《行政诉讼法》,五南图书出版股份有限公司 2012 年版,第 101 页。
25. 江利红:《日本行政诉讼法》,知识产权出版社 2008 年版,第 741 页。
26. 该条规定:"在起诉被告不履行法定职责的案件中,原告应当提供其向被告提出申请的证据。但有下列情形之一的除外:(一)被告应当依职权主动履行法定职责的;(二)原告因正当理由不能提供证据的。"
27. [德]弗里德赫尔穆·胡芬:《行政诉讼法》,莫光华译,法律出版社 2003 年版,第 283 页。
28. 徐瑞晃:《行政诉讼法》,五南图书出版股份有限公司 2012 年版,第 98 页。
29. 徐瑞晃:《行政诉讼法》,五南图书出版股份有限公司 2012 年版,第 98 页。
30. 林腾鹞:《行政诉讼法》,三民书局股份有限公司 2013 年版,第 124 页。
31. [德]弗里德赫尔穆·胡芬:《行政诉讼法》,莫光华译,法律出版社 2003 年版,第 283 页。
32. [日]藤田宙靖:《日本行政法入门》,杨桐译,中国法制出版社 2012 年版,第 144 页。
33. 徐瑞晃:《行政诉讼法》,五南图书出版股份有限公司 2012 年版,第 101 页。
34.《人民法院关于行政不作为十大案例》,载《人民法院报》2015 年 1 月 16 日第 2 版。
35. 李国光主编:《最高人民法院〈关于行政诉讼证据若干问题的规定〉释义与适用》,人民法院出版社 2002 年版,第 223 页。

36. 周佑勇:《行政不作为判解》,武汉大学出版社 2000 年版,第 61 页。
37. 周佑勇:《行政不作为判解》,武汉大学出版社 2000 年版,第 22 页。
38. [德] 弗里德赫尔穆·胡芬:《行政诉讼法》,莫光华译,法律出版社 2003 年版,第 438 页。
39.《人民法院关于行政不作为十大案例》,载《人民法院报》2015 年 1 月 16 日第 2 版。
40. [德] 弗里德赫尔穆·胡芬:《行政诉讼法》,莫光华译,法律出版社 2003 年版,第 438 页以下。
41. 徐瑞晃:《行政诉讼法》,五南图书出版股份有限公司 2012 年版,第 103 页。
42. 徐瑞晃:《行政诉讼法》,五南图书出版股份有限公司 2012 年版,第 105 页。
43. 吴庚:《行政法之理论与实用》,三民书局股份有限公司 2014 年版,第 656 页。
44. [德] 弗里德赫尔穆·胡芬:《行政诉讼法》,莫光华译,法律出版社 2003 年版,第 443 页。
45. [德] 弗里德赫尔穆·胡芬:《行政诉讼法》,莫光华译,法律出版社 2003 年版,第 444 页。
46. [德] 弗里德赫尔穆·胡芬:《行政诉讼法》,莫光华译,法律出版社 2003 年版,第 591 页。
47. 林腾鹞:《行政诉讼法》,三民书局股份有限公司 2013 年版,第 130 页。
48. 翁岳生编:《行政法》,中国法制出版社 2002 年版,第 1454 页。
49. [德] 弗里德赫尔穆·胡芬:《行政诉讼法》,莫光华译,法律出版社 2003 年版,第 205 页,第 282 页以下。
50. 吴庚:《行政法之理论与实用》,中国人民大学出版社 2005 年版,第 427 页。
51. 翁岳生编:《行政法》,中国法制出版社 2002 年版,第 1454 页。
52. 参见李广宇:《政府信息公开司法解释读本》,法律出版社 2011 年版,第 294 页以下。
53. [德] 弗里德赫尔穆·胡芬:《行政诉讼法》,莫光华译,法律出版社 2003 年版,第 446 页。《《《

第 73 条　给付判决

人民法院经过审理,查明被告依法负有给付义务的,判决被告履行给付义务。

>>> 一、本条的宗旨

本条规定的是给付判决。是本次修改新增条款。

二、给付之诉

"现代诉讼被定型为给付、确认及形成诉讼三种类型。它们作为独立的诉讼类型各自发挥着应有的作用"。[1]在民事诉讼中,给付之诉"是自罗马法以来就存在(获得认可)的诉之本来形态",它

"是要求被告履行作为或者不作为之义务的诉。'支付金钱'也是被告的一种作为,因而其构成了给付之诉的典型。法院因承认原告请求而作出的命令被告履行作为或者不作为的判决就被称为给付判决。"日本学者高桥宏志认为:"'能否进行强制执行'(发动强制执行的效力被称为执行力)构成给付之诉与确认及形成之诉的重要差别。承认请求的判决主文往往以'被告向原告支付1000万日元'这种命令形式来予以表述的做法,即根源于法官概念中的强制执行意识。"[2]

由《行政诉讼法》第72条可知,在行政诉讼中,除给付之诉之外,还有一种义务之诉,"义务之诉的诉讼目的,就是要求作出特定行政行为"。[3]因此,义务之诉"性质上仍属给付之诉",但它属于"一种请求行政机关作成行政处分之特别形式的给付诉讼"。[4]正是由此出发,我国台湾地区学者认为,"要说明公法上一般给付诉讼的意涵,可用'减法'方式,亦即是在广义的给付诉讼范围内,减去课予义务诉讼的适用范围,剩下的即是一般给付诉讼的范围。而所谓广义的公法上给付诉讼,乃是指基于公法上请求权,向行政法院起诉请求给付判决,判命行政机关为一定行为、容忍或不作为者。其中包含课予义务诉讼。由此可知狭义的公法上给付诉讼,仅只是要求判命被告机关为作为、容忍或不作为,并不包括课予义务之诉,不能要求判命行政机关作成原告所要求的行政处分"。[5]正是由于排除了"要求判命行政机关作成原告所要求的行政处分"这一点,"一般给付之诉的诉讼目的,可能是任何一种非行政行为之给付","在许多情况中,这种诉讼涉及的都是事实性行政行为"。"但给付之诉绝不局限于事实行为","因此,这种诉讼已经逐渐成为'诉讼上的多用途武器'"。[6]

依德国司法实际案例,公法上一般给付诉讼的范围除了适用于人民与行政机关间因公法上原因发生的财产上给付诉讼、行政处分以外之其他非财产上给付诉讼和公法上契约所生的给付诉讼以外,还包括机关诉讼、制定法规诉讼、预防性不作为诉讼等。但就我国的行政诉讼制度而言,"行政主体或机关彼此间之权益争讼"并不由行政诉讼管辖,因此并无机关诉讼之设。又由诉的利益所决定,在性质上属于"行政机关之一般行为"的法规制定亦难纳入受案范围。值得讨论的是"预防性不作为诉讼"。所谓"预防性不作为诉讼",就是为了"预防损害结果发生",要求法院"预先判命行政机关不得作某种行政处分"的诉讼,也称禁止之诉,相应的判决被称作禁止判决或停止作为判决。最高人民法院《关于审理政府信息公开行政案件若干问题的规定》第11条规定:"被告公开政府信息涉及原告商业秘密、个人隐私且不存在公共利益等法定事由的,人民法院应当判决确认公开政府信息的行为违法,并可以责令被告采取相应的补救措施;造成损害的,根据原告请求依法判决被告承担赔偿责任。政府信息尚未公开的,应当判决行政机关不得公开。"其中规定的"应当判决行政机关不得公开"的判决方式,被认为"相当于德国的停止作为判决以及日本的停止诉讼判决,属于预防性权利保护的范畴,其

宗旨在于对一个尚未作出的行政措施判决禁止作出,以防止权利侵害的发生"。[7]在行政诉讼法修改过程中,最高人民法院亦曾建议增设禁止判决,但立法机关担心容易遭到滥用,并未作出普遍规定。不过,我国台湾地区"行政诉讼法"虽然也未明定预防的不作为诉讼,但学者认为,"惟鉴于此种诉讼性质上为给付诉讼,故只要人民在实体法上享有预防的不作为请求权存在,则于其有权利保护必要的前提条件下,仍应承认得依行政诉讼法第八条规定提起预防的不作为诉讼,以有效保护人民权利免于非法侵害"。[8]

三、给付之诉的特别诉讼要件

我国台湾地区学者认为,提起公法上一般给付诉讼,须具备下列特别之诉讼要件:

(1) 须为因公法上原因而生之给付。本项要件的核心在一"公"字,若系因私法上之原因所生之请求,自应循民事诉讼解决。另所谓给付,"包括作为及不作为,故可分为作为给付之诉及不作为给付之诉"。[9]发生公法上给付请求权之原因,可能是基于法令之规定,亦有基于公法上之契约所生之给付。此外尚有:因公法上之侵权行为所生之损害赔偿请求权、公法上征收之补偿请求权、公法上救济金请求权、公法上之不当得利返还请求权、公法上无因管理之费用返还请求权。[10]依此学说,《行政诉讼法》第12条当中,第2项规定的"对限制人身自由或者对财产的查封、扣押、冻结等行政强制措施和行政强制执行不服的"、第5项规定的"对征收、征用决定及其补偿决定不服的"、第9项规定的"认为行政机关违法集资、摊派费用或者违法要求履行其他义务的"、第十项规定的"认为行政机关没有依法支付抚恤金、最低生活保障待遇或者社会保险待遇的"、第11项规定的"认为行政机关不依法履行、未按照约定履行或者违法变更、解除政府特许经营协议、土地房屋征收补偿协议等协议的",都有可能涉及公法上一般给付之请求。

(2) 须以请求财产上之给付或作成行政处分以外之其他非财产上之给付为诉讼对象。学者认为,公法上一般给付诉讼之诉讼对象,乃是财产上之给付为金钱或虽非金钱但有金钱价值之物之给付。例如公务人员之退休金、养老金等金钱给付或全民健保医疗给付之非金钱给付等。至于非财产上之给付,系指不属于行政处分之其他公权力作为或者不作为,而其目的在于请求判命被告机关为某种事实行为或单纯之行政作为。积极作为方面的给付,如请求缔结公法上契约、请求有关机关提供资讯、服务记录之涂销、请求拆除他人违章建筑等;关于消极不作为之非财产上给付,有如食品卫生机关经由媒体向民众警告某项产品危害健康,厂商认其消息不确实,起诉请求判决不得再为该警告之行为。再如某机关或学校时常播放高分贝之政令宣传或训话播音,影响附近居民之安宁,得诉请不得播放超过法定分贝数之播音。[11]

(3) 须原告主张之给付请求权已届清偿期或虽未届期但有以给付判决保护之必要。学者认为,已届清偿期之给付请求权,债务人不为履行时,原告始有请求判令其履行之权利保护必要。至未到

期债权之提起将来给付之诉，须被告有到期不履行之虞，始能提起。对于被告有将来不履行之虞之事实，原告应负举证责任。在我国台湾地区司法实务上，亦有判决认为："提起一般给付诉讼，其请求金钱给付者，必须以该诉讼可直接行使给付请求权时为限。如依实体法之规定，尚需先由行政机关核定或确定其给付请求权者，则于提起一般给付诉讼之前，应先提起课予义务诉讼，请求作成核定之行政处分。准此，得直接提起一般给付诉讼者，应限于请求金额已获准许可或已保证确定之金钱支付或返还。"[12] 此外，德国学者还认为，"如果诉求的是基于某一行政行为而产生的给付，而该行政行为相当于原告而言已经是不可诉的了，这时也同样缺乏法律保护需要。在此意义上，要求事实行为的一般给付之诉，也不可以规避义务之诉的期限"。[13]

四、给付之诉的判决方式

德国学者认为，"法院通过给付判决判令被告作出一种——非行政行为的——特定行为或给付。在此意义上，它是一种执行名义，但它本身并不能形成某种法律状况。如果案件的裁判时机尚未成熟，那就如同在义务之诉中一样，只能作出答复判决。要求消除后果的判决也是给付判决，除判决撤销行政行为以外，同时也判决支付"。但对于后一种情形，我国台湾地区学者认为，"为诉讼之经济及避免判决结果互相抵触，自应于提起撤销诉讼时合并为给付之请求"。[14] 在德国，一般给付之诉的判决主文通常表述为："判令被告向原告支付数额为……马克及其自……以来产生的4%的利息。"[15] 最高人民法院《关于适用〈中华人民共和国行政诉讼法〉若干问题的解释》第23条规定："原告申请被告依法履行支付抚恤金、最低生活保障待遇或者社会保险待遇等给付义务的理由成立，被告依法负有给付义务而拒绝或者拖延履行义务且无正当理由的，人民法院可以根据行政诉讼法第七十三条的规定，判决被告在一定期限内履行相应的给付义务。"就是要求在裁判时机成熟的情况下，给付判决应当尽可能直接具体。

注：
1.［日］中村英郎：《新民事诉讼法讲义》，陈刚、林剑锋、郭美松译，法律出版社2001年版，第107页。
2.［日］高桥宏志：《民事诉讼法：制度与理论的深层分析》，林剑锋译，法律出版社2003年版，第59页。
3.［德］弗里德赫尔穆·胡芬：《行政诉讼法》，莫光华译，法律出版社2003年版，第283页。
4.徐瑞晃：《行政诉讼法》，五南图书出版股份有限公司2012年版，第98页。
5.林腾鹞：《行政诉讼法》，三民书局股份有限公司2013年版，第179页。
6.［德］弗里德赫尔穆·胡芬：《行政诉讼法》，莫光华译，法律出版社2003年版，第305页。

7. 李广宇：《政府信息公开司法解释读本》，法律出版社2011年版，第333页。
8. 林腾鹞：《行政诉讼法》，三民书局股份有限公司2013年版，第194页。
9. 徐瑞晃：《行政诉讼法》，五南图书出版股份有限公司2012年版，第133页。
10. 林腾鹞：《行政诉讼法》，三民书局股份有限公司2013年版，第196页以下。
11. 林腾鹞：《行政诉讼法》，三民书局股份有限公司2013年版，第199页以下。
12. 林腾鹞：《行政诉讼法》，三民书局股份有限公司2013年版，第200页以下。
13. ［德］弗里德赫尔穆·胡芬：《行政诉讼法》，莫光华译，法律出版社2003年版，第309页。
14. 徐瑞晃：《行政诉讼法》，五南图书出版股份有限公司2012年版，第135页。
15. ［德］弗里德赫尔穆·胡芬：《行政诉讼法》，莫光华译，法律出版社2003年版，第592页。

第74条 确认判决

行政行为有下列情形之一的，人民法院判决确认违法，但不撤销行政行为：

（一）行政行为依法应当撤销，但撤销会给国家利益、社会公共利益造成重大损害的；

（二）行政行为程序轻微违法，但对原告权利不产生实际影响的。

行政行为有下列情形之一，不需要撤销或者判决履行的，人民法院判决确认违法：

（一）行政行为违法，但不具有可撤销内容的；

（二）被告改变原违法行政行为，原告仍要求确认原行政行为违法的；

（三）被告不履行或者拖延履行法定职责，判决履行没有意义的。

>>> 一、本条的宗旨

本条规定的是确认判决，为本次修改新增条款。共分两款五项。

二、确认之诉

与给付之诉自罗马法以来就获得认可不同，确认之诉"则是从十九世纪中叶才开始被认可的诉的类型"。[1] "在德国普通法末期，作为扩大强化司法权之一环而登场的一八七七年德国民诉法首先对此作出明文规定"。[2] "从历史上看，这一诉讼类型的出现是以'实体法规定的权利内容获得明确化'，以及宣扬'一旦法院宣告权利人享有这种权利，人们则必须遵从这种权利'之守法精神为必要条件的"。[3] 由此也能推导出：确认之诉的目的，"不在满足原告之请求权，而是对于已经存在之请求权，提供一种特别形式之权利保护，其效力仅限于以判决为宣示性、具有法律确定力之确认，并未具有命令给付之内容，亦不能发生法律关系变动之形

成力"。[4]

与其他判决形式相比,确认判决具有如下特征:其一,宣示性。撤销判决或者变更判决系使原有的法律关系发生变化,以消除违法行政行为造成的损害;履行判决对被告课予义务,如果被告不履行或不完全履行,原告可以申请法院强制执行;而确认判决不同,既不赋予权利,也不课予义务;既不创设法律关系,也不消灭事实。它只是确认、宣告一种有约束力的法律状况。其二,对世性。"如果确认之诉适法且具备理由,法院就通过判决具有约束力地确认某种法律关系存在与否。行政机关随后不得对所争议的法律关系,作出偏离法院之确认的调整,或者撤回授益。尽管这种判决直接约束的也仅仅是参加人,但实际上却'对所有人'产生效力。"[5]其三,中间性。确认判决没有可执行的内容,不能借司法强制力予以实现,常常与其他诉讼形式结合起来以获得所需要的利益。正如高桥宏志所分析的那样,"在确认判决中,由于没有相对应的强制执行,因此确认判决在这一方面的解决纠纷及实现权利的实际能力是较弱的。从这一点来看不得不说,确认判决是一种中间性的纠纷解决方式"。[6]其四,预防性。确认判决以其确认之既判力为解决争议之方法,故确认诉讼具有预防性之权利救济功能,当事人间争执之法律关系因确认判决而获得解决。例如确认已消灭之行政处分为违法,就为请求国家赔偿预先打下基础。[7]其五,补充性。确认判决具有补充性之功能,"仅当原告不能,或者未能通过某个其他诉讼种类,在相同范围内并以相同效力实现其法律保护时",始得提起确认诉讼。例如,"倘若一个法律关系恰好存在于一个许可或者禁令中,原告就可以通过撤销或者义务之诉,更好而且更直接地实现其预期目的"。[8]

从各国的立法例来看,确认判决在行政诉讼中也一直得到广泛的应用。作为其他判决形式的重要补充,发挥着其他判决形式所难以发挥的作用。在德国,有一般的确认之诉、预防性确认之诉、确认一个行政行为之自始无效性的诉、继续确认之诉、中间确认之诉等。[9]在我国台湾地区,"行政诉讼法"亦规定了确认诉讼,可分为确认行政处分无效之诉讼、确认公法上法律关系成立或不成立之诉讼及确认已消灭之行政处分为违法之诉,另有"行政诉讼法"没有明确规定的不作为违法确认诉讼及预防性之确认诉讼。[10]在日本,行政事件诉讼法规定了无效等确认诉讼和不作为违法确认诉讼。也有人认为,停止诉讼亦属一种确认诉讼,该观点认为:"确认诉讼是指请求确认是否存在某种法律关系的诉讼,而停止诉讼其实与确认义务不存在的确认诉讼并无差异。"[11]

总之,确认之诉是一个"亚类繁多"的诉讼种类,乃至德国法上甚至将"确认之诉"("Feststegsklage")这一概念以复数形式使用。[12]

确认判决的形式并不被我国行政诉讼法所规定,此为各国行政诉讼制度中所仅见,因此法律甫一实施,即有学者指出这一缺憾。好在最高人民法院《关于执行〈中华人民共和国行政诉讼法〉若干问题的解释》通过增加确认判决弥补了法律的这一不足。其在

第57条、第58条规定了多种确认判决形式,包括:"被告不履行法定职责,但判决责令其履行法定职责已无实际意义的"、"被诉具体行政行为违法,但不具有可撤销内容的"、"被诉具体行政行为依法不成立或者无效的",以及第58条的情况判决。但第57条第1款首先规定了确认被诉具体行政行为合法或者有效,则与维持判决一样,存在判诉不对应的流弊。这次行政诉讼法修改,比较完善地对确认判决作出规定,几乎涵盖了德国、日本常见的确认判决的种类。其中稍嫌遗憾的是,对于堪称确认之诉主干的"确认公法上法律关系成立或不成立之诉",由于缺乏实践经验的支撑,没能作出明确规定。以下各节将分别加以讨论。

三、情势判决

本条第1款第1项规定的"人民法院判决确认违法,但不撤销行政行为"的一种情形是,"行政行为依法应当撤销,但撤销会给国家利益、社会公共利益造成重大损害"。这种判决形式,"其制度构成本身是日本独特的创造",称作情势判决,或事情判决。情势判决虽然也确认行政行为违法,但严格讲并不属于确认之诉的判决方式,而是"对于撤销之原则的例外"。[13] "一般而言,法院根据对撤销诉讼的审理,如果认为行政行为存在违法性时,则作出认可原告撤销请求的判决,即在判决中宣告行政行为的违法性并予以撤销;相反,如果认为行政行为合法,则在判决中驳回原告的撤销请求。但在行政行为违法的情况下,有时撤销该行政行为有可能对公共利益造成重大损害,基于这种考虑,法院有可能作出'情势判决',即在判决中宣告行政行为的违法性,但又驳回原告撤销请求的判决。正是在这种意义上,情势判决又被称为'特殊的驳回请求判决'。"[14] 在最高人民法院《关于执行〈中华人民共和国行政诉讼法〉若干问题的解释》当中,曾经对情势判决作出规定(第58条),本次行政诉讼法修改,得以将其法定化。但司法解释和本项的规定均是以确认违法的形式结案,因此又可称为"特殊的确认判决"。

设立情势判决的出发点在于公共利益。如果撤销一个违法的行政行为会给国家利益、社会公共利益造成重大损害,"此时,比较救济相对人的权利利益以及纠正行政行为的违法性来说,维护公共利益更为重要或优先",此外也还存在一种因素,即"通过撤销诉讼被法院认定为违法而予以撤销时,由于社会状况等的发展,并不一定能够恢复到作出行政行为之前的状态。有时撤销违法行政行为的判决也将侵害部分基于该行政行为获得利益者的权益"。[15] 但是,情势判决毕竟损害了原告的利益,也违反了行政法治主义与依法行政原则,因此"必须谨防制度的草率运用"。[16] 同时,对违法的行政行为即便不予撤销,也应宣告其违法性,便于原告以判决产生的既判力为基础进而寻求国家赔偿或补偿。

根据本项规定,作出情势判决的要件如下:①行政行为依法应当撤销。行政行为违法且得撤销,是情势判决的前提要件。如果行政行为合法,应当直接作出驳回诉讼请求判决,不存在通过情势

判决确认违法的问题。②撤销会给国家利益、社会公共利益造成重大损害。如前所述，情势判决的出现，是"为了尊重既成事实，在与应通过撤销来保护的私人利益相比，更应该谋求公共福利之优先"，[17]因此，适用情势判决，必须确实存在一旦撤销行政行为会给国家利益、社会公共利益造成损害的情形。而且，这种损害必须是"重大"的，是显著的。③利益衡量。就情势判决的特性来讲，它属于一种利益衡量，是对原告的私人利益与公共利益进行比较，进而选择较为重要的一方进行保护。因此，在选择作出情势判决时，首先要比较两种利益的权重。在此情境下，比例原则无疑可以发挥一定的作用。"成比例性原则会要求法院注意对相关利益所给予的权重"。[18]其次，即使决定对违法的行政行为不予撤销，也应考虑"一切情况"，"即该撤销是否对公共利益造成显著的障碍、原告所受到的损害的程度、原告所受到损害利用金钱补偿方式弥补的可能性、被告或利害关系人的排除损害措施等"。[19]

在审理和判决方面，学说认为，情势判决还有以下几个值得注意的方面：其一，主张责任与举证责任。在日本，一般认为，对于适用情势判决应当由当事人提出申请。而且，对于符合情势判决的要件应当由被告负担举证责任。[20]我国行政诉讼法虽然没有明确规定须当事人申请才能作出情势判决，但至少在举证责任方面应作类似的分配。其二，判断的标准时点。通说认为，虽然行政行为违法性判断的标准时点应是行政行为作出时，但适用情势判决，需要考虑行政行为作出后的既成事实、撤销或不撤销对公共利益或原告造成的损害等情况，因此，衡量撤销行政行为是否损害公共利益的标准时点应是辩论终结时。[21]其三，诉讼费用。在行政诉讼中，诉讼费用一般以败诉者负担为原则。情势判决虽然并非以原告要求的撤销方式结案，在日本、德国等国甚至是以驳回原告诉讼请求的方式结案，但是，一般认为对于诉讼费用的负担应当与原告胜诉相同处理，即由被告负担诉讼费用。[22]

四、确认程序违法

本条第1款第2项规定：行政行为程序轻微违法，但对原告权利不产生实际影响的，人民法院判决确认违法，但不撤销行政行为。我们姑且称此种判决为确认程序违法判决。但显而易见，这一判决形式并不属于严格意义上的确认之诉判决，毋宁说是撤销判决的又一种例外适用（正像情势判决）。在其他国家的行政诉讼法典中，较难找到这一判决形式，但在《德国联邦行政程序法》中有一个相对接近的规定。根据该法第46条的规定，"如果违反（程序规定）事实上对决定没有明显影响"，就不能主张撤销具有程序违法的行政行为。哈特穆特·毛雷尔认为："联邦行政程序法规定限制程序违法行政行为的可撤销性主要出于程序经济权衡的理由。实践表明，仅以程序违法为由撤销内容正确的行政行为没有什么意义，在相同内容的行政行为可以立即作出时尤其如此。"此外，根据行政法院法第44a条，不能单独请诉请撤销行政机关的程序行为，例如，对行政机关拒绝阅览卷宗的决定，参

加人不得单独起诉，而只能以不准阅卷构成程序违法为由诉请撤销后作出的行政决定。毛雷尔指出："这种规定是为了防止因单独诉请撤销程序行为而拖延行政程序的进行，同时也符合法律保护利益的观点，因为问题明显在于程序违法是否影响实体决定（有可能，申请人阅览卷宗的申请遭到拒绝，但仍然得到了申请的租金）；这种规定也是为了防止出现两个程序——针对程序行为和针对实体决定——同时进行的危险。总之，行政法院法第44a条反映了立法机关的一般倾向：程序违法只有在影响实体决定的情况下才予以补救。"[23]

比较来看，本条第1款第2项的规定与前述《德国联邦行政程序法》第46条、行政法院法第44a条的规定系基于相同的考虑。而且，在彰显程序价值方面，似乎更具积极意义。固然，将程序轻微违法且对原告权利不产生实际影响的行政行为予以撤销，没有多少实际意义，因为行政机关严格依照程序规定重新再作一次行政行为，对原告的权利也不会有所增减，只会徒然增加诉讼成本。但是，如果在此情况下简单地判决驳回原告诉讼请求，也会使得行政机关认为"程序瑕疵变得毫无风险，并最终使行政程序贬值"。[24] 就像毛雷尔所说的那样，"一只手给了别人的东西，另一只手又把它要了回来"，公民的程序权利就名存实亡了。[25] 因此，既不撤销，又不驳回诉讼请求，而是在保留行政行为效力的前提下确认其违法，不啻为一种平衡两方面价值的不错的选择。

适用本项规定，应当具备以下实体判决要件：其一，行政行为的程序具有违法性。行政程序是一种法律程序，这意味着行政程序一旦为法律所规范，即成为行政机关和相对人在法律上的程序权利和义务，具有规范性、强制性。行政机关必须履行行政程序法所规定的程序义务，否则，要承担相应的法律责任。[26] 通常认为，"违背程序作出的行政行为，总是违法的"，[27] 因此，这一要件并不难判断。其二，程序违法的程度比较轻微。行政程序呈现出多样性和分散性的特点，各种行政程序之间对相对人权利的影响程度亦有差异，例如，内部行政程序与外部行政程序相比，就"不直接涉及相对人"。在程序违法的程度上，何谓"轻微"，何谓"不轻微"，并没有一个特别清晰的法定标准，但比较而言，告知送达不规范、超过法定期限作出决定，一般可以视为"轻微"，[28] 相反，对通知、听证、说明理由等正当法律程序的违反，就难以认定为"轻微"。其三，程序违法对原告权利不产生实际影响。程序权利固然有其独立价值，但相对于实体权利，"程序只具有辅助功能，而没有独立的价值"。所以对于轻微的程序违法是判决撤销重作，还是仅仅确认违法，关键一点是要看程序违法对原告权利是否产生实际影响，要看发回行政机关重作一遍是否就能给原告带来更大利益。我们以政府信息公开诉讼进行举例说明：如果行政机关擅自延期提供政府信息，自然应当承担违反法定程序的法律后果，但是，在具体处理方式上，判决撤销重作似乎并无意义。因为要求行政机关遵守答复时限的目的是尽可能快地提供信息，让行政机关严格按照程序重新来一遍，事实上只会使公开

变得更为迟延。因之,适当的判决方式应当是确认违法。[29]

五、对不具有可撤销内容的行政行为确认违法

本条第2款规定了三种确认判决,针对的都是因不需要撤销或者判决履行,而判决确认违法的情形。其中第一项是"行政行为违法,但不具有可撤销内容的";第二项是"被告改变原违法行政行为,原告仍要求确认原行政行为违法的";第三项是"被告不履行或者拖延履行法定职责,判决履行没有意义的"。首先讨论第一项。

本项规定的"行政行为违法,但不具有可撤销内容的"情形,立法机关认为"主要是针对违法的事实行为"。[30]所谓事实行为,"是指以某种事实结果而不是法律后果为目的的所有行政措施"。德国学者哈特穆特·毛雷尔指出:"行政实践发现了大量的、各种各样的事实行为。学理上有时区分认知表示行为(答复、警告、通知、申请等)和纯业务行为(支付金钱、驾驶公务车辆、注射预防针、清扫街道、修建办公楼等)。"[31]我国台湾地区学者吴庚则将事实行为归类为以下三种:单纯的高权行为、实施行为和强制措施。[32]事实行为是与法律行为相对的一个概念,其"与法律行为有所异之处在于其,不产生任何法律效果,亦即不会对当事人的权利义务产生创设、变更或消灭"。[33]"由于事实行为就其本质来说不以引起特定的法律后果为目的,行政行为和其他法律行为所面临的首要问题,即违法对法律效果的影响(无效、可撤销、违法时仍然有效),对事实行为不适用"。[34]

"但是,事实行为违法仍然可能产生如下后果:行政机关有义务去除违法事实行为造成的现实,并且在可能的和可预期的范围之内恢复合法的状态。因违法的事实行为而遭受损害的公民享有相应的清除请求权和恢复原状请求权。除此之外,很可能产生损害赔偿请求权和补偿请求权"。[35]本项规定的对违法的事实行为作出确认,即对遭受事实行为侵害的相对人进一步请求损害赔偿和补偿具有基础意义。适用本项判决,关键是要审查事实行为的合法与否。关于事实行为的合法要件,毛雷尔指出:"事实行为必须符合各自的相应的法律要求。这一点,事实行为与法律行为原则上没有区别,只不过事实行为的合法要件一般比较宽松,特别是大多享有所谓的法外空间。但是,如果采取事实行为的行政机关没有管辖权,或者侵犯了公民权,例如财产权,就构成违法。"[36]亦有学者认为,本项规定中所说的"不具有可撤销内容",应当并不限于事实行为,还可能包括:附有条件和期限的行政行为因期间届满或条件成就而失效、原行政行为已经被有关机关撤销或废止、原行政行为已经被另一个行政行为所代替、原行政行为所规范和针对的人或物已经消失等。[37]

六、继续确认之诉

本条第2款第2项规定的是:"被告改变原违法行政行为,原告仍要求确认原行政行为违法","不需要撤销或者判决履行的,人民法院判决确认违法"。这种判决方式在德国法上也有,被称作"继续确认之诉"。至于为什么称之为"继续",弗里德赫尔穆·胡芬

叙述得颇有些断断续续，好像在故意吊你的胃口。梳理其要点，大致可以寻到以下这些脉络[38]：

其一，事后性。"继续确认之诉也被称为'事后确认之诉'"。所谓"事后"，一是针对那个往往是要求撤销一个违法的行政行为的"初始诉讼"而言，二是针对"在对于判决具有决定意义的那一刻之前，已经终结"的行政行为而言。撤销诉讼的本质是要达到"消除行政行为之效力的目的"，但面对一个已经终结的、（再也）不会产生效果的行政行为，撤销之诉就失去了标的，此刻也就只能宣布诉讼终结，并作出有关费用的决定了。"但是，此时还有一种诉讼可供使用———旦存在某种特殊的确认利益，采用这种诉讼，就能使诉讼在终结之后继续进行，以便引发对于那些随诉讼终结被弃置不顾的法律问题的继续澄清"。

其二，利益性。使一个本来应当终结的诉讼得以"继续"下去，必须要有继续下去的利益，也就是说，"仅当原告能够主张一种特殊的确认利益时，才是适法的"。一般而言，确认利益在下列情形中都会得到肯定：①重复危险。显然存在确认利益的是，当已经终结的措施存在着重复出现的威胁时。如果没有继续确认之诉，原告就必须等待一个相应的措施作出。不过，仅主张一个未来行为的抽象可能性是不够的，原告必须提出具体的依据表明，在一个具有可比性的和可预见的事实格局中，某一个负担将会再次出现。②恢复名誉之利益。在此类情况中，初始措施产生了一种歧视性的影响，此影响在措施终结之后还继续存在。③对一个职务责任或赔偿诉讼的准备。如果涉及的是一个违法的措施——它可能会引发对赔偿或者职务责任的请求权。

其三，继续性。所谓继续性，不仅在于继续确认之诉是初始的撤销之诉的时间上的继续，更在于，初始诉讼的适法条件，"原则上也就是继续确认之诉适法的标准"。"'诉之继续'的前提是，初始之诉在终结之前本身是适当的，而且诉讼标的已经终结"。换一种更为清晰的表达，就是，继续确认之诉"其判决仅在主文中是确认判决，实质上大都涉及对撤销之诉的理由具备性审查"。

其四，违法性。最后，继续确认之诉"只在涉及已经终结的不利行政行为时，才是可以直接运用的"。"继续确认之诉具备理由的前提，就是在起诉后已终结的行政行为之违法性"。"倘若继续确认之诉只是继续进行一个曾经开始的诉讼，则正确的结论就是：应当溯及既往地审查，违法的行政行为是否也曾侵害了原告的权利"。"如果一个不利行政行为违法，而且原告的权利因此受到侵害，法院就可以对此予以确认"。

本项判决的内容，先已在最高人民法院《关于执行〈中华人民共和国行政诉讼法〉若干问题的解释》第50条第3款作过类似规定："被告改变原具体行政行为，原告不撤诉，人民法院经审查认为原具体行政行为违法的，应当作出确认其违法的判决；认为原具体行政行为合法的，应当判决驳回原告的诉讼请求。"起草该款规定的考虑是，"行政机关在一审期间已经撤销了被诉的具体行政行为，而人民法院继续审理原具体行政行为，如果再作出撤销原

具体行政行为的判决,实际上撤销的是一个已被撤销的具体行政行为,毫无意义;如果作出维持判决,实际上维持的又是一个被撤销的具体行政行为,也是不可取的"。[39]这与德国设置继续确认之诉的初衷无疑非常相近。行政诉讼法修改时将这一判决方式上升为法律,但在适用范围上,明显比司法解释仅仅局限于"行政机关在一审期间撤销被诉的具体行政行为"更为宽泛。在德国的继续确认之诉中,行政行为终结的种类要丰富得多。弗里德赫尔穆·胡芬认为:所谓行政行为已经终结,"关键始终在行政行为的内容。如果一个行政行为不再是可执行的,而且由于缺乏对象,对它的撤回也已变得没有意义,那么它就是已经终结的"。具体来讲,"一个行政行为可以被视为在法律上已经终结,例如:通过撤回、废止或者其他形式撤销,或者行政行为在某个解除条件出现之后,合法地自动消失,或者通过被内容相同的另一个行政行为取代,或者通过其他措施得到处理。所有参加人都认为已经过时的某个行政行为,在此意义上也可以被视为'已经终结'"。"由于事实原因的终结,可能有如下情形:由于一个措施的实际结束,由于期限届满,由于某一事件已经过去,或者由于一个法定义务的结束,但有可能——例如在高度个人化的行政行为中——由于某个参加人死亡,由于某一调整项目的取消,或者发生了其他事实上的改变"。胡芬还指出:可以考虑继续确认之诉的还有:由于某一程序瑕疵得到补正,或者由于程序瑕疵不显著。这样一来,我们前面讨论过的本条第1款第2项关于"行政行为程序轻微违法,但对原告权利不产生实际影响的"情形,似也可以一并归入继续确认之诉的范畴。与此类似的是接下来的一款:义务之诉终结后的继续确认之诉,本书随后详细讨论。

七、义务之诉终结后的继续确认之诉

本条第2款第3项规定的是:"被告不履行或者拖延履行法定职责,判决履行没有意义的","人民法院判决确认违法"。这种情形在性质上与本条第2款第2项极为相似,在德国,将其称作义务之诉终结后的继续确认之诉。胡芬指出:"不仅一个不利行政行为可以终结,而且对一个适当的,但却已经终结的义务之诉,也可以考虑诉讼的继续。""因为,一个负担是由于一个已经终结的行政行为,还是一个最初就被拒绝的,或者停止给付的优待产生的,在此处都毫无区别"。"因为许可来得太迟,或者因为要求已经得到满足",也会使义务之诉"没有标的","此时,原告也可以要求确认起初的拒绝或者不作为的违法性,前提是,他曾经申请过该行政行为,并且拥有相应的确认利益"。[40]

同样,本项内容曾经为最高人民法院《关于执行〈中华人民共和国行政诉讼法〉若干问题的解释》所规定(第57条第2款第1项)。起草者指出:"在一些诉行政不作为的案件中,由于原告请求的时效性很强,或者时过境迁,使得请求的事项对于原告而言已经没有实际意义,在这种情况下,行政诉讼法第五十四条第三项规定的限期强制履行判决就难付实用,因为,这种判决对原告非但起不到实际的救济作用,甚至可能造成当事人更大的负担。

其实,原告提起诉讼的目的不外是请求赔偿或者'讨个说法',而这两个目的都是正当合法的,法律应当给予支持。"[41]

注:
1. [日]高桥宏志:《民事诉讼法:制度与理论的深层分析》,林剑锋译,法律出版社2003年版,第60页。
2. [日]中村英郎:《新民事诉讼法讲义》,陈刚、林剑锋、郭美松译,法律出版社2001年版,第105页。
3. [日]高桥宏志:《民事诉讼法:制度与理论的深层分析》,林剑锋译,法律出版社2003年版,第60页。
4. 徐瑞晃:《行政诉讼法》,五南图书出版股份有限公司2012年版,第106页。
5. [德]弗里德赫尔穆·胡芬:《行政诉讼法》,莫光华译,法律出版社2003年版,第592页。
6. [日]高桥宏志:《民事诉讼法:制度与理论的深层分析》,林剑锋译,法律出版社2003年版,第60页。
7. 徐瑞晃:《行政诉讼法》,五南图书出版股份有限公司2012年版,第107页。
8. [德]弗里德赫尔穆·胡芬:《行政诉讼法》,莫光华译,法律出版社2003年版,第313页。
9. [德]弗里德赫尔穆·胡芬:《行政诉讼法》,莫光华译,法律出版社2003年版,第311页。
10. 徐瑞晃:《行政诉讼法》,五南图书出版股份有限公司2012年版,第107页。
11. 参见江利红:《日本行政诉讼法》,知识产权出版社2008年版,第561页。
12. [德]弗里德赫尔穆·胡芬:《行政诉讼法》,莫光华译,法律出版社2003年版,第311页。
13. [日]盐野宏:《行政救济法》,杨建顺译,北京大学出版社2008年版,第135页。
14. 江利红:《日本行政诉讼法》,知识产权出版社2008年版,第447页。
15. 江利红:《日本行政诉讼法》,知识产权出版社2008年版,第447页。
16. [日]盐野宏:《行政救济法》,杨建顺译,北京大学出版社2008年版,第135页。
17. [日]盐野宏:《行政救济法》,杨建顺译,北京大学出版社2008年版,第132页。
18. [英]迈克·费恩塔克:《规制中的公共利益》,戴昕译,中国人民大学出版社2014年版,第284页。
19. 江利红:《日本行政诉讼法》,知识产权出版社2008年版,第453页。

20. [日]渡部吉隆、園部逸夫:《行政事件诉讼法体系》,西神田编集社1985年版,第395页。转引自江利红:《日本行政诉讼法》,知识产权出版社2008年版,第453页。
21. [日]南博方:《条解行政事件诉讼法》,弘文堂1987年版,第451页。转引自江利红:《日本行政诉讼法》,知识产权出版社2008年版,第453页。
22. 江利红:《日本行政诉讼法》,知识产权出版社2008年版,第454页。
23. [德]哈特穆特·毛雷尔:《行政法学总论》,高家伟译,法律出版社2002年版,第258、474页。
24. [德]弗里德赫尔穆·胡芬:《行政诉讼法》,莫光华译,法律出版社2003年版,第412页。
25. [德]哈特穆特·毛雷尔:《行政法学总论》,高家伟译,法律出版社2002年版,第259页。
26. 应松年主编:《行政程序法》,法律出版社2009年版,第6页。
27. [德]弗里德赫尔穆·胡芬:《行政诉讼法》,莫光华译,法律出版社2003年版,第411页。
28. 全国人大常委会法制工作委员会行政法室编著:《中华人民共和国行政诉讼法解读》,中国法制出版社2014年版,第205页。
29. 李广宇:《政府信息公开司法解释读本》,法律出版社2011年版,第371页。
30. 全国人大常委会法制工作委员会行政法室编著:《中华人民共和国行政诉讼法解读》,中国法制出版社2014年版,第205页。
31. [德]哈特穆特·毛雷尔:《行政法学总论》,高家伟译,法律出版社2002年版,第391页。
32. 吴庚:《行政法之理论与实用》,三民书局股份有限公司2014年版,第442页。
33. 陈慈阳:《行政法总论:基本原理、行政程序及行政行为》,翰芦图书出版有限公司2005年版,第607页。
34. [德]哈特穆特·毛雷尔:《行政法学总论》,高家伟译,法律出版社2002年版,第392页。
35. [德]哈特穆特·毛雷尔:《行政法学总论》,高家伟译,法律出版社2002年版,第392页。
36. [德]哈特穆特·毛雷尔:《行政法学总论》,高家伟译,法律出版社2002年版,第392页。
37. 马怀德主编:《新编中华人民共和国行政诉讼法释义》,中国法制出版社2014年版,第344页。
38. 本节引文可参见[德]弗里德赫尔穆·胡芬:《行政诉讼法》,莫光华译,法律出版社2003年版,第326页以下、第469页以下。
39. 最高人民法院行政审判庭编:《关于执行〈中华人民共和国行政诉讼法〉若干问题的解释释义》,中国城市出版社2000年版,第107页。
40. [德]弗里德赫尔穆·胡芬:《行政诉讼法》,莫光华译,法律出版社2003年版,第330页。

第75条 确认无效判决

41. 最高人民法院行政审判庭编:《关于执行〈中华人民共和国行政诉讼法〉若干问题的解释释义》,中国城市出版社2000年版,第122页。<<<

行政行为有实施主体不具有行政主体资格或者没有依据等重大且明显违法情形,原告申请确认行政行为无效的,人民法院判决确认无效。

>>> 一、本条的宗旨

本条规定的是确认行政行为无效判决,系修订后新增条款。

二、确认无效之诉

行政行为有可撤销的行政行为与无效的行政行为之区分。学说见解认为:"两者的区别在于,无效的行政行为,其违法情形已明显到任何有理智的人能够判断的程度,因而其没有公定力,不必经法院等权威机构确认,公民就可以根据自己的判断而不服从。可撤销的行政行为则具有公定力,其在被法院等权威机构撤销之前被推定为有效,公民无权根据自己的判断而不服从。"[1] 但是,"如果关系人自己认为行政行为无效,须冒一定的风险。行政机关很有可能不接受公民的意见而执行行政行为","与无效行政行为有关的公民也不能指望无效性的职权确认",[2] 这就产生向法院诉请确认的需求。"对于无效的行政行为,过去的审判实践中一般都适用撤销判决,这在法理上是讲不通的,因为,严格地讲,撤销的前提是该行政行为在此之前是存在的,而且在法律上是有效的。而既然无效的具体行政行为自始无效,那么,法院的撤销判决就没有了对象。综上,这种情况也应当适用确认判决,即确认该行为无效,从而恢复当事人的合法权益"。[3] 行政诉讼法在本次修改时将确认行政行为无效之诉法定化,具有显著意义,不仅使得诉讼制度更为精密化,也给当事人提供了更为周全的救济。

当事人选择提起确认无效之诉,既有"优惠",也有风险。所谓优惠,在于不必像提起撤销之诉那样须遵守严格的起诉期限。"作为确认之诉并没有真正意义上的期限",因为"在任何情况下,一个自始无效的行政行为都不可以通过期限被耽误,而获得一种'确定力'"。[4] 但原告选择提起确认之诉又有风险。由于确认行政行为无效的"门槛"相对较高,在原告的确认请求难以支持的情况下,如果连提起撤销之诉的期限也已超过,就有可能"一无所获"。所以哈特穆特·毛雷尔认为,当原告不能确信行政行为无效或可撤销时,"在法定期限要求撤销行政行为,才是明智之举"。[5] 为了更有效地为公民提供救济,德国法上确立了"选择适当诉讼种类起诉的风险不由原告承担"的原则。因为,"在诉讼开始时常常不能确定,该行政行为究竟是自始无效呢,还是'仅仅'违法了。为此,不可以苛求原告自己承担潜在于这个有待澄清的问题中的风险。所以,按照正确的见解,应当首先把这些案例中的撤销之诉视为适当的,即便最终结果是对行政行为自始无效的确认。故此,在实践中,真正的无效性确认之诉,主要出现

于辅助请求中,或者它是遵照首席法官的相应指示采取的转换形式"。[6]

三、无效的标准

作出确认无效判决,核心的,也是最棘手的问题,就是如何掌握"无效"的标准。过去学理上主张,"必须同时具备重大和明显违法情形才属于无效具体行政行为,仅仅是一般违法尚不属于无效,而属于可撤销的行政行为"。这一理解与德国联邦行政程序法中对于无效的定义大致相同。该法第四十四条第一款规定,行政行为具有重大瑕疵或根据理智的判断绝对明显的瑕疵时,无效。毛雷尔对此进一步解读说:"起决定性作用的不限于瑕疵的明显性,而且包括瑕疵的严重性。"[7]我国行政诉讼法在本条规定中确立的正是"重大且明显违法"的标准。但对于具体情形并没有进一步作出规定。对此,德国联邦行政程序法列举了几种"绝对无效"的情形,可资参考。这些情形是:①以书面方式作出,但没有注明作出机关;②通过颁发证书作出,但没有遵守形式规定;③违反有关地域管辖规定作出;④因客观原因无法实施;⑤要求实施构成犯罪或者宗教罪行的违法行为;⑥违反善良风俗。[8]

四、其他特别要件

德国行政法院法和我国台湾地区"行政诉讼法",均还规定:原告提起确认无效之诉,须有"特殊的确认利益"。"亦即,这样的确认,必定能使那种产生于一个自始无效行政行为的法律表象得到消除。其前提是,该行政行为至少会触及原告的法律地位,并且被要求的确认能够使原告的法律地位,在更合法、更经济或者更理想的意义上得到改善"。[9]有所不同的是,德国法上是将这种"特殊的确认利益"界定于较为宽泛的"正当利益",而我国台湾地区"行政诉讼法"则将其限定于"法律上之利益"。前者不仅包括法律上的利益,还包括经济上、名誉上,甚至想象上的利益。不仅如此,这种法律上之利益,还须是"即受"判决之利益,"意指原告目前所处之不确定法律状况,如不能获得判决确认,将'立即受到'不利益之法律效果。因此,此一不确定法律状况必须现已存在或立即到来,而过去的或未来之受害或有受害之虞者,则不符合有'即受'判决之法律利益"。[10]

此外,在期限问题上,我国台湾地区学者彭凤至、蔡志方、林腾鹞等人亦认为,"法虽无起诉期之明文,但确认行政处分无效仍须于适当期间内提起。理由乃在于有程序失权情事时,如仍许提起确认行政处分无效之诉,难以维持法律秩序安定,特别是在事过境迁始重提旧事,显有滥用诉权之情形"。[11]

注:
1. 最高人民法院行政审判庭编:《关于执行〈中华人民共和国行政诉讼法〉若干问题的解释释义》,中国城市出版社2000年版,第123页。
2. [德]哈特穆特·毛雷尔:《行政法学总论》,高家伟译,法律出版社2002年版,第250页以下。

3. 最高人民法院行政审判庭编：《关于执行〈中华人民共和国行政诉讼法〉若干问题的解释释义》，中国城市出版社 2000 年版，第 123 页。
4. [德]弗里德赫尔穆·胡芬：《行政诉讼法》，莫光华译，法律出版社 2003 年版，第 326 页。
5. [德]哈特穆特·毛雷尔：《行政法学总论》，高家伟译，法律出版社 2002 年版，第 254 页。
6. [德]弗里德赫尔穆·胡芬：《行政诉讼法》，莫光华译，法律出版社 2003 年版，第 324 页。
7. [德]哈特穆特·毛雷尔：《行政法学总论》，高家伟译，法律出版社 2002 年版，第 250 页。
8. [德]哈特穆特·毛雷尔：《行政法学总论》，高家伟译，法律出版社 2002 年版，第 252 页。
9. [德]弗里德赫尔穆·胡芬：《行政诉讼法》，莫光华译，法律出版社 2003 年版，第 325 页。
10. 林腾鹞：《行政诉讼法》，三民书局股份有限公司 2013 年版，第 159 页。
11. 林腾鹞：《行政诉讼法》，三民书局股份有限公司 2013 年版，第 161 页。〈〈〈

第76条　确认违法和无效判决的补充规定

人民法院判决确认违法或者无效的，可以同时判决责令被告采取补救措施；给原告造成损失的，依法判决被告承担赔偿责任。

第77条　变更判决

行政处罚明显不当，或者其他行政行为涉及对款额的确定、认定确有错误的，人民法院可以判决变更。

〉〉〉一、本条的宗旨

本条规定的是变更判决，是由原第 54 条中的一项单独成条。与旧的规定相比，一是扩大了变更判决的适用范围，二是对禁止不利变更原则一并作出规定。

二、判决变更

判决变更，"是指人民法院作出的判决改变了被诉具体行政行为的处理结果"。[1] 当年参与行政诉讼法起草的顾昂然回忆："法院在审理行政案件时，对行政机关的具体行政行为是否可以直接判决变更，这是在起草行政诉讼法时着重研究的一个问题。有的主张，法院应当有权变更，理由是审判权应当是完整的，包括变更权。有的主张法院不得直接判决变更，理由是法院如果直接判决变更，就侵犯了行政权。还有的主张，法院应当有限度地行使变更权。行政诉讼法对于这个问题的规定，比较准确的说法是，采取了不直接判决变更的原则，但也开了个口子。"[2] 这个口子就是原第 54 条第 4 项规定的："行政处罚显失公正的，可以判决变更。"但为什么要拿行政处罚显失公正作为"不直接判决变更原则"的例外，立法者似乎没有讲出太多诉讼原理上的理由，仅只是因为行政处罚"自由裁量权过大，应有所制约"。[3]

由以上争论可以知道，法院对行政行为可否直接判决变更，涉及的不外是司法权与行政权的关系。关于两者的关系，传统学说一方面强调司法对行政的"控制"，另一方面又强调司法与行政的"区别"。例如德国行政法鼻祖奥托·迈耶认为："我们全部行政法取决于国家最高权力内部存在的各种区别。"论及司法对行政的审查，他指出，"要注意的是，这里是一个有限审查，即'法律控制'"。"而在'法律控制'中，法院不是以自己的决定来作出新的创造，而是通过对普遍性标准的适用来进行审查。"[4] 日本传统"司法权界限论"的代表人物田中二郎也认为：司法权不得超越该界限干预行政的内容或领导行政。在请求撤销或变更行政行为的抗告诉讼中，法院只能够作出确认判决、撤销或部分撤销等形成判决，除法律特别规定外，不能自行代替行政机关作出行政行为或者作出要求行政机关进行一定行政行为的给付判决。[5] 在英美法系，也强调"司法审查只能监督行政机关行使权力，不能代替行政机关行使权力"，"没有法律特别的规定，法院不能作出属于行政机关的决定"。[6] 晚近以来，司法权限论有所发展，更多的观点倾向认为，"对于某一具体问题，法院能否干预或者干预的范围、程度如何必须根据各自问题的情况从具体的观点来考察"。甚至有学者建议放弃对"司法权界限"问题的探讨，而转向对各个问题分别具体探讨司法审查的存在方式。[7] 美国司法审查中，就有一种"重新审理"标准，这种审查与通常的司法审查不同，"法院可以不顾行政机关的裁定，独立地裁定事实问题，等于行政机关的裁定不存在一样"。[8]

尽管如此，考察列国行政诉讼立法，也较难寻找到独立的变更判决的方式。早前日本的行政事件诉讼特例法中曾经规定了"请求撤销或变更行政机关违法的行政行为的诉讼"，将变更判决明文规定，但对于"变更"的含义，则众说纷纭。例如田中二郎认为，该"变更"只不过是对行政行为的部分撤销的意思。但幾崎辰五郎认为，从字理解认为是变更行政行为内容的意思。在法院判例中，有法院判决认为，在行政机关不存在裁量的余地时，法院可以代替行政机关的判断决定行政行为的内容。而在行政机关还存在裁量的余地时，请求变更行政行为的诉讼是请求法院介入行政机关裁量权的范围，因此，是不允许的。[9] 在《德国行政法院法》中，第113条第2款规定了一种变更判决："如果原告要求改变具体行政行为所确定的金额或一个与此相关的确认，法院可以将其确定为另一数额或以另一个确认取代原有确认。如果对确定或确认数额所进行的调查需花费不少费用，法院可以在指明未被予以正确考虑或未被考虑的事实或法律关系的前提下，确定由行政机关可以基于该裁判自行计算出金额并变更［原］具体行政行为。"弗里德赫尔穆·胡芬在点评这一判决方式的积极意义时强调，"由此就可以避免，法院动辄撤销行政行为，而不是自己确定金额，如果诉讼已经达到成熟的裁判时机，并且数额计算无需依赖于复杂的、只能由行政机关确认的因素"。[10]

本条在修改时，扩大了变更判决的适用范围，所增加的一种可以

判决变更情形,就是借鉴了德国的上述立法例。这一修改,体现出立法者在司法变更权问题上,既保持传统的审慎,又辅之以适度的积极,在司法权界限与诉讼经济两种价值之间,较好地寻得了一种平衡。适用本条第一款的规定,应当注意以下几个方面:第一,人民法院判决变更,只能限于"行政处罚明显不当,或者其他行政行为涉及对款额的确定、认定确有错误"这两种情形。在其他情况下,由于法律没有明文规定,适用变更判决则应当有所限制。第二,变更判决可以视作撤销重作判决的一种补充,其性质是,在本应判决撤销并责令被告重新作出行政行为的情况下,由于事证非常明确,较少裁量余地,即使发回行政机关也只能作出如此处理,为行政便宜考虑,法院乃迳行予以纠正。由此,作出变更判决的前提,必须是行政行为违法应撤销并有重作之必要。唯我国台湾地区学者刘宗德、赖恒盈曾予指出,对款额的确定、认定错误并不表示整个行政行为违法并应撤销,亦存在"原告对于行政法律关系成立或存在本身并无争议,但该法律关系具体内容涉及对金钱或其他代替物之数额或种类之确认,而原告对于确认该具体内容之确认处分存有争执情况",在这种情况下"则允许法院得自行以判决确认该金钱或其他代替物之数额或种类,而不撤销原处分并发回原处分机关重为处分"。[11]第三,本次修改,将"行政处罚显失公正"改为"行政处罚明显不当",两者并没有实质上的差别,主要是为了与第70条"明显不当"的概念保持一致。具体的认定标准也无不同,此处不赘。第四,涉及对款额的确定、认定的,应当综合考虑变更判决与撤销重作判决的利弊,"假如对有待确定或确认之金额的调查,可能耗费不菲,法院就可采用答复判决的形式规定计算的基础,并敦促行政机关进行相应的计算"。[12]

三、禁止不利变更

修改前的行政诉讼法,只在第54条第4项规定:"行政处罚显失公正的,可以判决变更。"对于"变更"的含义,则没有进一步界定。这就带来一个问题:法院能否在行政行为的基础上加重处罚?单从"变更"的字面意思看,其含义应当既包括减轻,又包括加重。但从法律精神来看,在诉讼阶段加重对行政相对人的处罚,显然有违"禁止不利变更"原则。所谓"禁止不利变更"原则,肇始于1877年《德国刑事诉讼法典》的"上诉不加刑",其初衷旨在平衡控辩双方的诉讼地位,以解除被告人的后顾之忧,进而"营造一个平等对话、自主判断的场所"。而后,这一原则在全球范围内广泛传播,[13]亦为我国刑事诉讼法所明文规定。[14]在民事诉讼中,从当事人主义和处分原则出发,亦实行禁止不利变更。例如日本学者中村英郎指出:"控诉中,要变更原判决,须由当事人进行不服申述为条件。因此,不管控诉人申述的不服是否全部或部分被予以认同,控诉审判决对原判决不能没有不利益。通常将之称为不利益变更禁止原则。"[15]

行政诉讼与刑事诉讼、民事诉讼相比,有其特殊性。奥托·迈耶指出:"行政审判可以以上诉的模式进行完全的审查,或根据情况

予以确认或撤销。""行政审判也可以依据复审（Revision）的模式进行，即将要对被诉行政行为进行的复审限定于主要是在法律方面。"[16] 无论是上诉模式还是复审模式，行政审判的一审都类似于刑事、民事审判的二审，"实质是这同样也是上诉，因为被诉行政行为本身就已是政府处理决定"。在美国，"一切重要的行政决定，都由法律直接规定由上诉法院审查"。[17] "行政诉讼或司法审查也事实上成为行政程序的'上诉审'"。[18] 这种类似于行政行为"上诉审"的关系，决定了在对行政行为作出变更时，同样不能违反"禁止不利变更"原则。特别是考虑到行政相对人与行政机关地位的悬殊，"必须增加他们的程序特权，为他们提供'平等武器'"，他们才会有起诉和胜诉的信心和勇气。[19] 基于此，我国台湾地区"行政诉讼法"第195条第2款规定："撤销诉讼之判决，如系变更原处分或决定者，不得为较原处分或决定不利于原告之判决。"

如前所述，行政诉讼法并未于变更判决条款中相应规定禁止不利变更，直到最高人民法院制定《关于执行〈中华人民共和国行政诉讼法〉若干问题的解释》时，才借鉴刑事诉讼法已经明确规定的"上诉不加刑"，在第55条作出规定："人民法院判决变更，不得加重原告的义务或者减损原告的权益。"如果说，在行政诉讼法没有明确规定变更判决不加重处罚的情况下，司法解释填补了一个法律漏洞，那么，行政诉讼法在这次修改中对此专门予以明确，则是通过立法的形式，正式将"禁止不利变更"确立为撤销诉讼中一项重要原则，从而也更符合设立撤销之诉的目的。"盖撤销诉讼，系原告认为原处分或决定对其不利，而向行政法院请求救济之制度。若行政法院之判决，反较原处分或决定更不利于原告，即违反撤销诉讼制度设立之目的"。[20]

适用本条第2款，需要把握以下几个问题：第一，所谓"禁止不利变更"，既包括不得加重原告的义务，也包括不得减损原告的权益。具体来讲，就是禁止负担的增加、扩大、认可，禁止受益的减少、限制、剥夺和拒绝。[21] 第二，"禁止不利变更"同样应当适用于撤销重作判决，即，除非发现并证明有新的主要事实和理由，行政机关在重新作出行政行为时不得比原行政行为更加不利益。[22] "因为如果可以加重，确实可能达到违法必究的效果，但相对人的诉权就没保障了"。[23] 第三，二审判决也应遵循"禁止不利变更"原则。"禁止不利变更既然源于上诉不加刑，在二审程序中继续沿用是不证自明的一般逻辑。""原告上诉，二审法院发回重审的案件，一审法院仍受该原则的拘束"。[24] 第四，禁止不利变更，也应包括"不得对行政机关未予处罚的人直接给予行政处罚"。最高人民法院《关于执行〈中华人民共和国行政诉讼法〉若干问题的解释》第55条第2款还曾规定："人民法院审理行政案件不得对行政机关未予处罚的人直接给予行政处罚。"起草者认为："此款规定主要是出于法院与行政机关之间权力分工的考虑。"[25]

"禁止不利变更"有一个例外，也就是本条第2款所规定的："利

害关系人同为原告,且诉讼请求相反的除外。"换言之,如果利害关系人同为原告且诉讼请求相反,则法院可以在变更判决中加重对原告的处罚。这一例外情形先已由前述司法解释所规定,起草者对此说明:"在这种情况下,作为利害关系人的原告与作为受处罚人的原告可能存在相逆的利益。比如在治安案件中,加害人与受害人对于治安行政处罚均不服,加害人认为太重,受害人又认为太轻,而提起行政诉讼。这时,变更不加重处罚原则所体现的价值已经不能满足法律公平的需要了,故此原则就不能适用了。"[26]

注:
1. 黄杰主编:《中华人民共和国行政诉讼法诠释》,人民法院出版社1994年版,第185页。
2. 顾昂然:《立法札记》,法律出版社2006年版,第467页。
3. 胡康生:《〈行政诉讼法〉立法过程中的若干问题》,载最高人民法院《行政诉讼法》培训班编:《行政诉讼法专题讲座》,人民法院出版社1989年版,第52页。
4. [德]奥托·迈耶:《德国行政法》,刘飞译,商务印书馆2013年版,第2、166页。
5. 参见江利红:《日本行政诉讼法》,知识产权出版社2008年版,第76页。
6. 王名扬:《美国行政法》,中国法制出版社1999年版,第567页。
7. 江利红:《日本行政诉讼法》,知识产权出版社2008年版,第77页。
8. 王名扬:《美国行政法》,中国法制出版社1999年版,第694页。
9. 江利红:《日本行政诉讼法》,知识产权出版社2008年版,第145页。
10. [德]弗里德赫尔穆·胡芬:《行政诉讼法》,莫光华译,法律出版社2003年版,第589页。
11. 刘宗德、赖恒盈:《台湾地区行政诉讼:制度、立法与案例》,浙江大学出版社2011年版,第333页。
12. [德]弗里德赫尔穆·胡芬:《行政诉讼法》,莫光华译,法律出版社2003年版,第589页。
13. 胡建淼主编:《论公法原则》,浙江大学出版社2005年版,第488页。
14. 2021年《刑事诉讼法》第226条规定:"第二审人民法院审理被告人或者他的法定代理人、辩护人、近亲属上诉的案件,不得加重被告人的刑罚。第二审人民法院发回原审人民法院重新审判的案件,除有新的犯罪事实,人民检察院补充起诉的以外,原审人民法院也不得加重被告人的刑罚。人民检察院提出抗诉或者自诉人提出上诉的,不受前款规定的限制。"
15. [日]中村英郎:《新民事诉讼法讲义》,陈刚、林剑锋、郭美松译,法律出版社2001年版,第270页。

16. [德]奥托·迈耶:《德国行政法》,刘飞译,商务印书馆2013年版,第2、158页。
17. 王名扬:《美国行政法》,中国法制出版社1999年版,第591页。
18. 刘善春、毕玉谦、郑旭:《诉讼证据规则研究》,中国法制出版社2000年版,第674页。
19. 胡建淼主编:《论公法原则》,浙江大学出版社2005年版,第489页。
20. 徐瑞晃:《行政诉讼法》,五南图书出版股份有限公司2012年版,第479页。
21. 涂怀燕:《论禁止不利变更》,载《法商研究》2003年第1期。
22. 这种新的主要事实和理由亦有可能系由法院发现并指出。如我国台湾地区学者徐瑞晃指出:"所谓不利益变更,系就判决主文为形式上之观察而不利于原告者,若主文非不利于原告,虽判决之结果最后可能对原告不利,亦非不利益之变更。例如税捐征稽机关认为,原告已依所得税法办理结算申报,但对应申报课税之所得额有漏报情事,处以所漏税额一倍之罚款。'行政法院'判决改处以所漏税额两倍之罚款,即属不利益之变更。若'行政法院'调查结果,认为原告未依规定办理结算申报,原处分有所违误而判决撤销原处分,并着由被告机关改按所得'税法'第一百一十条第二项规定处分。该判决之主文为撤销原处分及诉愿决定,形式上非不利于原告,虽被告如依判决意旨重作处分,最高可处三倍罚款,可能对原告更为不利,亦非不利益变更。故'行政法院'之判决,不变更原处分认事用法之情形下,始有不利益变更可言。"徐瑞晃:《行政诉讼法》,五南图书出版股份有限公司2012年版,第479页。
23. 胡建淼主编:《论公法原则》,浙江大学出版社2005年版,第500页。
24. 涂怀燕:《论禁止不利变更》,载《法商研究》2003年第1期。
25. 最高人民法院行政审判庭编:《关于执行〈中华人民共和国行政诉讼法〉若干问题的解释释义》,中国城市出版社2000年版,第119页。
26. 最高人民法院行政审判庭编:《关于执行〈中华人民共和国行政诉讼法〉若干问题的解释释义》,中国城市出版社2000年版,第119页。

第78条　行政协议履行及补偿判决

被告不依法履行、未按照约定履行或者违法变更、解除本法第十二条第一款第十一项规定的协议的,人民法院判决被告承担继续履行、采取补救措施或者赔偿损失等责任。

被告变更、解除本法第十二条第一款第十一项规定的协议合法,但未依法给予补偿的,人民法院判决给予补偿。

第十二条 人民法院受理公民、法人或者其他组织提起的下列诉讼：（一）对行政拘留、暂扣或者吊销许可证和执照、责令停产停业、没收违法所得、没收非法财物、罚款、警告等行政处罚不服的；（二）对限制人身自由或者对财产的查封、扣押、冻结等行政强制措施和行政强制执行不服的；（三）申请行政许可，行政机关拒绝或者在法定期限内不予答复，或者对行政机关作出的有关行政许可的其他决定不服的；（四）对行政机关作出的关于确认土地、矿藏、水流、森林、山岭、草原、荒地、滩涂、海域等自然资源的所有权或者使用权的决定不服的；（五）对征收、征用决定及其补偿决定不服的；（六）申请行政机关履行保护人身权、财产权等合法权益的法定职责，行政机关拒绝履行或者不予答复的；（七）认为行政机关侵犯其经营自主权或者农村土地承包经营权、农村土地经营权的；（八）认为行政机关滥用行政权力排除或者限制竞争的；（九）认为行政机关违法集资、摊派费用或者违法要求履行其他义务的；（十）认为行政机关没有依法支付抚恤金、最低生活保障待遇或者社会保险待遇的；（十一）认为行政机关不依法履行、未按照约定履行或者违法变更、解除政府特许经营协议、土地房屋征收补偿协议等协议的；（十二）认为行政机关侵犯其他人身权、财产权等合法权益的。

除前款规定外，人民法院受理法律、法规规定可以提起诉讼的其他行政案件。

第79条 复议决定和原行政行为一并裁判

复议机关与作出原行政行为的行政机关为共同被告的案件,人民法院应当对复议决定和原行政行为一并作出裁判。

第80条 公开宣判

1. 人民法院对公开审理和不公开审理的案件,一律公开宣告判决。
2. 当庭宣判的,应当在十日内发送判决书;定期宣判的,宣判后立即发给判决书。
3. 宣告判决时,必须告知当事人上诉权利、上诉期限和上诉的人民法院。

第81条 第一审审限

人民法院应当在立案之日起六个月内作出第一审判决。有特殊情况需要延长的,由高级人民法院批准,高级人民法院审理第一审案件需要延长的,由最高人民法院批准。

第三节 简易程序

第82条 简易程序适用情形

1. 人民法院审理下列第一审行政案件,认为事实清楚、权利义务关系明确、争议不大的,可以适用简易程序:
   (一)被诉行政行为是依法当场作出的;
   (二)案件涉及款额二千元以下的;
   (三)属于政府信息公开案件的。
2. 除前款规定以外的第一审行政案件,当事人各方同意适用简易程序的,可以适用简易程序。
3. 发回重审、按照审判监督程序再审的案件不适用简易程序。

第83条 简易程序的审判组织形式和审理期限

适用简易程序审理的行政案件,由审判员一人独任审理,并应当在立案之日起四十五日内审结。

第84条 简易程序与普通程序的转换

人民法院在审理过程中,发现案件不宜适用简易程序的,裁定转为普通程序。

第四节 第二审程序

第85条 上诉权

当事人不服人民法院第一审判决的,有权在判决书送达之日起十五日内向上一级人民法院提起上诉。当事人不服人民法院第一审裁定的,有权在裁定书送达之日起十日内向上一级人民法院提起上诉。逾期不提起上诉的,人民法院的第一审判决或者裁定发生法律效力。

第86条 二审的审理方式

人民法院对上诉案件,应当组成合议庭,开庭审理。经过阅卷、调查和询问当事人,对没有提出新的事实、证据或者理由,合议庭认为不需要开庭审理的,也可以不开庭审理。

第87条 二审的审理范围

人民法院审理上诉案件,应当对原审人民法院的判决、裁定和被诉行政行为进行全面审查。

第88条　二审审限

人民法院审理上诉案件，应当在收到上诉状之日起三个月内作出终审判决。有特殊情况需要延长的，由高级人民法院批准，高级人民法院审理上诉案件需要延长的，由最高人民法院批准。

第89条　二审裁判

1　人民法院审理上诉案件，按照下列情形，分别处理：
（一）原判决、裁定认定事实清楚，适用法律、法规正确的，判决或者裁定驳回上诉，维持原判决、裁定；
（二）原判决、裁定认定事实错误或者适用法律、法规错误的，依法改判、撤销或者变更；
（三）原判决认定基本事实不清、证据不足的，发回原审人民法院重审，或者查清事实后改判；
（四）原判决遗漏当事人或者违法缺席判决等严重违反法定程序的，裁定撤销原判决，发回原审人民法院重审。
2　原审人民法院对发回重审的案件作出判决后，当事人提起上诉的，第二审人民法院不得再次发回重审。
3　人民法院审理上诉案件，需要改变原审判决的，应当同时对被诉行政行为作出判决。

第五节　审判监督程序

第90条　申请再审的条件

当事人对已经发生法律效力的判决、裁定，认为确有错误的，可以向上一级人民法院申请再审，但判决、裁定不停止执行。

第91条　再审事由

当事人的申请符合下列情形之一的，人民法院应当再审：
（一）不予立案或者驳回起诉确有错误的；
（二）有新的证据，足以推翻原判决、裁定的；
（三）原判决、裁定认定事实的主要证据不足、未经质证或者系伪造的；
（四）原判决、裁定适用法律、法规确有错误的；
（五）违反法律规定的诉讼程序，可能影响公正审判的；
（六）原判决、裁定遗漏诉讼请求的；
（七）据以作出原判决、裁定的法律文书被撤销或者变更的；
（八）审判人员在审理该案件时有贪污受贿、徇私舞弊、枉法裁判行为的。

第92条　人民法院审判监督

1　各级人民法院院长对本院已经发生法律效力的判决、裁定，发现有本法第九十一条规定情形之一，或者发现调解违反自愿原则或者调解书内容违法，认为需要再审的，应当提交审判委员会讨论决定。
2　最高人民法院对地方各级人民法院已经发生法律效力的判决、裁定，上级人民法院对下级人民法院已经发生法律效力的判决、裁定，发现有本法第九十一条规定情形之一，或者发现调解违反自愿原则或者调解书内容违法的，有权提审或者指令下级人民法院再审。

第93条 人民检察院审判监督

1. 最高人民检察院对各级人民法院已经发生法律效力的判决、裁定,上级人民检察院对下级人民法院已经发生法律效力的判决、裁定,发现有本法第九十一条规定情形之一,或者发现调解书损害国家利益、社会公共利益的,应当提出抗诉。
2. 地方各级人民检察院对同级人民法院已经发生法律效力的判决、裁定,发现有本法第九十一条规定情形之一,或者发现调解书损害国家利益、社会公共利益的,可以向同级人民法院提出检察建议,并报上级人民检察院备案;也可以提请上级人民检察院向同级人民法院提出抗诉。
3. 各级人民检察院对审判监督程序以外的其他审判程序中审判人员的违法行为,有权向同级人民法院提出检察建议。

第九十一条　当事人的申请符合下列情形之一的,人民法院应当再审:(一)不予立案或者驳回起诉确有错误的;(二)有新的证据,足以推翻原判决、裁定的;(三)原判决、裁定认定事实的主要证据不足、未经质证或者系伪造的;(四)原判决、裁定适用法律、法规确有错误的;(五)违反法律规定的诉讼程序,可能影响公正审判的;(六)原判决、裁定遗漏诉讼请求的;(七)据以作出原判决、裁定的法律文书被撤销或者变更的;(八)审判人员在审理该案件时有贪污受贿、徇私舞弊、枉法裁判行为的。

第八章 执行

第94条 行政诉讼裁判的效力

当事人必须履行人民法院发生法律效力的判决、裁定、调解书。

第95条 行政诉讼裁判的强制执行

公民、法人或者其他组织拒绝履行判决、裁定、调解书的,行政机关或者第三人可以向第一审人民法院申请强制执行,或者由行政机关依法强制执行。

第96条 行政机关拒绝履行判决、裁定、调解书时第一审人民法院可采取的执行措施

行政机关拒绝履行判决、裁定、调解书的,第一审人民法院可以采取下列措施:
(一)对应当归还的罚款或者应当给付的款额,通知银行从该行政机关的账户内划拨;
(二)在规定期限内不履行的,从期满之日起,对该行政机关负责人按日处五十元至一百元的罚款;
(三)将行政机关拒绝履行的情况予以公告;
(四)向监察机关或者该行政机关的上一级行政机关提出司法建议。接受司法建议的机关,根据有关规定进行处理,并将处理情况告知人民法院;
(五)拒不履行判决、裁定、调解书,社会影响恶劣的,可以对该行政机关直接负责的主管人员和其他直接责任人员予以拘留;情节严重,构成犯罪的,依法追究刑事责任。

第97条 行政强制执行

公民、法人或者其他组织对行政行为在法定期限内不提起诉讼又不履行的,行政机关可以申请人民法院强制执行,或者依法强制执行。

第九章 涉外行政诉讼

第98条 涉外行政诉讼的法律适用

外国人、无国籍人、外国组织在中华人民共和国进行行政诉讼,适用本法。法律另有规定的除外。

第99条 涉外行政诉讼同等原则和对等原则

1 外国人、无国籍人、外国组织在中华人民共和国进行行政诉讼,同中华人民共和国公民、组织有同等的诉讼权利和义务。

2 外国法院对中华人民共和国公民、组织的行政诉讼权利加以限制的,人民法院对该国公民、组织的行政诉讼权利,实行对等原则。

第100条 中国律师代理

外国人、无国籍人、外国组织在中华人民共和国进行行政诉讼,委托律师代理诉讼的,应当委托中华人民共和国律师机构的律师。

第十章 附则

第 101 条 适用民事诉讼法规定

人民法院审理行政案件,关于期间、送达、财产保全、开庭审理、调解、中止诉讼、终结诉讼、简易程序、执行等,以及人民检察院对行政案件受理、审理、裁判、执行的监督,本法没有规定的,适用《中华人民共和国民事诉讼法》的相关规定。

第 102 条 诉讼费用

人民法院审理行政案件,应当收取诉讼费用。诉讼费用由败诉方承担,双方都有责任的由双方分担。收取诉讼费用的具体办法另行规定。

第 103 条 施行时间

本法自 1990 年 10 月 1 日起施行。

附

最高人民法院关于适用《中华人民共和国行政诉讼法》的解释

法释〔2018〕1号

（2017年11月13日最高人民法院审判委员会第1726次会议通过，自2018年2月8日起施行）

为正确适用《中华人民共和国行政诉讼法》（以下简称行诉讼法），结合人民法院行政审判工作实际，制定本解释。

一、受案范围

第一条 公民、法人或者其他组织对行政机关及其工作人员的行政行为不服，依法提起诉讼的，属于人民法院行政诉讼的受案范围。

下列行为不属于人民法院行政诉讼的受案范围：

（一）公安、国家安全等机关依照刑事诉讼法的明确授权实施的行为；
（二）调解行为以及法律规定的仲裁行为；
（三）行政指导行为；
（四）驳回当事人对行政行为提起申诉的重复处理行为；
（五）行政机关作出的不产生外部法律效力的行为；
（六）行政机关为作出行政行为而实施的准备、论证、研究、层报、咨询等过程性行为；
（七）行政机关根据人民法院的生效裁判、协助执行通知书作出的执行行为，但行政机关扩大执行范围或者采取违法方式实施的除外；
（八）上级行政机关基于内部层级监督关系对下级行政机关作出的听取报告、执法检查、督促履责等行为；
（九）行政机关针对信访事项作出的登记、受理、交办、转送、复查、复核意见等行为；
（十）对公民、法人或者其他组织权利义务不产生实际影响的行为。

第二条 行政诉讼法第十三条第一项规定的"国家行为"，是指国务院、中央军事委员会、国防部、外交部等根据宪法和法律的授权，以国家的名义实施的有关国防和外交事务的行为，以及经宪法和法律授权的国家机关宣布紧急状态等行为。

行政诉讼法第十三条第二项规定的"具有普遍约束力的决定、命令"，是指行政机关针对不特定对象发布的能反复适用的规范性文件。

行政诉讼法第十三条第三项规定的"对行政机关工作人员的奖惩、任免等决定",是指行政机关作出的涉及行政机关工作人员公务员权利义务的决定。

行政诉讼法第十三条第四项规定的"法律规定由行政机关最终裁决的行政行为"中的"法律",是指全国人民代表大会及其常务委员会制定、通过的规范性文件。

二、管辖

第三条 各级人民法院行政审判庭审理行政案件和审查行政机关申请执行其行政行为的案件。

专门人民法院、人民法庭不审理行政案件,也不审查和执行行政机关申请执行其行政行为的案件。铁路运输法院等专门人民法院审理行政案件,应当执行行政诉讼法第十八条第二款的规定。

第四条 立案后,受诉人民法院的管辖权不受当事人住所地改变、追加被告等事实和法律状态变更的影响。

第五条 有下列情形之一的,属于行政诉讼法第十五条第三项规定的"本辖区内重大、复杂的案件":

(一)社会影响重大的共同诉讼案件;

(二)涉外或者涉及香港特别行政区、澳门特别行政区、台湾地区的案件;

(三)其他重大、复杂案件。

第六条 当事人以案件重大复杂为由,认为有管辖权的基层人民法院不宜行使管辖权或者根据行政诉讼法第五十二条的规定,向中级人民法院起诉,中级人民法院应当根据不同情况在七日内分别作出以下处理:

(一)决定自行审理;

(二)指定本辖区其他基层人民法院管辖;

(三)书面告知当事人向有管辖权的基层人民法院起诉。

第七条 基层人民法院对其管辖的第一审行政案件,认为需要由中级人民法院审理或者指定管辖的,可以报请中级人民法院决定。中级人民法院应当根据不同情况在七日内分别作出以下处理:

(一)决定自行审理;

(二)指定本辖区其他基层人民法院管辖;

(三)决定由报请的人民法院审理。

第八条 行政诉讼法第十九条规定的"原告所在地",包括原告的户籍所在地、经常居住地和被限制人身自由地。

对行政机关基于同一事实,既采取限制公民人身自由的行政强制措施,又采取其他行政强制措施或者行政处罚不服的,由被告所在地或者原告所在地的人民法院管辖。

第九条 行政诉讼法第二十条规定的"因不动产提起的行政诉讼"是指因行政行为导致不动产物权变动而提起的诉讼。

不动产已登记的，以不动产登记簿记载的所在地为不动产所在地；不动产未登记的，以不动产实际所在地为不动产所在地。

第十条 人民法院受理案件后，被告提出管辖异议的，应当在收到起诉状副本之日起十五日内提出。

对当事人提出的管辖异议，人民法院应当进行审查。异议成立的，裁定将案件移送有管辖权的人民法院；异议不成立的，裁定驳回。

人民法院对管辖异议审查后确定有管辖权的，不因当事人增加或者变更诉讼请求等改变管辖，但违反级别管辖、专属管辖规定的除外。

第十一条 有下列情形之一的，人民法院不予审查：

（一）人民法院发回重审或者按第一审程序再审的案件，当事人提出管辖异议的；

（二）当事人在第一审程序中未按照法律规定的期限和形式提出管辖异议，在第二审程序中提出的。

三、诉讼参加人

第十二条 有下列情形之一的，属于行政诉讼法第二十五条第一款规定的"与行政行为有利害关系"：

（一）被诉的行政行为涉及其相邻权或者公平竞争权的；

（二）在行政复议等行政程序中被追加为第三人的；

（三）要求行政机关依法追究加害人法律责任的；

（四）撤销或者变更行政行为涉及其合法权益的；

（五）为维护自身合法权益向行政机关投诉，具有处理投诉职责的行政机关作出或者未作出处理的；

（六）其他与行政行为有利害关系的情形。

第十三条 债权人以行政机关对债务人所作的行政行为损害债权实现为由提起行政诉讼的，人民法院应当告知其就民事争议提起民事诉讼，但行政机关作出行政行为时依法应予保护或者应予考虑的除外。

第十四条 行政诉讼法第二十五条第二款规定的"近亲属"，包括配偶、父母、子女、兄弟姐妹、祖父母、外祖父母、孙子女、外孙子女和其他具有扶养、赡养关系的亲属。

公民因被限制人身自由而不能提起诉讼的，其近亲属可以依其口头或者书面委托以该公民的名义提起诉讼。近亲属起诉时无法与被限制人身自由的公民取得联系，近亲属可以先行起诉，并在诉讼中补充提交委托证明。

第十五条　合伙企业向人民法院提起诉讼的，应当以核准登记的字号为原告。未依法登记领取营业执照的个人合伙的全体合伙人为共同原告；全体合伙人可以推选代表人，被推选的代表人，应当由全体合伙人出具推选书。

个体工商户向人民法院提起诉讼的，以营业执照上登记的经营者为原告。有字号的，以营业执照上登记的字号为原告，并应当注明该字号经营者的基本信息。

第十六条　股份制企业的股东大会、股东会、董事会等认为行政机关作出的行政行为侵犯企业经营自主权的，可以企业名义提起诉讼。

联营企业、中外合资或者合作企业的联营、合资、合作各方，认为联营、合资、合作企业权益或者自己一方合法权益受行政行为侵害的，可以自己的名义提起诉讼。

非国有企业被行政机关注销、撤销、合并、强令兼并、出售、分立或者改变企业隶属关系的，该企业或者其法定代表人可以提起诉讼。

第十七条　事业单位、社会团体、基金会、社会服务机构等非营利法人的出资人、设立人认为行政行为损害法人合法权益的，可以自己的名义提起诉讼。

第十八条　业主委员会对于行政机关作出的涉及业主共有利益的行政行为，可以自己的名义提起诉讼。

业主委员会不起诉的，专有部分占建筑物总面积过半数或者占总户数过半数的业主可以提起诉讼。

第十九条　当事人不服经上级行政机关批准的行政行为，向人民法院提起诉讼的，以在对外发生法律效力的文书上署名的机关为被告。

第二十条　行政机关组建并赋予行政管理职能但不具有独立承担法律责任能力的机构，以自己的名义作出行政行为，当事人不服提起诉讼的，应当以组建该机构的行政机关为被告。

法律、法规或者规章授权行使行政权的行政机关内设机构、派出机构或者其他组织，超出法定授权范围实施行政行为，当事人不服提起诉讼的，应当以实施该行为的机构或者组织为被告。

没有法律、法规或者规章规定，行政机关授权其内设机构、派出机构或者其他组织行使行政职权的，属于行政诉讼法第二十六条规定的委托。当事人不服提起诉讼的，应当以该行政机关为被告。

第二十一条　当事人对由国务院、省级人民政府批准设立的开发区管理机构作出的行政行为不服提起诉讼的，以该开发区管理机构为被告；对由国务院、省级人民政府批准设立的开发区管理机构所属职能部门作出的行政行为不服提起诉讼的，以其职能部门为被告；对其他开发区管理机构所属职能部门作出的行政行为不服提起诉讼的，以开发区管理机构为被告；开发区管理机构没有行政主体资格的，以设立该机构的地方人民政府为被告。

第二十二条　行政诉讼法第二十六条第二款规定的"复议机关改变原行政行为"，

是指复议机关改变原行政行为的处理结果。复议机关改变原行政行为所认定的主要事实和证据、改变原行政行为所适用的规范依据，但未改变原行政行为处理结果的，视为复议机关维持原行政行为。

复议机关确认原行政行为无效，属于改变原行政行为。

复议机关确认原行政行为违法，属于改变原行政行为，但复议机关以违反法定程序为由确认原行政行为违法的除外。

第二十三条 行政机关被撤销或者职权变更，没有继续行使其职权的行政机关的，以其所属的人民政府为被告；实行垂直领导的，以垂直领导的上一级行政机关为被告。

第二十四条 当事人对村民委员会或者居民委员会依据法律、法规、规章的授权履行行政管理职责的行为不服提起诉讼的，以村民委员会或者居民委员会为被告。

当事人对村民委员会、居民委员会受行政机关委托作出的行为不服提起诉讼的，以委托的行政机关为被告。

当事人对高等学校等事业单位以及律师协会、注册会计师协会等行业协会依据法律、法规、规章的授权实施的行政行为不服提起诉讼的，以该事业单位、行业协会为被告。

当事人对高等学校等事业单位以及律师协会、注册会计师协会等行业协会受行政机关委托作出的行为不服提起诉讼的，以委托的行政机关为被告。

第二十五条 市、县级人民政府确定的房屋征收部门组织实施房屋征收与补偿工作过程中作出行政行为，被征收人不服提起诉讼的，以房屋征收部门为被告。

征收实施单位受房屋征收部门委托，在委托范围内从事的行为，被征收人不服提起诉讼的，应当以房屋征收部门为被告。

第二十六条 原告所起诉的被告不适格，人民法院应当告知原告变更被告；原告不同意变更的，裁定驳回起诉。

应当追加被告而原告不同意追加的，人民法院应当通知其以第三人的身份参加诉讼，但行政复议机关作共同被告的除外。

第二十七条 必须共同进行诉讼的当事人没有参加诉讼的，人民法院应当依法通知其参加；当事人也可以向人民法院申请参加。

人民法院应当对当事人提出的申请进行审查，申请理由不成立的，裁定驳回；申请理由成立的，书面通知其参加诉讼。

前款所称的必须共同进行诉讼，是指按照行政诉讼法第二十七条的规定，当事人一方或者双方为两人以上，因同一行政行为发生行政争议，人民法院必须合并审理的诉讼。

第二十八条 人民法院追加共同诉讼的当事人时，应当通知其他当事人。应当追加的原告，已明确表示放弃实体权利的，可不予追加；既不愿意参加诉讼，又不放弃实体权利的，应追加为第三人，其不参加诉讼，不能阻碍人民法院对案件的审理和裁判。

第二十九条 行政诉讼法第二十八条规定的"人数众多",一般指十人以上。

根据行政诉讼法第二十八条的规定,当事人一方人数众多的,由当事人推选代表人。当事人推选不出的,可以由人民法院在起诉的当事人中指定代表人。

行政诉讼法第二十八条规定的代表人为二至五人。代表人可以委托一至二人作为诉讼代理人。

第三十条 行政机关的同一行政行为涉及两个以上利害关系人,其中一部分利害关系人对行政行为不服提起诉讼,人民法院应当通知没有起诉的其他利害关系人作为第三人参加诉讼。

与行政案件处理结果有利害关系的第三人,可以申请参加诉讼,或者由人民法院通知其参加诉讼。人民法院判决其承担义务或者减损其权益的第三人,有权提出上诉或者申请再审。

行政诉讼法第二十九条规定的第三人,因不能归责于本人的事由未参加诉讼,但有证据证明发生法律效力的判决、裁定、调解书损害其合法权益的,可以依照行政诉讼法第九十条的规定,自知道或者应当知道其合法权益受到损害之日起六个月内,向上一级人民法院申请再审。

第三十一条 当事人委托诉讼代理人,应当向人民法院提交由委托人签名或者盖章的授权委托书。委托书应当载明委托事项和具体权限。公民在特殊情况下无法书面委托的,也可以由他人代书,并由自己捺印等方式确认,人民法院应当核实并记录在卷;被诉行政机关或者其他有义务协助的机关拒绝人民法院向被限制人身自由的公民核实的,视为委托成立。当事人解除或者变更委托的,应当书面报告人民法院。

第三十二条 依照行政诉讼法第三十一条第二款第二项规定,与当事人有合法劳动人事关系的职工,可以当事人工作人员的名义作为诉讼代理人。以当事人的工作人员身份参加诉讼活动,应当提交以下证据之一加以证明:

(一)缴纳社会保险记录凭证;

(二)领取工资凭证;

(三)其他能够证明其为当事人工作人员身份的证据。

第三十三条 根据行政诉讼法第三十一条第二款第三项规定,有关社会团体推荐公民担任诉讼代理人的,应当符合下列条件:

(一)社会团体属于依法登记设立或者依法免予登记设立的非营利性法人组织;

(二)被代理人属于该社会团体的成员,或者当事人一方住所地位于该社会团体的活动地域;

(三)代理事务属于该社会团体章程载明的业务范围;

(四)被推荐的公民是该社会团体的负责人或者与该社会团体有合法劳动人事关系

的工作人员。

专利代理人经中华全国专利代理人协会推荐,可以在专利行政案件中担任诉讼代理人。

四、证据

第三十四条 根据行政诉讼法第三十六条第一款的规定,被告申请延期提供证据的,应当在收到起诉状副本之日起十五日内以书面方式向人民法院提出。人民法院准许延期提供的,被告应当在正当事由消除后十五日内提供证据。逾期提供的,视为被诉行政行为没有相应的证据。

第三十五条 原告或者第三人应当在开庭审理前或者人民法院指定的交换证据清单之日提供证据。因正当事由申请延期提供证据的,经人民法院准许,可以在法庭调查中提供。逾期提供证据的,人民法院应当责令其说明理由;拒不说明理由或者理由不成立的,视为放弃举证权利。

原告或者第三人在第一审程序中无正当事由未提供而在第二审程序中提供的证据,人民法院不予接纳。

第三十六条 当事人申请延长举证期限,应当在举证期限届满前向人民法院提出书面申请。

申请理由成立的,人民法院应当准许,适当延长举证期限,并通知其他当事人。申请理由不成立的,人民法院不予准许,并通知申请人。

第三十七条 根据行政诉讼法第三十九条的规定,对当事人无争议,但涉及国家利益、公共利益或者他人合法权益的事实,人民法院可以责令当事人提供或者补充有关证据。

第三十八条 对于案情比较复杂或者证据数量较多的案件,人民法院可以组织当事人在开庭前向对方出示或者交换证据,并将交换证据清单的情况记录在卷。

当事人在庭前证据交换过程中没有争议并记录在卷的证据,经审判人员在庭审中说明后,可以作为认定案件事实的依据。

第三十九条 当事人申请调查收集证据,但该证据与待证事实无关联、对证明待证事实无意义或者其他无调查收集必要的,人民法院不予准许。

第四十条 人民法院在证人出庭作证前应当告知其如实作证的义务以及作伪证的法律后果。

证人因履行出庭作证义务而支出的交通、住宿、就餐等必要费用以及误工损失,由败诉一方当事人承担。

第四十一条 有下列情形之一,原告或者第三人要求相关行政执法人员出庭说明的,人民法院可以准许:

（一）对现场笔录的合法性或者真实性有异议的；
（二）对扣押财产的品种或者数量有异议的；
（三）对检验的物品取样或者保管有异议的；
（四）对行政执法人员身份的合法性有异议的；
（五）需要出庭说明的其他情形。

第四十二条 能够反映案件真实情况、与待证事实相关联、来源和形式符合法律规定的证据，应当作为认定案件事实的根据。

第四十三条 有下列情形之一的，属于行政诉讼法第四十三条第三款规定的"以非法手段取得的证据"：
（一）严重违反法定程序收集的证据材料；
（二）以违反法律强制性规定的手段获取且侵害他人合法权益的证据材料；
（三）以利诱、欺诈、胁迫、暴力等手段获取的证据材料。

第四十四条 人民法院认为有必要的，可以要求当事人本人或者行政机关执法人员到庭，就案件有关事实接受询问。在询问之前，可以要求其签署保证书。

保证书应当载明据实陈述、如有虚假陈述愿意接受处罚等内容。当事人或者行政机关执法人员应当在保证书上签名或者捺印。

负有举证责任的当事人拒绝到庭、拒绝接受询问或者拒绝签署保证书，待证事实又欠缺其他证据加以佐证的，人民法院对其主张的事实不予认定。

第四十五条 被告有证据证明其在行政程序中依照法定程序要求原告或者第三人提供证据，原告或者第三人依法应当提供而没有提供，在诉讼程序中提供的证据，人民法院一般不予采纳。

第四十六条 原告或者第三人确有证据证明被告持有的证据对原告或者第三人有利的，可以在开庭审理前书面申请人民法院责令行政机关提交。

申请理由成立的，人民法院应当责令行政机关提交，因提交证据所产生的费用，由申请人预付。行政机关无正当理由拒不提交的，人民法院可以推定原告或者第三人基于该证据主张的事实成立。

持有证据的当事人以妨碍对方当事人使用为目的，毁灭有关证据或者实施其他致使证据不能使用行为的，人民法院可以推定对方当事人基于该证据主张的事实成立，并可依照行政诉讼法第五十九条规定处理。

第四十七条 根据行政诉讼法第三十八条第二款的规定，在行政赔偿、补偿案件中，因被告的原因导致原告无法就损害情况举证的，应当由被告就该损害情况承担举证责任。

对于各方主张损失的价值无法认定的，应当由负有举证责任的一方当事人申请鉴定，但法律、法规、规章规定行政机关在作出行政行为时依法应当评估或者鉴定的除外；负有举证责任的当事人拒绝申请鉴定的，由其承担不利的法律后果。

当事人的损失因客观原因无法鉴定的，人民法院应当结合当事人的主张和在案证据，遵循法官职业道德，运用逻辑推理和生活经验、生活常识等，酌情确定赔偿数额。

五、期间、送达

第四十八条 期间包括法定期间和人民法院指定的期间。

期间以时、日、月、年计算。期间开始的时和日，不计算在期间内。

期间届满的最后一日是节假日的，以节假日后的第一日为期间届满的日期。

期间不包括在途时间，诉讼文书在期满前交邮的，视为在期限内发送。

第四十九条 行政诉讼法第五十一条第二款规定的立案期限，因起诉状内容欠缺或者有其他错误通知原告限期补正的，从补正后递交人民法院的次日起算。由上级人民法院转交下级人民法院立案的案件，从受诉人民法院收到起诉状的次日起算。

第五十条 行政诉讼法第八十一条、第八十三条、第八十八条规定的审理期限，是指从立案之日起至裁判宣告、调解书送达之日止的期间，但公告期间、鉴定期间、调解期间、中止诉讼期间、审理当事人提出的管辖异议以及处理人民法院之间的管辖争议期间不应计算在内。

再审案件按照第一审程序或者第二审程序审理的，适用行政诉讼法第八十一条、第八十八条规定的审理期限。审理期限自再审立案的次日起算。

基层人民法院申请延长审理期限，应当直接报请高级人民法院批准，同时报中级人民法院备案。

第五十一条 人民法院可以要求当事人签署送达地址确认书，当事人确认的送达地址为人民法院法律文书的送达地址。

当事人同意电子送达的，应当提供并确认传真号、电子信箱等电子送达地址。

当事人送达地址发生变更的，应当及时书面告知受理案件的人民法院；未及时告知的，人民法院按原地址送达，视为依法送达。

人民法院可以通过国家邮政机构以法院专递方式进行送达。

第五十二条 人民法院可以在当事人住所地以外向当事人直接送达诉讼文书。当事人拒绝签署送达回证的，采用拍照、录像等方式记录送达过程即视为送达。审判人员、书记员应当在送达回证上注明送达情况并签名。

六、起诉与受理

第五十三条 人民法院对符合起诉条件的案件应当立案，依法保障当事人行使诉讼权利。

对当事人依法提起的诉讼，人民法院应当根据行政诉讼法第五十一条的规定接收起诉状。能够判断符合起诉条件的，应当当场登记立案；当场不能判断是否符合起诉条件的，应当在接收起诉状后七日内决定是否立案；七日内仍不能作出判断的，应当先予立案。

第五十四条　依照行政诉讼法第四十九条的规定，公民、法人或者其他组织提起诉讼时应当提交以下起诉材料：

（一）原告的身份证明材料以及有效联系方式；

（二）被诉行政行为或者不作为存在的材料；

（三）原告与被诉行政行为具有利害关系的材料；

（四）人民法院认为需要提交的其他材料。

由法定代理人或者委托代理人代为起诉的，还应当在起诉状中写明或者在口头起诉时向人民法院说明法定代理人或者委托代理人的基本情况，并提交法定代理人或者委托代理人的身份证明和代理权限证明等材料。

第五十五条　依照行政诉讼法第五十一条的规定，人民法院应当就起诉状内容和材料是否完备以及是否符合行政诉讼法规定的起诉条件进行审查。

起诉状内容或者材料欠缺的，人民法院应当给予指导和释明，并一次性全面告知当事人需要补正的内容、补充的材料及期限。在指定期限内补正并符合起诉条件的，应当登记立案。当事人拒绝补正或者经补正仍不符合起诉条件的，退回诉状并记录在册；坚持起诉的，裁定不予立案，并载明不予立案的理由。

第五十六条　法律、法规规定应当先申请复议，公民、法人或者其他组织未申请复议直接提起诉讼的，人民法院裁定不予立案。

依照行政诉讼法第四十五条的规定，复议机关不受理复议申请或者在法定期限内不作出复议决定，公民、法人或者其他组织不服，依法向人民法院提起诉讼的，人民法院应当依法立案。

第五十七条　法律、法规未规定行政复议为提起行政诉讼必经程序，公民、法人或者其他组织既提起诉讼又申请行政复议的，由先立案的机关管辖；同时立案的，由公民、法人或者其他组织选择。公民、法人或者其他组织已经申请行政复议，在法定复议期间内又向人民法院提起诉讼的，人民法院裁定不予立案。

第五十八条　法律、法规未规定行政复议为提起行政诉讼必经程序，公民、法人或者其他组织向复议机关申请行政复议后，又经复议机关同意撤回复议申请，在法定起诉期限内对原行政行为提起诉讼的，人民法院应当依法立案。

第五十九条　公民、法人或者其他组织向复议机关申请行政复议后，复议机关作出维持决定的，应当以复议机关和原行为机关为共同被告，并以复议决定送达时间确定起诉期限。

第六十条　人民法院裁定准许原告撤诉后，原告以同一事实和理由重新起诉的，人民法院不予立案。

准予撤诉的裁定确有错误，原告申请再审的，人民法院应当通过审判监督程序撤销原准予撤诉的裁定，重新对案件进行审理。

第六十一条　原告或者上诉人未按规定的期限预交案件受理费，又不提出缓交、减交、免交申请，或者提出申请未获批准的，按自动撤诉处理。在按撤诉处理后，原告或者上诉人在法定期限内再次起诉或者上诉，并依法解决诉讼费预交问题的，人民法院应予立案。

第六十二条　人民法院判决撤销行政机关的行政行为后，公民、法人或者其他组织对行政机关重新作出的行政行为不服向人民法院起诉的，人民法院应当依法立案。

第六十三条　行政机关作出行政行为时，没有制作或者没有送达法律文书，公民、法人或者其他组织只要能证明行政行为存在，并在法定期限内起诉的，人民法院应当依法立案。

第六十四条　行政机关作出行政行为时，未告知公民、法人或者其他组织起诉期限的，起诉期限从公民、法人或者其他组织知道或者应当知道起诉期限之日起计算，但从知道或者应当知道行政行为内容之日起最长不得超过一年。

复议决定未告知公民、法人或者其他组织起诉期限的，适用前款规定。

第六十五条　公民、法人或者其他组织不知道行政机关作出的行政行为内容的，其起诉期限从知道或者应当知道该行政行为内容之日起计算，但最长不得超过行政诉讼法第四十六条第二款规定的起诉期限。

第六十六条　公民、法人或者其他组织依照行政诉讼法第四十七条第一款的规定，对行政机关不履行法定职责提起诉讼的，应当在行政机关履行法定职责期限届满之日起六个月内提出。

第六十七条　原告提供被告的名称等信息足以使被告与其他行政机关相区别的，可以认定为行政诉讼法第四十九条第二项规定的"有明确的被告"。

起诉状列写被告信息不足以认定明确的被告的，人民法院可以告知原告补正；原告补正后仍不能确定明确的被告的，人民法院裁定不予立案。

第六十八条　行政诉讼法第四十九条第三项规定的"有具体的诉讼请求"是指：

（一）请求判决撤销或者变更行政行为；

（二）请求判决行政机关履行特定法定职责或者给付义务；

（三）请求判决确认行政行为违法；

（四）请求判决确认行政行为无效；

（五）请求判决行政机关予以赔偿或者补偿；

（六）请求解决行政协议争议；

（七）请求一并审查规章以下规范性文件；

（八）请求一并解决相关民事争议；

（九）其他诉讼请求。

当事人单独或者一并提起行政赔偿、补偿诉讼的，应当有具体的赔偿、补偿事项以及数额；请求一并审查规章以下规范性文件的，应当提供明确的文件名称或者审查对象；请求一并解决相关民事争议的，应当有具体的民事诉讼请求。

当事人未能正确表达诉讼请求的，人民法院应当要求其明确诉讼请求。

第六十九条 有下列情形之一，已经立案的，应当裁定驳回起诉：

（一）不符合行政诉讼法第四十九条规定的；
（二）超过法定起诉期限且无行政诉讼法第四十八条规定情形的；
（三）错列被告且拒绝变更的；
（四）未按照法律规定由法定代理人、指定代理人、代表人为诉讼行为的；
（五）未按照法律、法规规定先向行政机关申请复议的；
（六）重复起诉的；
（七）撤回起诉后无正当理由再行起诉的；
（八）行政行为对其合法权益明显不产生实际影响的；
（九）诉讼标的已为生效裁判或者调解书所羁束的；
（十）其他不符合法定起诉条件的情形。

前款所列情形可以补正或者更正的，人民法院应当指定期间责令补正或者更正；在指定期间已经补正或者更正的，应当依法审理。

人民法院经过阅卷、调查或者询问当事人，认为不需要开庭审理的，可以迳行裁定驳回起诉。

第七十条 起诉状副本送达被告后，原告提出新的诉讼请求的，人民法院不予准许，但有正当理由的除外。

七、审理与判决

第七十一条 人民法院适用普通程序审理案件，应当在开庭三日前用传票传唤当事人。对证人、鉴定人、勘验人、翻译人员，应当用通知书通知其到庭。当事人或者其他诉讼参与人在外地的，应当留有必要的在途时间。

第七十二条 有下列情形之一的，可以延期开庭审理：

（一）应当到庭的当事人和其他诉讼参与人有正当理由没有到庭的；
（二）当事人临时提出回避申请且无法及时作出决定的；
（三）需要通知新的证人到庭，调取新的证据，重新鉴定、勘验，或者需要补充调查的；
（四）其他应当延期的情形。

第七十三条 根据行政诉讼法第二十七条的规定，有下列情形之一的，人民法院可以决定合并审理：

（一）两个以上行政机关分别对同一事实作出行政行为，公民、法人或者其他组织不服向同一人民法院起诉的；

（二）行政机关就同一事实对若干公民、法人或者其他组织分别作出行政行为，公民、法人或者其他组织不服分别向同一人民法院起诉的；

（三）在诉讼过程中，被告对原告作出新的行政行为，原告不服向同一人民法院起诉的；

（四）人民法院认为可以合并审理的其他情形。

第七十四条　当事人申请回避，应当说明理由，在案件开始审理时提出；回避事由在案件开始审理后知道的，应当在法庭辩论终结前提出。

被申请回避的人员，在人民法院作出是否回避的决定前，应当暂停参与本案的工作，但案件需要采取紧急措施的除外。

对当事人提出的回避申请，人民法院应当在三日内以口头或者书面形式作出决定。对当事人提出的明显不属于法定回避事由的申请，法庭可以依法当庭驳回。

申请人对驳回回避申请决定不服的，可以向作出决定的人民法院申请复议一次。复议期间，被申请回避的人员不停止参与本案的工作。对申请人的复议申请，人民法院应当在三日内作出复议决定，并通知复议申请人。

第七十五条　在一个审判程序中参与过本案审判工作的审判人员，不得再参与该案其他程序的审判。

发回重审的案件，在一审法院作出裁判后又进入第二审程序的，原第二审程序中合议庭组成人员不受前款规定的限制。

第七十六条　人民法院对于因一方当事人的行为或者其他原因，可能使行政行为或者人民法院生效裁判不能或者难以执行的案件，根据对方当事人的申请，可以裁定对其财产进行保全、责令其作出一定行为或者禁止其作出一定行为；当事人没有提出申请的，人民法院在必要时也可以裁定采取上述保全措施。

人民法院采取保全措施，可以责令申请人提供担保；申请人不提供担保的，裁定驳回申请。

人民法院接受申请后，对情况紧急的，必须在四十八小时内作出裁定；裁定采取保全措施的，应当立即开始执行。

当事人对保全的裁定不服的，可以申请复议；复议期间不停止裁定的执行。

第七十七条　利害关系人因情况紧急，不立即申请保全将会使其合法权益受到难以弥补的损害的，可以在提起诉讼前向被保全财产所在地、被申请人住所地或者对案件有管辖权的人民法院申请采取保全措施。申请人应当提供担保，不提供担保的，裁定驳回申请。

人民法院接受申请后，必须在四十八小时内作出裁定；裁定采取保全措施的，应当立即开始执行。

申请人在人民法院采取保全措施后三十日内不依法提起诉讼的，人民法院应当解除保全。

当事人对保全的裁定不服的，可以申请复议；复议期间不停止裁定的执行。

第七十八条 保全限于请求的范围，或者与本案有关的财物。

财产保全采取查封、扣押、冻结或者法律规定的其他方法。人民法院保全财产后，应当立即通知被保全人。

财产已被查封、冻结的，不得重复查封、冻结。

涉及财产的案件，被申请人提供担保的，人民法院应当裁定解除保全。

申请有错误的，申请人应当赔偿被申请人因保全所遭受的损失。

第七十九条 原告或者上诉人申请撤诉，人民法院裁定不予准许的，原告或者上诉人经传票传唤无正当理由拒不到庭，或者未经法庭许可中途退庭的，人民法院可以缺席判决。

第三人经传票传唤无正当理由拒不到庭，或者未经法庭许可中途退庭的，不发生阻止案件审理的效果。

根据行政诉讼法第五十八条的规定，被告经传票传唤无正当理由拒不到庭，或者未经法庭许可中途退庭的，人民法院可以按期开庭或者继续开庭审理，对到庭的当事人诉讼请求、双方的诉辩理由以及已经提交的证据及其他诉讼材料进行审理后，依法缺席判决。

第八十条 原告或者上诉人在庭审中明确拒绝陈述或者以其他方式拒绝陈述，导致庭审无法进行，经法庭释明法律后果后仍不陈述意见的，视为放弃陈述权利，由其承担不利的法律后果。

当事人申请撤诉或者依法可以按撤诉处理的案件，当事人有违反法律的行为需要依法处理的，人民法院可以不准许撤诉或者不按撤诉处理。

法庭辩论终结后原告申请撤诉，人民法院可以准许，但涉及到国家利益和社会公共利益的除外。

第八十一条 被告在一审期间改变被诉行政行为的，应当书面告知人民法院。

原告或者第三人对改变后的行政行为不服提起诉讼的，人民法院应当就改变后的行政行为进行审理。

被告改变原违法行政行为，原告仍要求确认原行政行为违法的，人民法院应当依法作出确认判决。

原告起诉被告不作为，在诉讼中被告作出行政行为，原告不撤诉的，人民法院应当就不作为依法作出确认判决。

第八十二条 当事人之间恶意串通，企图通过诉讼等方式侵害国家利益、社会公共利益或者他人合法权益的，人民法院应当裁定驳回起诉或者判决驳回其请求，并根据情节轻重予以罚款、拘留；构成犯罪的，依法追究刑事责任。

第八十三条 行政诉讼法第五十九条规定的罚款、拘留可以单独适用，也可以合并适用。

对同一妨害行政诉讼行为的罚款、拘留不得连续适用。发生新的妨害行政诉讼行为的，人民法院可以重新予以罚款、拘留。

第八十四条 人民法院审理行政诉讼法第六十条第一款规定的行政案件，认为法律关系明确、事实清楚，在征得当事人双方同意后，可以迳行调解。

第八十五条 调解达成协议，人民法院应当制作调解书。调解书应当写明诉讼请求、案件的事实和调解结果。

调解书由审判人员、书记员署名，加盖人民法院印章，送达双方当事人。

调解书经双方当事人签收后，即具有法律效力。调解书生效日期根据最后收到调解书的当事人签收的日期确定。

第八十六条 人民法院审理行政案件，调解过程不公开，但当事人同意公开的除外。

经人民法院准许，第三人可以参加调解。人民法院认为有必要的，可以通知第三人参加调解。

调解协议内容不公开，但为保护国家利益、社会公共利益、他人合法权益，人民法院认为确有必要公开的除外。

当事人一方或者双方不愿调解、调解未达成协议的，人民法院应当及时判决。

当事人自行和解或者调解达成协议后，请求人民法院按照和解协议或者调解协议的内容制作判决书的，人民法院不予准许。

第八十七条 在诉讼过程中，有下列情形之一的，中止诉讼：

（一）原告死亡，须等待其近亲属表明是否参加诉讼的；

（二）原告丧失诉讼行为能力，尚未确定法定代理人的；

（三）作为一方当事人的行政机关、法人或者其他组织终止，尚未确定权利义务承受人的；

（四）一方当事人因不可抗力的事由不能参加诉讼的；

（五）案件涉及法律适用问题，需要送请有权机关作出解释或者确认的；

（六）案件的审判须以相关民事、刑事或者其他行政案件的审理结果为依据，而相关案件尚未审结的；

（七）其他应当中止诉讼的情形。

中止诉讼的原因消除后，恢复诉讼。

第八十八条 在诉讼过程中，有下列情形之一的，终结诉讼：

（一）原告死亡，没有近亲属或者近亲属放弃诉讼权利的；

（二）作为原告的法人或者其他组织终止后，其权利义务的承受人放弃诉讼权利的。

因本解释第八十七条第一款第一、二、三项原因中止诉讼满九十日仍无人继续诉讼的，裁定终结诉讼，但有特殊情况的除外。

第八十九条　复议决定改变原行政行为错误，人民法院判决撤销复议决定时，可以一并责令复议机关重新作出复议决定或者判决恢复原行政行为的法律效力。

第九十条　人民法院判决被告重新作出行政行为，被告重新作出的行政行为与原行政行为的结果相同，但主要事实或者主要理由有改变的，不属于行政诉讼法第七十一条规定的情形。

人民法院以违反法定程序为由，判决撤销被诉行政行为的，行政机关重新作出行政行为不受行政诉讼法第七十一条规定的限制。

行政机关以同一事实和理由重新作出与原行政行为基本相同的行政行为，人民法院应当根据行政诉讼法第七十条、第七十一条的规定判决撤销或者部分撤销，并根据行政诉讼法第九十六条的规定处理。

第九十一条　原告请求被告履行法定职责的理由成立，被告违法拒绝履行或者无正当理由逾期不予答复的，人民法院可以根据行政诉讼法第七十二条的规定，判决被告在一定期限内依法履行原告请求的法定职责；尚需被告调查或者裁量的，应当判决被告针对原告的请求重新作出处理。

第九十二条　原告申请被告依法履行支付抚恤金、最低生活保障待遇或者社会保险待遇等给付义务的理由成立，被告依法负有给付义务而拒绝或者拖延履行义务的，人民法院可以根据行政诉讼法第七十三条的规定，判决被告在一定期限内履行相应的给付义务。

第九十三条　原告请求被告履行法定职责或者依法履行支付抚恤金、最低生活保障待遇或者社会保险待遇等给付义务，原告未先向行政机关提出申请的，人民法院裁定驳回起诉。

人民法院经审理认为原告所请求履行的法定职责或者给付义务明显不属于行政机关权限范围的，可以裁定驳回起诉。

第九十四条　公民、法人或者其他组织起诉请求撤销行政行为，人民法院经审查认为行政行为无效的，应当作出确认无效的判决。

公民、法人或者其他组织起诉请求确认行政行为无效，人民法院审查认为行政行为不属于无效情形，经释明，原告请求撤销行政行为的，应当继续审理并依法作出相应判决；原告请求撤销行政行为但超过法定起诉期限的，裁定驳回起诉；原告拒绝变更诉讼请求的，判决驳回其诉讼请求。

第九十五条　人民法院经审理认为被诉行政行为违法或者无效，可能给原告造成损失，经释明，原告请求一并解决行政赔偿争议的，人民法院可以就赔偿事项进行调解；调解不成的，应当一并判决。人民法院也可以告知其就赔偿事项另行提起诉讼。

第九十六条　有下列情形之一，且对原告依法享有的听证、陈述、申辩等重要程序性权利不产生实质损害的，属于行政诉讼法第七十四条第一款第二项规定的"程序轻微违法"：

（一）处理期限轻微违法；

（二）通知、送达等程序轻微违法；

（三）其他程序轻微违法的情形。

第九十七条　原告或者第三人的损失系由其自身过错和行政机关的违法行政行为共同造成的，人民法院应当依据各方行为与损害结果之间有无因果关系以及在损害发生和结果中作用力的大小，确定行政机关相应的赔偿责任。

第九十八条　因行政机关不履行、拖延履行法定职责，致使公民、法人或者其他组织的合法权益遭受损害的，人民法院应当判决行政机关承担行政赔偿责任。在确定赔偿数额时，应当考虑该不履行、拖延履行法定职责的行为在损害发生过程和结果中所起的作用等因素。

第九十九条　有下列情形之一的，属于行政诉讼法第七十五条规定的"重大且明显违法"：

（一）行政行为实施主体不具有行政主体资格；

（二）减损权利或者增加义务的行政行为没有法律规范依据；

（三）行政行为的内容客观上不可能实施；

（四）其他重大且明显违法的情形。

第一百条　人民法院审理行政案件，适用最高人民法院司法解释的，应当在裁判文书中援引。

人民法院审理行政案件，可以在裁判文书中引用合法有效的规章及其他规范性文件。

第一百零一条　裁定适用于下列范围：

（一）不予立案；

（二）驳回起诉；

（三）管辖异议；

（四）终结诉讼；

（五）中止诉讼；

（六）移送或者指定管辖；

（七）诉讼期间停止行政行为的执行或者驳回停止执行的申请；

（八）财产保全；

（九）先予执行；

（十）准许或者不准许撤诉；

（十一）补正裁判文书中的笔误；

（十二）中止或者终结执行；

（十三）提审、指令再审或者发回重审；

（十四）准许或者不准许执行行政机关的行政行为；

（十五）其他需要裁定的事项。

对第一、二、三项裁定，当事人可以上诉。

裁定书应当写明裁定结果和作出该裁定的理由。裁定书由审判人员、书记员署名，加盖人民法院印章。口头裁定的，记入笔录。

第一百零二条 行政诉讼法第八十二条规定的行政案件中的"事实清楚"，是指当事人对争议的事实陈述基本一致，并能提供相应的证据，无须人民法院调查收集证据即可查明事实；"权利义务关系明确"，是指行政法律关系中权利和义务能够明确区分；"争议不大"，是指当事人对行政行为的合法性、责任承担等没有实质分歧。

第一百零三条 适用简易程序审理的行政案件，人民法院可以用口头通知、电话、短信、传真、电子邮件等简便方式传唤当事人、通知证人、送达裁判文书以外的诉讼文书。

以简便方式送达的开庭通知，未经当事人确认或者没有其他证据证明当事人已经收到的，人民法院不得缺席判决。

第一百零四条 适用简易程序案件的举证期限由人民法院确定，也可以由当事人协商一致并经人民法院准许，但不得超过十五日。被告要求书面答辩的，人民法院可以确定合理的答辩期间。

人民法院应当将举证期限和开庭日期告知双方当事人，并向当事人说明逾期举证以及拒不到庭的法律后果，由双方当事人在笔录和开庭传票的送达回证上签名或者捺印。

当事人双方均表示同意立即开庭或者缩短举证期限、答辩期间的，人民法院可以立即开庭审理或者确定近期开庭。

第一百零五条 人民法院发现案情复杂，需要转为普通程序审理的，应当在审理期限届满前作出裁定并将合议庭组成人员及相关事项书面通知双方当事人。

案件转为普通程序审理的，审理期限自人民法院立案之日起计算。

第一百零六条 当事人就已经提起诉讼的事项在诉讼过程中或者裁判生效后再次起诉，同时具有下列情形的，构成重复起诉：

（一）后诉与前诉的当事人相同；

（二）后诉与前诉的诉讼标的相同；

（三）后诉与前诉的诉讼请求相同，或者后诉的诉讼请求被前诉裁判所包含。

第一百零七条 第一审人民法院作出判决和裁定后，当事人均提起上诉的，上诉各方均为上诉人。

诉讼当事人中的一部分人提出上诉，没有提出上诉的对方当事人为被上诉人，其他当事人依原审诉讼地位列明。

第一百零八条 当事人提出上诉，应当按照其他当事人或者诉讼代表人的人数提出上诉状副本。

原审人民法院收到上诉状，应当在五日内将上诉状副本发送其他当事人，对方当事人应当在收到上诉状副本之日起十五日内提出答辩状。

原审人民法院应当在收到答辩状之日起五日内将副本发送上诉人。对方当事人不提出答辩状的，不影响人民法院审理。

原审人民法院收到上诉状、答辩状，应当在五日内连同全部案卷和证据，报送第二审人民法院；已经预收的诉讼费用，一并报送。

第一百零九条 第二审人民法院经审理认为原审人民法院不予立案或者驳回起诉的裁定确有错误且当事人的起诉符合起诉条件的，应当裁定撤销原审人民法院的裁定，指令原审人民法院依法立案或者继续审理。

第二审人民法院裁定发回原审人民法院重新审理的行政案件，原审人民法院应当另行组成合议庭进行审理。

原审判决遗漏了必须参加诉讼的当事人或者诉讼请求的，第二审人民法院应当裁定撤销原审判决，发回重审。

原审判决遗漏行政赔偿请求，第二审人民法院经审查认为依法不应当予以赔偿的，应当判决驳回行政赔偿请求。

原审判决遗漏行政赔偿请求，第二审人民法院经审理认为依法应当予以赔偿的，在确认被诉行政行为违法的同时，可以就行政赔偿问题进行调解；调解不成的，应当就行政赔偿部分发回重审。

当事人在第二审期间提出行政赔偿请求的，第二审人民法院可以进行调解；调解不成的，应当告知当事人另行起诉。

第一百一十条 当事人向上一级人民法院申请再审，应当在判决、裁定或者调解书发生法律效力后六个月内提出。有下列情形之一的，自知道或者应当知道之日起六个月内提出：

（一）有新的证据，足以推翻原判决、裁定的；

（二）原判决、裁定认定事实的主要证据是伪造的；

（三）据以作出原判决、裁定的法律文书被撤销或者变更的；

（四）审判人员审理该案件时有贪污受贿、徇私舞弊、枉法裁判行为的。

第一百一十一条 当事人申请再审的，应当提交再审申请书等材料。人民法院认为有必要的，可以自收到再审申请书之日起五日内将再审申请书副本发送对方当事人。对方当事人应当自收到再审申请书副本之日起十五日内提交书面意见。人民法院可以要求申请人和对方当事人补充有关材料，询问有关事项。

第一百一十二条 人民法院应当自再审申请案件立案之日起六个月内审查，有特殊情况需要延长的,由本院院长批准。

第一百一十三条 人民法院根据审查再审申请案件的需要决定是否询问当事人;新的证据可能推翻原判决、裁定的,人民法院应当询问当事人。

第一百一十四条 审查再审申请期间,被申请人及原审其他当事人依法提出再审申请的,人民法院应当将其列为再审申请人,对其再审事由一并审查,审查期限重新计算。经审查,其中一方再审申请人主张的再审事由成立的,应当裁定再审。各方再审申请人主张的再审事由均不成立的,一并裁定驳回再审申请。

第一百一十五条 审查再审申请期间,再审申请人申请人民法院委托鉴定、勘验的,人民法院不予准许。

审查再审申请期间,再审申请人撤回再审申请的,是否准许,由人民法院裁定。

再审申请人经传票传唤,无正当理由拒不接受询问的,按撤回再审申请处理。

人民法院准许撤回再审申请或者按撤回再审申请处理后,再审申请人再次申请再审的,不予立案,但有行政诉讼法第九十一条第二项、第三项、第七项、第八项规定情形,自知道或者应当知道之日起六个月内提出的除外。

第一百一十六条 当事人主张的再审事由成立,且符合行政诉讼法和本解释规定的申请再审条件的,人民法院应当裁定再审。

当事人主张的再审事由不成立,或者当事人申请再审超过法定申请再审期限、超出法定再审事由范围等不符合行政诉讼法和本解释规定的申请再审条件的,人民法院应当裁定驳回再审申请。

第一百一十七条 有下列情形之一的,当事人可以向人民检察院申请抗诉或者检察建议:

(一)人民法院驳回再审申请的;

(二)人民法院逾期未对再审申请作出裁定的;

(三)再审判决、裁定有明显错误的。

人民法院基于抗诉或者检察建议作出再审判决、裁定后,当事人申请再审的,人民法院不予立案。

第一百一十八条 按照审判监督程序决定再审的案件,裁定中止原判决、裁定、调解书的执行,但支付抚恤金、最低生活保障费或者社会保险待遇的案件,可以不中止执行。

上级人民法院决定提审或者指令下级人民法院再审的,应当作出裁定,裁定应当写明中止原判决的执行;情况紧急的,可以将中止执行的裁定口头通知负责执行的人民法院或者作出生效判决、裁定的人民法院,但应当在口头通知后十日内发出裁定书。

第一百一十九条 人民法院按照审判监督程序再审的案件,发生法律效力的判决、裁定是由第一审法院作出的,按照第一审程序审理,所作的判决、裁定,当事人可以上诉;发生法律效力的判决、裁定是由第二审法院作出的,按照第二审程序审理,所作的判决、裁定,是发生法律效力的判决、裁定;上级人民法院按照审判监督程序提审的,按照第二审程序审理,所作的判决、裁定是发生法律效力的判决、裁定。

人民法院审理再审案件,应当另行组成合议庭。

第一百二十条 人民法院审理再审案件应当围绕再审请求和被诉行政行为合法性进行。当事人的再审请求超出原审诉讼请求,符合另案诉讼条件的,告知当事人可以另行起诉。

被申请人及原审其他当事人在庭审辩论结束前提出的再审请求,符合本解释规定的申请期限的,人民法院应当一并审理。

人民法院经再审,发现已经发生法律效力的判决、裁定损害国家利益、社会公共利益、他人合法权益的,应当一并审理。

第一百二十一条 再审审理期间,有下列情形之一的,裁定终结再审程序:

(一)再审申请人在再审期间撤回再审请求,人民法院准许的;

(二)再审申请人经传票传唤,无正当理由拒不到庭的,或者未经法庭许可中途退庭,按撤回再审请求处理的;

(三)人民检察院撤回抗诉的;

(四)其他应当终结再审程序的情形。

因人民检察院提出抗诉裁定再审的案件,申请抗诉的当事人有前款规定的情形,且不损害国家利益、社会公共利益或者他人合法权益的,人民法院裁定终结再审程序。

再审程序终结后,人民法院裁定中止执行的原生效判决自动恢复执行。

第一百二十二条 人民法院审理再审案件,认为原生效判决、裁定确有错误,在撤销原生效判决或者裁定的同时,可以对生效判决、裁定的内容作出相应裁判,也可以裁定撤销生效判决或者裁定,发回作出生效判决、裁定的人民法院重新审理。

第一百二十三条 人民法院审理二审案件和再审案件,对原审法院立案、不予立案或者驳回起诉错误的,应当分别情况作如下处理:

(一)第一审人民法院作出实体判决后,第二审人民法院认为不应当立案的,在撤销第一审人民法院判决的同时,可以迳行驳回起诉;

(二)第二审人民法院维持第一审人民法院不予立案裁定错误的,再审法院应当撤销第一审、第二审人民法院裁定,指令第一审人民法院受理;

(三)第二审人民法院维持第一审人民法院驳回起诉裁定错误的,再审法院应当撤销第一审、第二审人民法院裁定,指令第一审人民法院审理。

第一百二十四条 人民检察院提出抗诉的案件,接受抗诉的人民法院应当自收到抗诉书之日起三十日内作出再审的裁定;有行政诉讼法第九十一条第二、三项规定情形之一的,可以指令下一级人民法院再审,但经该下一级人民法院再审过的除外。

人民法院在审查抗诉材料期间,当事人之间已经达成和解协议的,人民法院可以建议人民检察院撤回抗诉。

第一百二十五条　人民检察院提出抗诉的案件，人民法院再审开庭时，应当在开庭三日前通知人民检察院派员出庭。

第一百二十六条　人民法院收到再审检察建议后，应当组成合议庭，在三个月内进行审查，发现原判决、裁定、调解书确有错误，需要再审的，依照行政诉讼法第九十二条规定裁定再审，并通知当事人；经审查，决定不予再审的，应当书面回复人民检察院。

第一百二十七条　人民法院审理因人民检察院抗诉或者检察建议裁定再审的案件，不受此前已经作出的驳回当事人再审申请裁定的限制。

八、行政机关负责人出庭应诉

第一百二十八条　行政诉讼法第三条第三款规定的行政机关负责人，包括行政机关的正职、副职负责人以及其他参与分管的负责人。

行政机关负责人出庭应诉的，可以另行委托一至二名诉讼代理人。行政机关负责人不能出庭的，应当委托行政机关相应的工作人员出庭，不得仅委托律师出庭。

第一百二十九条　涉及重大公共利益、社会高度关注或者可能引发群体性事件等案件以及人民法院书面建议行政机关负责人出庭的案件，被诉行政机关负责人应当出庭。

被诉行政机关负责人出庭应诉的，应当在当事人及其诉讼代理人基本情况、案件由来部分予以列明。

行政机关负责人有正当理由不能出庭应诉的，应当向人民法院提交情况说明，并加盖行政机关印章或者由该机关主要负责人签字认可。

行政机关拒绝说明理由的，不发生阻止案件审理的效果，人民法院可以向监察机关、上一级行政机关提出司法建议。

第一百三十条　行政诉讼法第三条第三款规定的"行政机关相应的工作人员"，包括该行政机关具有国家行政编制身份的工作人员以及其他依法履行公职的人员。

被诉行政行为是地方人民政府作出的，地方人民政府法制工作机构的工作人员，以及被诉行政行为具体承办机关工作人员，可以视为被诉人民政府相应的工作人员。

第一百三十一条　行政机关负责人出庭应诉的，应当向人民法院提交能够证明该行政机关负责人职务的材料。

行政机关委托相应的工作人员出庭应诉的，应当向人民法院提交加盖行政机关印章的授权委托书，并载明工作人员的姓名、职务和代理权限。

第一百三十二条　行政机关负责人和行政机关相应的工作人员均不出庭，仅委托律师出庭的或者人民法院书面建议行政机关负责人出庭应诉，行政机关负责人不出庭应诉的，人民法院应当记录在案和在裁判文书中载明，并可以建议有关机关依法作出处理。

九、复议机关作共同被告

第一百三十三条 行政诉讼法第二十六条第二款规定的"复议机关决定维持原行政行为",包括复议机关驳回复议申请或者复议请求的情形,但以复议申请不符合受理条件为由驳回的除外。

第一百三十四条 复议机关决定维持原行政行为的,作出原行政行为的行政机关和复议机关是共同被告。原告只起诉作出原行政行为的行政机关或者复议机关的,人民法院应当告知原告追加被告。原告不同意追加的,人民法院应当将另一机关列为共同被告。

行政复议决定既有维持原行政行为内容,又有改变原行政行为内容或者不予受理申请内容的,作出原行政行为的行政机关和复议机关为共同被告。

复议机关作共同被告的案件,以作出原行政行为的行政机关确定案件的级别管辖。

第一百三十五条 复议机关决定维持原行政行为的,人民法院应当在审查原行政行为合法性的同时,一并审查复议决定的合法性。

作出原行政行为的行政机关和复议机关对原行政行为合法性共同承担举证责任,可以由其中一个机关实施举证行为。复议机关对复议决定的合法性承担举证责任。

复议机关作共同被告的案件,复议机关在复议程序中依法收集和补充的证据,可以作为人民法院认定复议决定和原行政行为合法的依据。

第一百三十六条 人民法院对原行政行为作出判决的同时,应当对复议决定一并作出相应判决。

人民法院依职权追加作出原行政行为的行政机关或者复议机关为共同被告的,对原行政行为或者复议决定可以作出相应判决。

人民法院判决撤销原行政行为和复议决定的,可以判决作出原行政行为的行政机关重新作出行政行为。

人民法院判决作出原行政行为的行政机关履行法定职责或者给付义务的,应当同时判决撤销复议决定。

原行政行为合法、复议决定违法的,人民法院可以判决撤销复议决定或者确认复议决定违法,同时判决驳回原告针对原行政行为的诉讼请求。

原行政行为被撤销、确认违法或者无效,给原告造成损失的,应当由作出原行政行为的行政机关承担赔偿责任;因复议决定加重损害的,由复议机关对加重部分承担赔偿责任。

原行政行为不符合复议或者诉讼受案范围等受理条件,复议机关作出维持决定的,人民法院应当裁定一并驳回对原行政行为和复议决定的起诉。

十、相关民事争议的一并审理

第一百三十七条 公民、法人或者其他组织请求一并审理行政诉讼法第六十一条规定的相关民事争议,应当在第一审开庭审理前提出;有正当理由的,也可以在法庭调查中提出。

第一百三十八条 人民法院决定在行政诉讼中一并审理相关民事争议,或者案件当事人一致同意相关民事争议在行政诉讼中一并解决,人民法院准许的,由受理行政案件的人民法院管辖。

公民、法人或者其他组织请求一并审理相关民事争议,人民法院经审查发现行政案件已经超过起诉期限,民事案件尚未立案的,告知当事人另行提起民事诉讼;民事案件已经立案的,由原审判组织继续审理。

人民法院在审理行政案件中发现民事争议为解决行政争议的基础,当事人没有请求人民法院一并审理相关民事争议的,人民法院应当告知当事人依法申请一并解决民事争议。当事人就民事争议另行提起民事诉讼并已立案的,人民法院应当中止行政诉讼的审理。民事争议处理期间不计算在行政诉讼审理期限内。

第一百三十九条 有下列情形之一的,人民法院应当作出不予准许一并审理民事争议的决定,并告知当事人可以依法通过其他渠道主张权利:

(一)法律规定应当由行政机关先行处理的;
(二)违反民事诉讼法专属管辖规定或者协议管辖约定的;
(三)约定仲裁或者已经提起民事诉讼的;
(四)其他不宜一并审理民事争议的情形。

对不予准许的决定可以申请复议一次。

第一百四十条 人民法院在行政诉讼中一并审理相关民事争议的,民事争议应当单独立案,由同一审判组织审理。

人民法院审理行政机关对民事争议所作裁决的案件,一并审理民事争议的,不另行立案。

第一百四十一条 人民法院一并审理相关民事争议,适用民事法律规范的相关规定,法律另有规定的除外。

当事人在调解中对民事权益的处分,不能作为审查被诉行政行为合法性的根据。

第一百四十二条 对行政争议和民事争议应当分别裁判。

当事人仅对行政裁判或者民事裁判提出上诉的,未上诉的裁判在上诉期满后即发生法律效力。第一审人民法院应当将全部案卷一并移送第二审人民法院,由行政审判庭审理。第二审人民法院发现未上诉的生效裁判确有错误的,应当按照审判监督程序再审。

第一百四十三条 行政诉讼原告在宣判前申请撤诉的,是否准许由人民法院裁定。

人民法院裁定准许行政诉讼原告撤诉，但其对已经提起的一并审理相关民事争议不撤诉的，人民法院应当继续审理。

第一百四十四条　人民法院一并审理相关民事争议，应当按行政案件、民事案件的标准分别收取诉讼费用。

十一、规范性文件的一并审查

第一百四十五条　公民、法人或者其他组织在对行政行为提起诉讼时一并请求对所依据的规范性文件审查的，由行政行为案件管辖法院一并审查。

第一百四十六条　公民、法人或者其他组织请求人民法院一并审查行政诉讼法第五十三条规定的规范性文件，应当在第一审开庭审理前提出；有正当理由的，也可以在法庭调查中提出。

第一百四十七条　人民法院在对规范性文件审查过程中，发现规范性文件可能不合法的，应当听取规范性文件制定机关的意见。

制定机关申请出庭陈述意见的，人民法院应当准许。

行政机关未陈述意见或者未提供相关证明材料的，不能阻止人民法院对规范性文件进行审查。

第一百四十八条　人民法院对规范性文件进行一并审查时，可以从规范性文件制定机关是否超越权限或者违反法定程序、作出行政行为所依据的条款以及相关条款等方面进行。

有下列情形之一的，属于行政诉讼法第六十四条规定的"规范性文件不合法"：

（一）超越制定机关的法定职权或者超越法律、法规、规章的授权范围的；

（二）与法律、法规、规章等上位法的规定相抵触的；

（三）没有法律、法规、规章依据，违法增加公民、法人和其他组织义务或者减损公民、法人和其他组织合法权益的；

（四）未履行法定批准程序、公开发布程序，严重违反制定程序的；

（五）其他违反法律、法规以及规章规定的情形。

第一百四十九条　人民法院经审查认为行政行为所依据的规范性文件合法的，应当作为认定行政行为合法的依据；经审查认为规范性文件不合法的，不作为人民法院认定行政行为合法的依据，并在裁判理由中予以阐明。作出生效裁判的人民法院应当向规范性文件的制定机关提出处理建议，并可以抄送制定机关的同级人民政府、上一级行政机关、监察机关以及规范性文件的备案机关。

规范性文件不合法的，人民法院可以在裁判生效之日起三个月内，向规范性文件制定机关提出修改或者废止该规范性文件的司法建议。

规范性文件由多个部门联合制定的，人民法院可以向该规范性文件的主办机关或者共同上一级行政机关发送司法建议。

接收司法建议的行政机关应当在收到司法建议之日起六十日内予以书面答复。情况紧急的，人民法院可以建议制定机关或者其上一级行政机关立即停止执行该规范性文件。

第一百五十条　人民法院认为规范性文件不合法的，应当在裁判生效后报送上一级人民法院进行备案。涉及国务院部门、省级行政机关制定的规范性文件，司法建议还应当分别层报最高人民法院、高级人民法院备案。

第一百五十一条　各级人民法院院长对本院已经发生法律效力的判决、裁定，发现规范性文件合法性认定错误，认为需要再审的，应当提交审判委员会讨论。

最高人民法院对地方各级人民法院已经发生法律效力的判决、裁定，上级人民法院对下级人民法院已经发生法律效力的判决、裁定，发现规范性文件合法性认定错误的，有权提审或者指令下级人民法院再审。

十二、执行

第一百五十二条　对发生法律效力的行政判决书、行政裁定书、行政赔偿判决书和行政调解书，负有义务的一方当事人拒绝履行的，对方当事人可以依法申请人民法院强制执行。

人民法院判决行政机关履行行政赔偿、行政补偿或者其他行政给付义务，行政机关拒不履行的，对方当事人可以依法向法院申请强制执行。

第一百五十三条　申请执行的期限为二年。申请执行时效的中止、中断，适用法律有关规定。

申请执行的期限从法律文书规定的履行期间最后一日起计算；法律文书规定分期履行的，从规定的每次履行期间的最后一日起计算；法律文书中没有规定履行期限的，从该法律文书送达当事人之日起计算。

逾期申请的，除有正当理由外，人民法院不予受理。

第一百五十四条　发生法律效力的行政判决书、行政裁定书、行政赔偿判决书和行政调解书，由第一审人民法院执行。

第一审人民法院认为情况特殊，需要由第二审人民法院执行的，可以报请第二审人民法院执行；第二审人民法院可以决定由其执行，也可以决定由第一审人民法院执行。

第一百五十五条　行政机关根据行政诉讼法第九十七条的规定申请执行其行政行为，应当具备以下条件：

（一）行政行为依法可以由人民法院执行；

（二）行政行为已经生效并具有可执行内容；

（三）申请人是作出该行政行为的行政机关或者法律、法规、规章授权的组织；

（四）被申请人是该行政行为所确定的义务人；

（五）被申请人在行政行为确定的期限内或者行政机关催告期限内未履行义务；

（六）申请人在法定期限内提出申请；

（七）被申请执行的行政案件属于受理执行申请的人民法院管辖。

行政机关申请人民法院执行，应当提交行政强制法第五十五条规定的相关材料。

人民法院对符合条件的申请，应当在五日内立案受理，并通知申请人；对不符合条件的申请，应当裁定不予受理。行政机关对不予受理裁定有异议，在十五日内向上一级人民法院申请复议的，上一级人民法院应当在收到复议申请之日起十五日内作出裁定。

第一百五十六条 没有强制执行权的行政机关申请人民法院强制执行其行政行为，应当自被执行人的法定起诉期限届满之日起三个月内提出。逾期申请的，除有正当理由外，人民法院不予受理。

第一百五十七条 行政机关申请人民法院强制执行其行政行为的，由申请人所在地的基层人民法院受理；执行对象为不动产的，由不动产所在地的基层人民法院受理。

基层人民法院认为执行确有困难的，可以报请上级人民法院执行；上级人民法院可以决定由其执行，也可以决定由下级人民法院执行。

第一百五十八条 行政机关根据法律的授权对平等主体之间民事争议作出裁决后，当事人在法定期限内不起诉又不履行，作出裁决的行政机关在申请执行的期限内未申请人民法院强制执行的，生效行政裁决确定的权利人或者其继承人、权利承受人在六个月内可以申请人民法院强制执行。

享有权利的公民、法人或者其他组织申请人民法院强制执行生效行政裁决，参照行政机关申请人民法院强制执行行政行为的规定。

第一百五十九条 行政机关或者行政行为确定的权利人申请人民法院强制执行前，有充分理由认为被执行人可能逃避执行的，可以申请人民法院采取财产保全措施。后者申请强制执行的，应当提供相应的财产担保。

第一百六十条 人民法院受理行政机关申请执行其行政行为的案件后，应当在七日内由行政审判庭对行政行为的合法性进行审查，并作出是否准予执行的裁定。

人民法院在作出裁定前发现行政行为明显违法并损害被执行人合法权益的，应当听取被执行人和行政机关的意见，并自受理之日起三十日内作出是否准予执行的裁定。

需要采取强制执行措施的，由本院负责强制执行非诉行政行为的机构执行。

第一百六十一条 被申请执行的行政行为有下列情形之一的，人民法院应当裁定不准予执行：

（一）实施主体不具有行政主体资格的；

（二）明显缺乏事实根据的；

（三）明显缺乏法律、法规依据的；
（四）其他明显违法并损害被执行人合法权益的情形。

行政机关对不准予执行的裁定有异议，在十五日内向上一级人民法院申请复议的，上一级人民法院应当在收到复议申请之日起三十日内作出裁定。

十三、附则

第一百六十二条　公民、法人或者其他组织对 2015 年 5 月 1 日之前作出的行政行为提起诉讼，请求确认行政行为无效的，人民法院不予立案。

第一百六十三条　本解释自 2018 年 2 月 8 日起施行。

本解释施行后，《最高人民法院关于执行〈中华人民共和国行政诉讼法〉若干问题的解释》（法释〔2000〕8 号）、《最高人民法院关于适用〈中华人民共和国行政诉讼法〉若干问题的解释》（法释〔2015〕9 号）同时废止。最高人民法院以前发布的司法解释与本解释不一致的，不再适用。

最高人民法院关于行政诉讼证据若干问题的规定

法释〔2002〕21号

（2002年6月4日最高人民法院审判委员会第1224次会议通过 2002年7月24日最高人民法院公告公布 自2002年10月1日起施行）

为准确认定案件事实，公正、及时地审理行政案件，根据《中华人民共和国行政诉讼法》（以下简称行政诉讼法）等有关法律规定，结合行政审判实际，制定本规定。

一、举证责任分配和举证期限

第一条 根据行政诉讼法第三十二条和第四十三条的规定，被告对作出的具体行政行为负有举证责任，应当在收到起诉状副本之日起10日内，提供据以作出被诉具体行政行为的全部证据和所依据的规范性文件。被告不提供或者无正当理由逾期提供证据的，视为被诉具体行政行为没有相应的证据。

被告因不可抗力或者客观上不能控制的其他正当事由，不能在前款规定的期限内提供证据的，应当在收到起诉状副本之日起10日内向人民法院提出延期提供证据的书面申请。人民法院准许延期提供的，被告应当在正当事由消除后10日内提供证据。逾期提供的，视为被诉具体行政行为没有相应的证据。

第二条 原告或者第三人提出其在行政程序中没有提出的反驳理由或者证据的，经人民法院准许，被告可以在第一审程序中补充相应的证据。

第三条 根据行政诉讼法第三十三条的规定，在诉讼过程中，被告及其诉讼代理人不得自行向原告和证人收集证据。

第四条 公民、法人或者其他组织向人民法院起诉时，应当提供其符合起诉条件的相应的证据材料。

在起诉被告不作为的案件中，原告应当提供其在行政程序中曾经提出申请的证据材料。但有下列情形的除外：

（一）被告应当依职权主动履行法定职责的；

（二）原告因被告受理申请的登记制度不完备等正当事由不能提供相关证据材料并能够作出合理说明的。

被告认为原告起诉超过法定期限的，由被告承担举证责任。

第五条 在行政赔偿诉讼中，原告应当对被诉具体行政行为造成损害的事实提供证据。

第六条 原告可以提供证明被诉具体行政行为违法的证据。原告提供的证据不成立的，不免除被告对被诉具体行政行为合法性的举证责任。

第七条 原告或者第三人应当在开庭审理前或者人民法院指定的交换证据之日提供证据。因正当事由申请延期提供证据的，经人民法院准许，可以在法庭调查中提供。逾期提供证据的，视为放弃举证权利。

原告或者第三人在第一审程序中无正当事由未提供而在第二审程序中提供的证据，人民法院不予接纳。

第八条 人民法院向当事人送达受理案件通知书或者应诉通知书时，应当告知其举证范围、举证期限和逾期提供证据的法律后果，并告知因正当事由不能按期提供证据时应当提出延期提供证据的申请。

第九条 根据行政诉讼法第三十四条第一款的规定，人民法院有权要求当事人提供或者补充证据。

对当事人无争议，但涉及国家利益、公共利益或者他人合法权益的事实，人民法院可以责令当事人提供或者补充有关证据。

二、提供证据的要求

第十条 根据行政诉讼法第三十一条第一款第（一）项的规定，当事人向人民法院提供书证的，应当符合下列要求：

（一）提供书证的原件，原本、正本和副本均属于书证的原件。提供原件确有困难的，可以提供与原件核对无误的复印件、照片、节录本；

（二）提供由有关部门保管的书证原件的复制件、影印件或者抄录件的，应当注明出处，经该部门核对无异后加盖其印章；

（三）提供报表、图纸、会计账册、专业技术资料、科技文献等书证的，应当附有说明材料；

（四）被告提供的被诉具体行政行为所依据的询问、陈述、谈话类笔录，应当有行政执法人员、被询问人、陈述人、谈话人签名或者盖章。

法律、法规、司法解释和规章对书证的制作形式另有规定的，从其规定。

第十一条 根据行政诉讼法第三十一条第一款第（二）项的规定，当事人向人民法院提供物证的，应当符合下列要求：

（一）提供原物。提供原物确有困难的，可以提供与原物核对无误的复制件或者证明该物证的照片、录像等其他证据；

（二）原物为数量较多的种类物的，提供其中的一部分。

第十二条 根据行政诉讼法第三十一条第一款第（三）项的规定，当事人向人民法院提供计算机数据或者录音、录像等视听资料的，应当符合下列要求：

（一）提供有关资料的原始载体。提供原始载体确有困难的，可以提供复制件；

（二）注明制作方法、制作时间、制作人和证明对象等；
（三）声音资料应当附有该声音内容的文字记录。

第十三条　根据行政诉讼法第三十一条第一款第（四）项的规定，当事人向人民法院提供证人证言的，应当符合下列要求：
（一）写明证人的姓名、年龄、性别、职业、住址等基本情况；
（二）有证人的签名，不能签名的，应当以盖章等方式证明；
（三）注明出具日期；
（四）附有居民身份证复印件等证明证人身份的文件。

第十四条　根据行政诉讼法第三十一条第一款第（六）项的规定，被告向人民法院提供的在行政程序中采用的鉴定结论，应当载明委托人和委托鉴定的事项、向鉴定部门提交的相关材料、鉴定的依据和使用的科学技术手段、鉴定部门和鉴定人鉴定资格的说明，并应有鉴定人的签名和鉴定部门的盖章。通过分析获得的鉴定结论，应当说明分析过程。

第十五条　根据行政诉讼法第三十一条第一款第（七）项的规定，被告向人民法院提供的现场笔录，应当载明时间、地点和事件等内容，并由执法人员和当事人签名。当事人拒绝签名或者不能签名的，应当注明原因。有其他人在现场的，可由其他人签名。法律、法规和规章对现场笔录的制作形式另有规定的，从其规定。

第十六条　当事人向人民法院提供的在中华人民共和国领域外形成的证据，应当说明来源，经所在国公证机关证明，并经中华人民共和国驻该国使领馆认证，或者履行中华人民共和国与证据所在国订立的有关条约中规定的证明手续。

当事人提供的在中华人民共和国香港特别行政区、澳门特别行政区和台湾地区内形成的证据，应当具有按照有关规定办理的证明手续。

第十七条　当事人向人民法院提供外文书证或者外国语视听资料的，应当附有由具有翻译资质的机构翻译的或者其他翻译准确的中文译本，由翻译机构盖章或者翻译人员签名。

第十八条　证据涉及国家秘密、商业秘密或者个人隐私的，提供人应当作出明确标注，并向法庭说明，法庭予以审查确认。

第十九条　当事人应当对其提交的证据材料分类编号，对证据材料的来源、证明对象和内容作简要说明，签名或者盖章，注明提交日期。

第二十条　人民法院收到当事人提交的证据材料，应当出具收据，注明证据的名称、份数、页数、件数、种类等以及收到的时间，由经办人员签名或者盖章。

第二十一条　对于案情比较复杂或者证据数量较多的案件，人民法院可以组织当事人在开庭前向对方出示或者交换证据，并将交换证据的情况记录在卷。

三、调取和保全证据

第二十二条 根据行政诉讼法第三十四条第二款的规定，有下列情形之一的，人民法院有权向有关行政机关以及其他组织、公民调取证据：

（一）涉及国家利益、公共利益或者他人合法权益的事实认定的；

（二）涉及依职权追加当事人、中止诉讼、终结诉讼、回避等程序性事项的。

第二十三条 原告或者第三人不能自行收集，但能够提供确切线索的，可以申请人民法院调取下列证据材料：

（一）由国家有关部门保存而须由人民法院调取的证据材料；

（二）涉及国家秘密、商业秘密、个人隐私的证据材料；

（三）确因客观原因不能自行收集的其他证据材料。

人民法院不得为证明被诉具体行政行为的合法性，调取被告在作出具体行政行为时未收集的证据。

第二十四条 当事人申请人民法院调取证据的，应当在举证期限内提交调取证据申请书。

调取证据申请书应当写明下列内容：

（一）证据持有人的姓名或者名称、住址等基本情况；

（二）拟调取证据的内容；

（三）申请调取证据的原因及其要证明的案件事实。

第二十五条 人民法院对当事人调取证据的申请，经审查符合调取证据条件的，应当及时决定调取；不符合调取证据条件的，应当向当事人或者其诉讼代理人送达通知书，说明不准许调取的理由。当事人及其诉讼代理人可以在收到通知书之日起3日内向受理申请的人民法院书面申请复议一次。

人民法院应当在收到复议申请之日起5日内作出答复。人民法院根据当事人申请，经调取未能取得相应证据的，应当告知申请人并说明原因。

第二十六条 人民法院需要调取的证据在异地的，可以书面委托证据所在地人民法院调取。受托人民法院应当在收到委托书后，按照委托要求及时完成调取证据工作，送交委托人民法院。受托人民法院不能完成委托内容的，应当告知委托的人民法院并说明原因。

第二十七条 当事人根据行政诉讼法第三十六条的规定向人民法院申请保全证据的，应当在举证期限届满前以书面形式提出，并说明证据的名称和地点、保全的内容和范围、申请保全的理由等事项。

当事人申请保全证据的，人民法院可以要求其提供相应的担保。

法律、司法解释规定诉前保全证据的，依照其规定办理。

第二十八条 人民法院依照行政诉讼法第三十六条规定保全证据的，可以根据具体情况，采取查封、扣押、拍照、录音、录像、复制、鉴定、勘验、制作询问笔录等保全措施。

人民法院保全证据时，可以要求当事人或者其诉讼代理人到场。

第二十九条　原告或者第三人有证据或者有正当理由表明被告据以认定案件事实的鉴定结论可能有错误，在举证期限内书面申请重新鉴定的，人民法院应予准许。

第三十条　当事人对人民法院委托的鉴定部门作出的鉴定结论有异议申请重新鉴定，提出证据证明存在下列情形之一的，人民法院应予准许：

（一）鉴定部门或者鉴定人不具有相应的鉴定资格的；
（二）鉴定程序严重违法的；
（三）鉴定结论明显依据不足的；
（四）经过质证不能作为证据使用的其他情形。

对有缺陷的鉴定结论，可以通过补充鉴定、重新质证或者补充质证等方式解决。

第三十一条　对需要鉴定的事项负有举证责任的当事人，在举证期限内无正当理由不提出鉴定申请、不预交鉴定费用或者拒不提供相关材料，致使对案件争议的事实无法通过鉴定结论予以认定的，应当对该事实承担举证不能的法律后果。

第三十二条　人民法院对委托或者指定的鉴定部门出具的鉴定书，应当审查是否具有下列内容：

（一）鉴定的内容；
（二）鉴定时提交的相关材料；
（三）鉴定的依据和使用的科学技术手段；
（四）鉴定的过程；
（五）明确的鉴定结论；
（六）鉴定部门和鉴定人鉴定资格的说明；
（七）鉴定人及鉴定部门签名盖章。

前款内容欠缺或者鉴定结论不明确的，人民法院可以要求鉴定部门予以说明、补充鉴定或者重新鉴定。

第三十三条　人民法院可以依当事人申请或者依职权勘验现场。

勘验现场时，勘验人必须出示人民法院的证件，并邀请当地基层组织或者当事人所在单位派人参加。当事人或其成年亲属应当到场，拒不到场的，不影响勘验的进行，但应当在勘验笔录中说明情况。

第三十四条　审判人员应当制作勘验笔录，记载勘验的时间、地点、勘验人、在场人、勘验的经过和结果，由勘验人、当事人、在场人签名。

勘验现场时绘制的现场图，应当注明绘制的时间、方位、绘制人姓名和身份等内容。

当事人对勘验结论有异议的,可以在举证期限内申请重新勘验,是否准许由人民法院决定。

四、证据的对质辨认和核实

第三十五条 证据应当在法庭上出示,并经庭审质证。未经庭审质证的证据,不能作为定案的依据。

当事人在庭前证据交换过程中没有争议并记录在卷的证据,经审判人员在庭审中说明后,可以作为认定案件事实的依据。

第三十六条 经合法传唤,因被告无正当理由拒不到庭而需要依法缺席判决的,被告提供的证据不能作为定案的依据,但当事人在庭前交换证据中没有争议的证据除外。

第三十七条 涉及国家秘密、商业秘密和个人隐私或者法律规定的其他应当保密的证据,不得在开庭时公开质证。

第三十八条 当事人申请人民法院调取的证据,由申请调取证据的当事人在庭审中出示,并由当事人质证。

人民法院依职权调取的证据,由法庭出示,并可就调取该证据的情况进行说明,听取当事人意见。

第三十九条 当事人应当围绕证据的关联性、合法性和真实性,针对证据有无证明效力以及证明效力大小,进行质证。

经法庭准许,当事人及其代理人可以就证据问题相互发问,也可以向证人、鉴定人或者勘验人发问。

当事人及其代理人相互发问,或者向证人、鉴定人、勘验人发问时,发问的内容应当与案件事实有关联,不得采用引诱、威胁、侮辱等语言或者方式。

第四十条 对书证、物证和视听资料进行质证时,当事人应当出示证据的原件或者原物。但有下列情况之一的除外:

(一)出示原件或者原物确有困难并经法庭准许可以出示复制件或者复制品;

(二)原件或者原物已不存在,可以出示证明复制件、复制品与原件、原物一致的其他证据。

视听资料应当当庭播放或者显示,并由当事人进行质证。

第四十一条 凡是知道案件事实的人,都有出庭作证的义务。有下列情形之一的,经人民法院准许,当事人可以提交书面证言:

(一)当事人在行政程序或者庭前证据交换中对证人证言无异议的;

(二)证人因年迈体弱或者行动不便无法出庭的;

(三)证人因路途遥远、交通不便无法出庭的;

（四）证人因自然灾害等不可抗力或者其他意外事件无法出庭的；
（五）证人因其他特殊原因确实无法出庭的。

第四十二条　不能正确表达意志的人不能作证。

根据当事人申请，人民法院可以就证人能否正确表达意志进行审查或者交由有关部门鉴定。必要时，人民法院也可以依职权交由有关部门鉴定。

第四十三条　当事人申请证人出庭作证的，应当在举证期限届满前提出，并经人民法院许可。人民法院准许证人出庭作证的，应当在开庭审理前通知证人出庭作证。

当事人在庭审过程中要求证人出庭作证的，法庭可以根据审理案件的具体情况，决定是否准许以及是否延期审理。

第四十四条　有下列情形之一，原告或者第三人可以要求相关行政执法人员作为证人出庭作证：

（一）对现场笔录的合法性或者真实性有异议的；
（二）对扣押财产的品种或者数量有异议的；
（三）对检验的物品取样或者保管有异议的；
（四）对行政执法人员的身份的合法性有异议的；
（五）需要出庭作证的其他情形。

第四十五条　证人出庭作证时，应当出示证明其身份的证件。法庭应当告知其诚实作证的法律义务和作伪证的法律责任。

出庭作证的证人不得旁听案件的审理。法庭询问证人时，其他证人不得在场，但组织证人对质的除外。

第四十六条　证人应当陈述其亲历的具体事实。证人根据其经历所作的判断、推测或者评论，不能作为定案的依据。

第四十七条　当事人要求鉴定人出庭接受询问的，鉴定人应当出庭。鉴定人因正当事由不能出庭的，经法庭准许，可以不出庭，由当事人对其书面鉴定结论进行质证。

鉴定人不能出庭的正当事由，参照本规定第四十一条的规定。

对于出庭接受询问的鉴定人，法庭应当核实其身份、与当事人及案件的关系，并告知鉴定人如实说明鉴定情况的法律义务和故意作虚假说明的法律责任。

第四十八条　对被诉具体行政行为涉及的专门性问题，当事人可以向法庭申请由专业人员出庭进行说明，法庭也可以通知专业人员出庭说明。必要时，法庭可以组织专业人员进行对质。

当事人对出庭的专业人员是否具备相应专业知识、学历、资历等专业资格等有异议的，可以进行询问。由法庭决定其是否可以作为专业人员出庭。

专业人员可以对鉴定人进行询问。

第四十九条　法庭在质证过程中，对与案件没有关联的证据材料，应予排除并说明理由。

法庭在质证过程中，准许当事人补充证据的，对补充的证据仍应进行质证。

法庭对经过庭审质证的证据，除确有必要外，一般不再进行质证。

第五十条　在第二审程序中，对当事人依法提供的新的证据，法庭应当进行质证；当事人对第一审认定的证据仍有争议的，法庭也应当进行质证。

第五十一条　按照审判监督程序审理的案件，对当事人依法提供的新的证据，法庭应当进行质证；因原判决、裁定认定事实的证据不足而提起再审所涉及的主要证据，法庭也应当进行质证。

第五十二条　本规定第五十条和第五十一条中的"新的证据"是指以下证据：

（一）在一审程序中应当准予延期提供而未获准许的证据；

（二）当事人在一审程序中依法申请调取而未获准许或者未取得，人民法院在第二审程序中调取的证据；

（三）原告或者第三人提供的在举证期限届满后发现的证据。

五、证据的审核认定

第五十三条　人民法院裁判行政案件，应当以证据证明的案件事实为依据。

第五十四条　法庭应当对经过庭审质证的证据和无需质证的证据进行逐一审查和对全部证据综合审查，遵循法官职业道德，运用逻辑推理和生活经验，进行全面、客观和公正地分析判断，确定证据材料与案件事实之间的证明关系，排除不具有关联性的证据材料，准确认定案件事实。

第五十五条　法庭应当根据案件的具体情况，从以下方面审查证据的合法性：

（一）证据是否符合法定形式；

（二）证据的取得是否符合法律、法规、司法解释和规章的要求；

（三）是否有影响证据效力的其他违法情形。

第五十六条　法庭应当根据案件的具体情况，从以下方面审查证据的真实性：

（一）证据形成的原因；

（二）发现证据时的客观环境；

（三）证据是否为原件、原物，复制件、复制品与原件、原物是否相符；

（四）提供证据的人或者证人与当事人是否具有利害关系；

（五）影响证据真实性的其他因素。

第五十七条　下列证据材料不能作为定案依据：

（一）严重违反法定程序收集的证据材料；

（二）以偷拍、偷录、窃听等手段获取侵害他人合法权益的证据材料；

（三）以利诱、欺诈、胁迫、暴力等不正当手段获取的证据材料；

（四）当事人无正当事由超出举证期限提供的证据材料；

（五）在中华人民共和国领域以外或者在中华人民共和国香港特别行政区、澳门特别行政区和台湾地区形成的未办理法定证明手续的证据材料；

（六）当事人无正当理由拒不提供原件、原物，又无其他证据印证，且对方当事人不予认可的证据的复制件或者复制品；

（七）被当事人或者他人进行技术处理而无法辨明真伪的证据材料；

（八）不能正确表达意志的证人提供的证言；

（九）不具备合法性和真实性的其他证据材料。

第五十八条　以违反法律禁止性规定或者侵犯他人合法权益的方法取得的证据，不能作为认定案件事实的依据。

第五十九条　被告在行政程序中依照法定程序要求原告提供证据，原告依法应当提供而拒不提供，在诉讼程序中提供的证据，人民法院一般不予采纳。

第六十条　下列证据不能作为认定被诉具体行政行为合法的依据：

（一）被告及其诉讼代理人在作出具体行政行为后或者在诉讼程序中自行收集的证据；

（二）被告在行政程序中非法剥夺公民、法人或者其他组织依法享有的陈述、申辩或者听证权利所采用的证据；

（三）原告或者第三人在诉讼程序中提供的、被告在行政程序中未作为具体行政行为依据的证据。

第六十一条　复议机关在复议程序中收集和补充的证据，或者作出原具体行政行为的行政机关在复议程序中未向复议机关提交的证据，不能作为人民法院认定原具体行政行为合法的依据。

第六十二条　对被告在行政程序中采纳的鉴定结论，原告或者第三人提出证据证明有下列情形之一的，人民法院不予采纳：

（一）鉴定人不具备鉴定资格；

（二）鉴定程序严重违法；

（三）鉴定结论错误、不明确或者内容不完整。

第六十三条　证明同一事实的数个证据，其证明效力一般可以按照下列情形分别认定：

（一）国家机关以及其他职能部门依职权制作的公文文书优于其他书证；

（二）鉴定结论、现场笔录、勘验笔录、档案材料以及经过公证或者登记的书证优于其他书证、视听资料和证人证言；

（三）原件、原物优于复制件、复制品；

（四）法定鉴定部门的鉴定结论优于其他鉴定部门的鉴定结论；

（五）法庭主持勘验所制作的勘验笔录优于其他部门主持勘验所制作的勘验笔录；

（六）原始证据优于传来证据；

（七）其他证人证言优于与当事人有亲属关系或者其他密切关系的证人提供的对该当事人有利的证言；

（八）出庭作证的证人证言优于未出庭作证的证人证言；

（九）数个种类不同、内容一致的证据优于一个孤立的证据。

第六十四条 以有形载体固定或者显示的电子数据交换、电子邮件以及其他数据资料，其制作情况和真实性经对方当事人确认，或者以公证等其他有效方式予以证明的，与原件具有同等的证明效力。

第六十五条 在庭审中一方当事人或者其代理人在代理权限范围内对另一方当事人陈述的案件事实明确表示认可的，人民法院可以对该事实予以认定。但有相反证据足以推翻的除外。

第六十六条 在行政赔偿诉讼中，人民法院主持调解时当事人为达成调解协议而对案件事实的认可，不得在其后的诉讼中作为对其不利的证据。

第六十七条 在不受外力影响的情况下，一方当事人提供的证据，对方当事人明确表示认可的，可以认定该证据的证明效力；对方当事人予以否认，但不能提供充分的证据进行反驳的，可以综合全案情况审查认定该证据的证明效力。

第六十八条 下列事实法庭可以直接认定：

（一）众所周知的事实；

（二）自然规律及定理；

（三）按照法律规定推定的事实；

（四）已经依法证明的事实；

（五）根据日常生活经验法则推定的事实。

前款（一）、（三）、（四）、（五）项，当事人有相反证据足以推翻的除外。

第六十九条 原告确有证据证明被告持有的证据对原告有利，被告无正当事由拒不提供的，可以推定原告的主张成立。

第七十条 生效的人民法院裁判文书或者仲裁机构裁决文书确认的事实，可以作为定案依据。但是如果发现裁判文书或者裁决文书认定的事实有重大问题的，应当中止诉讼，通过法定程序予以纠正后恢复诉讼。

第七十一条 下列证据不能单独作为定案依据：

（一）未成年人所作的与其年龄和智力状况不相适应的证言；

（二）与一方当事人有亲属关系或者其他密切关系的证人所作的对该当事人有利的证言，或者与一方当事人有不利关系的证人所作的对该当事人不利的证言；

（三）应当出庭作证而无正当理由不出庭作证的证人证言；

（四）难以识别是否经过修改的视听资料；

（五）无法与原件、原物核对的复制件或者复制品；

（六）经一方当事人或者他人改动，对方当事人不予认可的证据材料；

（七）其他不能单独作为定案依据的证据材料。

第七十二条　庭审中经过质证的证据，能够当庭认定的，应当当庭认定；不能当庭认定的，应当在合议庭合议时认定。

人民法院应当在裁判文书中阐明证据是否采纳的理由。

第七十三条　法庭发现当庭认定的证据有误，可以按照下列方式纠正：

（一）庭审结束前发现错误的，应当重新进行认定；

（二）庭审结束后宣判前发现错误的，在裁判文书中予以更正并说明理由，也可以再次开庭予以认定；

（三）有新的证据材料可能推翻已认定的证据的，应当再次开庭予以认定。

六、附则

第七十四条　证人、鉴定人及其近亲属的人身和财产安全受法律保护。

人民法院应当对证人、鉴定人的住址和联系方式予以保密。

第七十五条　证人、鉴定人因出庭作证或者接受询问而支出的合理费用，由提供证人、鉴定人的一方当事人先行支付，由败诉一方当事人承担。

第七十六条　证人、鉴定人作伪证的，依照行政诉讼法第四十九条第一款第（二）项的规定追究其法律责任。

第七十七条　诉讼参与人或者其他人有对审判人员或者证人、鉴定人、勘验人及其近亲属实施威胁、侮辱、殴打、骚扰或者打击报复等妨碍行政诉讼行为的，依照行政诉讼法第四十九条第一款第（三）项、第（五）项或者第（六）项的规定追究其法律责任。

第七十八条　对应当协助调取证据的单位和个人，无正当理由拒不履行协助义务的，依照行政诉讼法第四十九条第一款第（五）项的规定追究其法律责任。

第七十九条　本院以前有关行政诉讼的司法解释与本规定不一致的，以本规定为准。

第八十条　本规定自 2002 年 10 月 1 日起施行。2002 年 10 月 1 日尚未审结的一审、二审和再审行政案件不适用本规定。

本规定施行前已经审结的行政案件，当事人以违反本规定为由申请再审的，人民法院不予支持。

本规定施行后按照审判监督程序决定再审的行政案件，适用本规定。

中华人民共和国行政处罚法

（1996年3月17日第八届全国人民代表大会第四次会议通过　根据2009年8月27日第十一届全国人民代表大会常务委员会第十次会议《关于修改部分法律的决定》第一次修正　根据2017年9月1日第十二届全国人民代表大会常务委员会第二十九次会议《关于修改〈中华人民共和国法官法〉等八部法律的决定》第二次修正　2021年1月22日第十三届全国人民代表大会常务委员会第二十五次会议修订）

第一章 总则

第1条 立法目的

为了规范行政处罚的设定和实施,保障和监督行政机关有效实施行政管理,维护公共利益和社会秩序,保护公民、法人或者其他组织的合法权益,根据宪法,制定本法。

第2条 行政处罚的定义

行政处罚是指行政机关依法对违反行政管理秩序的公民、法人或者其他组织,以减损权益或者增加义务的方式予以惩戒的行为。

第3条 适用范围

行政处罚的设定和实施,适用本法。

第4条 适用对象

公民、法人或者其他组织违反行政管理秩序的行为,应当给予行政处罚的,依照本法由法律、法规、规章规定,并由行政机关依照本法规定的程序实施。

第5条 适用原则

1. 行政处罚遵循公正、公开的原则。
2. 设定和实施行政处罚必须以事实为依据,与违法行为的事实、性质、情节以及社会危害程度相当。
3. 对违法行为给予行政处罚的规定必须公布;未经公布的,不得作为行政处罚的依据。

第6条 处罚与教育相结合原则

实施行政处罚,纠正违法行为,应当坚持处罚与教育相结合,教育公民、法人或者其他组织自觉守法。

第7条 被处罚者的权利

1. 公民、法人或者其他组织对行政机关所给予的行政处罚,享有陈述权、申辩权;对行政处罚不服的,有权依法申请行政复议或者提起行政诉讼。
2. 公民、法人或者其他组织因行政机关违法给予行政处罚受到损害的,有权依法提出赔偿要求。

第8条 被处罚者承担的其他法律责任

1. 公民、法人或者其他组织因违法行为受到行政处罚,其违法行为对他人造成损害的,应当依法承担民事责任。
2. 违法行为构成犯罪,应当依法追究刑事责任的,不得以行政处罚代替刑事处罚。

第二章 行政处罚的种类和设定

第9条 处罚的种类

行政处罚的种类：
（一）警告、通报批评；
（二）罚款、没收违法所得、没收非法财物；
（三）暂扣许可证件、降低资质等级、吊销许可证件；
（四）限制开展生产经营活动、责令停产停业、责令关闭、限制从业；
（五）行政拘留；
（六）法律、行政法规规定的其他行政处罚。

第10条 法律对处罚的设定

1. 法律可以设定各种行政处罚。
2. 限制人身自由的行政处罚，只能由法律设定。

第11条 行政法规对处罚的设定

1. 行政法规可以设定除限制人身自由以外的行政处罚。
2. 法律对违法行为已经作出行政处罚规定，行政法规需要作出具体规定的，必须在法律规定的给予行政处罚的行为、种类和幅度的范围内规定。
3. 法律对违法行为未作出行政处罚规定，行政法规为实施法律，可以补充设定行政处罚。拟补充设定行政处罚的，应当通过听证会、论证会等形式广泛听取意见，并向制定机关作出书面说明。行政法规报送备案时，应当说明补充设定行政处罚的情况。

第12条 地方性法规对处罚的设定

1. 地方性法规可以设定除限制人身自由、吊销营业执照以外的行政处罚。
2. 法律、行政法规对违法行为已经作出行政处罚规定，地方性法规需要作出具体规定的，必须在法律、行政法规规定的给予行政处罚的行为、种类和幅度的范围内规定。
3. 法律、行政法规对违法行为未作出行政处罚规定，地方性法规为实施法律、行政法规，可以补充设定行政处罚。拟补充设定行政处罚的，应当通过听证会、论证会等形式广泛听取意见，并向制定机关作出书面说明。地方性法规报送备案时，应当说明补充设定行政处罚的情况。

第13条 国务院部门规章对处罚的设定

1. 国务院部门规章可以在法律、行政法规规定的给予行政处罚的行为、种类和幅度的范围内作出具体规定。
2. 尚未制定法律、行政法规的，国务院部门规章对违反行政管理秩序的行为，可以设定警告、通报批评或者一定数额罚款的行政处罚。罚款的限额由国务院规定。

第14条 地方政府规章对处罚的设定

1. 地方政府规章可以在法律、法规规定的给予行政处罚的行为、种类和幅度的范围内作出具体规定。
2. 尚未制定法律、法规的，地方政府规章对违反行政管理秩序的行为，可以设定警告、通报批评或者一定数额罚款的行政处罚。罚款的限额由省、自治区、直辖市人民代表大会常务委员会规定。

第 15 条	对行政处罚定期评估	国务院部门和省、自治区、直辖市人民政府及其有关部门应当定期组织评估行政处罚的实施情况和必要性，对不适当的行政处罚事项及种类、罚款数额等，应当提出修改或者废止的建议。
第 16 条	其他规范性文件不得设定行政处罚	除法律、法规、规章外，其他规范性文件不得设定行政处罚。

第三章 行政处罚的实施机关

第17条 处罚的实施

行政处罚由具有行政处罚权的行政机关在法定职权范围内实施。

第18条 相对集中行使处罚权

1. 国家在城市管理、市场监管、生态环境、文化市场、交通运输、应急管理、农业等领域推行建立综合行政执法制度,相对集中行政处罚权。
2. 国务院或者省、自治区、直辖市人民政府可以决定一个行政机关行使有关行政机关的行政处罚权。
3. 限制人身自由的行政处罚权只能由公安机关和法律规定的其他机关行使。

第19条 授权实施行政处罚

法律、法规授权的具有管理公共事务职能的组织可以在法定授权范围内实施行政处罚。

第20条 委托实施行政处罚

1. 行政机关依照法律、法规、规章的规定,可以在其法定权限内书面委托符合本法第二十一条规定条件的组织实施行政处罚。行政机关不得委托其他组织或者个人实施行政处罚。
2. 委托书应当载明委托的具体事项、权限、期限等内容。委托行政机关和受委托组织应当将委托书向社会公布。
3. 委托行政机关对受委托组织实施行政处罚的行为应当负责监督,并对该行为的后果承担法律责任。
4. 受委托组织在委托范围内,以委托行政机关名义实施行政处罚;不得再委托其他组织或者个人实施行政处罚。

第21条 受托组织的条件

受委托组织必须符合以下条件:
(一)依法成立并具有管理公共事务职能;
(二)有熟悉有关法律、法规、规章和业务并取得行政执法资格的工作人员;
(三)需要进行技术检查或者技术鉴定的,应当有条件组织进行相应的技术检查或者技术鉴定。

第四章 行政处罚的管辖和适用

第22条 地域管辖

行政处罚由违法行为发生地的行政机关管辖。法律、行政法规、部门规章另有规定的，从其规定。

第23条 级别管辖

行政处罚由县级以上地方人民政府具有行政处罚权的行政机关管辖。法律、行政法规另有规定的，从其规定。

第24条 行政处罚权的承接

1. 省、自治区、直辖市根据当地实际情况，可以决定将基层管理迫切需要的县级人民政府部门的行政处罚权交由能够有效承接的乡镇人民政府、街道办事处行使，并定期组织评估。决定应当公布。
2. 承接行政处罚权的乡镇人民政府、街道办事处应当加强执法能力建设，按照规定范围、依照法定程序实施行政处罚。
3. 有关地方人民政府及其部门应当加强组织协调、业务指导、执法监督，建立健全行政处罚协调配合机制，完善评议、考核制度。

第25条 管辖权争议

1. 两个以上行政机关都有管辖权的，由最先立案的行政机关管辖。
2. 对管辖发生争议的，应当协商解决，协商不成的，报请共同的上一级行政机关指定管辖；也可以直接由共同的上一级行政机关指定管辖。

第26条 行政协助

行政机关因实施行政处罚的需要，可以向有关机关提出协助请求。协助事项属于被请求机关职权范围内的，应当依法予以协助。

第27条 行政处罚与刑事司法的衔接

1. 违法行为涉嫌犯罪的，行政机关应当及时将案件移送司法机关，依法追究刑事责任。对依法不需要追究刑事责任或者免予刑事处罚，但应当给予行政处罚的，司法机关应当及时将案件移送有关行政机关。
2. 行政处罚实施机关与司法机关之间应当加强协调配合，建立健全案件移送制度，加强证据材料移交、接收衔接，完善案件处理信息通报机制。

第28条 改正违法行为及没收违法所得

1. 行政机关实施行政处罚时，应当责令当事人改正或者限期改正违法行为。
2. 当事人有违法所得，除依法应当退赔的外，应当予以没收。违法所得是指实施违法行为所取得的款项。法律、行政法规、部门规章对违法所得的计算另有规定的，从其规定。

第29条 同一行为不得重复处罚

对当事人的同一个违法行为，不得给予两次以上罚款的行政处罚。同一个违法行为违反多个法律规范应当给予罚款处罚的，按照罚款数额高的规定处罚。

第30条	对未成年人处罚的限制		不满十四周岁的未成年人有违法行为的,不予行政处罚,责令监护人加以管教;已满十四周岁不满十八周岁的未成年人有违法行为的,应当从轻或者减轻行政处罚。
第31条	精神病人及限制性精神病人处罚的限制		精神病人、智力残疾人在不能辨认或者不能控制自己行为时有违法行为的,不予行政处罚,但应当责令其监护人严加看管和治疗。间歇性精神病人在精神正常时有违法行为的,应当给予行政处罚。尚未完全丧失辨认或者控制自己行为能力的精神病人、智力残疾人有违法行为的,可以从轻或者减轻行政处罚。
第32条	从轻、减轻处罚的条件		当事人有下列情形之一,应当从轻或者减轻行政处罚: (一)主动消除或者减轻违法行为危害后果的; (二)受他人胁迫或者诱骗实施违法行为的; (三)主动供述行政机关尚未掌握的违法行为的; (四)配合行政机关查处违法行为有立功表现的; (五)法律、法规、规章规定其他应当从轻或者减轻行政处罚的。
第33条	不予处罚的条件	1	违法行为轻微并及时改正,没有造成危害后果的,不予行政处罚。初次违法且危害后果轻微并及时改正的,可以不予行政处罚。
		2	当事人有证据足以证明没有主观过错的,不予行政处罚。法律、行政法规另有规定的,从其规定。
		3	对当事人的违法行为依法不予行政处罚的,行政机关应当对当事人进行教育。
第34条	行政处罚裁量基准		行政机关可以依法制定行政处罚裁量基准,规范行使行政处罚裁量权。行政处罚裁量基准应当向社会公布。
第35条	刑罚的折抵	1	违法行为构成犯罪,人民法院判处拘役或者有期徒刑时,行政机关已经给予当事人行政拘留的,应当依法折抵相应刑期。
		2	违法行为构成犯罪,人民法院判处罚金时,行政机关已经给予当事人罚款的,应当折抵相应罚金;行政机关尚未给予当事人罚款的,不再给予罚款。
第36条	处罚的时效	1	违法行为在二年内未被发现的,不再给予行政处罚;涉及公民生命健康安全、金融安全且有危害后果的,上述期限延长至五年。法律另有规定的除外。
		2	前款规定的期限,从违法行为发生之日起计算;违法行为有连续或者继续状态的,从行为终了之日起计算。
第37条	法不溯及既往		实施行政处罚,适用违法行为发生时的法律、法规、规章的规定。但是,作出行政处罚决定时,法律、法规、规章已被修改或者废止,且新的规定处罚较轻或者不认为是违法的,适用新的规定。

第38条 行政处罚的无效

1. 行政处罚没有依据或者实施主体不具有行政主体资格的,行政处罚无效。
2. 违反法定程序构成重大且明显违法的,行政处罚无效。

第五章 行政处罚的决定

第一节 一般规定

第39条 信息公示
行政处罚的实施机关、立案依据、实施程序和救济渠道等信息应当公示。

第40条 处罚的前提
公民、法人或者其他组织违反行政管理秩序的行为,依法应当给予行政处罚的,行政机关必须查明事实;违法事实不清、证据不足的,不得给予行政处罚。

第41条 电子技术监控设备的适用

1. 行政机关依照法律、行政法规规定利用电子技术监控设备收集、固定违法事实的,应当经过法制和技术审核,确保电子技术监控设备符合标准、设置合理、标志明显,设置地点应当向社会公布。
2. 电子技术监控设备记录违法事实应当真实、清晰、完整、准确。行政机关应当审核记录内容是否符合要求;未经审核或者经审核不符合要求的,不得作为行政处罚的证据。
3. 行政机关应当及时告知当事人违法事实,并采取信息化手段或者其他措施,为当事人查询、陈述和申辩提供便利。不得限制或者变相限制当事人享有的陈述权、申辩权。

第42条 执法人员要求

1. 行政处罚应当由具有行政执法资格的执法人员实施。执法人员不得少于两人,法律另有规定的除外。
2. 执法人员应当文明执法,尊重和保护当事人合法权益。

第43条 回避

1. 执法人员与案件有直接利害关系或者有其他关系可能影响公正执法的,应当回避。
2. 当事人认为执法人员与案件有直接利害关系或者有其他关系可能影响公正执法的,有权申请回避。
3. 当事人提出回避申请的,行政机关应当依法审查,由行政机关负责人决定。决定作出之前,不停止调查。

第44条 行政机关的告知义务
行政机关在作出行政处罚决定之前,应当告知当事人拟作出的行政处罚内容及事实、理由、依据,并告知当事人依法享有的陈述、申辩、要求听证等权利。

第45条 当事人的陈述权和申辩权

1. 当事人有权进行陈述和申辩。行政机关必须充分听取当事人的意见,对当事人提出的事实、理由和证据,应当进行复核;当事人提出的事实、理由或者证据成立的,行政机关应当采纳。
2. 行政机关不得因当事人陈述、申辩而给予更重的处罚。

第46条 证据

1. 证据包括:
(一)书证;
(二)物证;
(三)视听资料;

（四）电子数据；
（五）证人证言；
（六）当事人的陈述；
（七）鉴定意见；
（八）勘验笔录、现场笔录。

2 证据必须经查证属实，方可作为认定案件事实的根据。
3 以非法手段取得的证据，不得作为认定案件事实的根据。

第47条　行政处罚全过程记录

行政机关应当依法以文字、音像等形式，对行政处罚的启动、调查取证、审核、决定、送达、执行等进行全过程记录，归档保存。

第48条　行政处罚决定公示制度

1 具有一定社会影响的行政处罚决定应当依法公开。
2 公开的行政处罚决定被依法变更、撤销、确认违法或者确认无效的，行政机关应当在三日内撤回行政处罚决定信息并公开说明理由。

第49条　突发事件应对

发生重大传染病疫情等突发事件，为了控制、减轻和消除突发事件引起的社会危害，行政机关对违反突发事件应对措施的行为，依法快速、从重处罚。

第50条　保密义务

行政机关及其工作人员对实施行政处罚过程中知悉的国家秘密、商业秘密或者个人隐私，应当依法予以保密。

第二节　简易程序

第51条　当场处罚的情形

违法事实确凿并有法定依据，对公民处以二百元以下、对法人或者其他组织处以三千元以下罚款或者警告的行政处罚的，可以当场作出行政处罚决定。法律另有规定的，从其规定。

第52条　当场处罚的程序

1 执法人员当场作出行政处罚决定的，应当向当事人出示执法证件，填写预定格式、编有号码的行政处罚决定书，并当场交付当事人。当事人拒绝签收的，应当在行政处罚决定书上注明。
2 前款规定的行政处罚决定书应当载明当事人的违法行为，行政处罚的种类和依据、罚款数额、时间、地点，申请行政复议、提起行政诉讼的途径和期限以及行政机关名称，并由执法人员签名或者盖章。
3 执法人员当场作出的行政处罚决定，应当报所属行政机关备案。

第53条　当场处罚的履行

对当场作出的行政处罚决定，当事人应当依照本法第六十七条至第六十九条的规定履行。

第六十七条　作出罚款决定的行政机关应当与收缴罚款的机构分离。

除依照本法第六十八条、第六十九条的规定当场收缴的罚款外，作出行政处罚决定的行政机关及其执法人员不得自行收缴罚款。

当事人应当自收到行政处罚决定书之日起十五日内，到指定的银行或者通过电子支付系统缴纳罚款。银行应当收受罚款，并将罚款直接上缴国库。

第六十八条　依照本法第五十一条的规定当场作出行政处罚决定，有下列情形之一，执法人员可以当场收缴罚款：（一）依法给予一百元以下罚款的；（二）不当场收缴事后难以执行的。

第六十九条　在边远、水上、交通不便地区，行政机关及其执法人员依照本法第五十一条、第五十七条的规定作出罚款决定后，当事人到指定的银行或者通过电子支付系统缴纳罚款确有困难，经当事人提出，行政机关及其执法人员可以当场收缴罚款。

第三节 普通程序

第54条 调查取证与立案

1. 除本法第五十一条规定的可以当场作出的行政处罚外,行政机关发现公民、法人或者其他组织有依法应当给予行政处罚的行为的,必须全面、客观、公正地调查,收集有关证据;必要时,依照法律、法规的规定,可以进行检查。
2. 符合立案标准的,行政机关应当及时立案。

第55条 出示证件与协助调查

1. 执法人员在调查或者进行检查时,应当主动向当事人或者有关人员出示执法证件。当事人或者有关人员有权要求执法人员出示法证件。执法人员不出示执法证件的,当事人或者有关人员有权拒绝接受调查或者检查。
2. 当事人或者有关人员应当如实回答询问,并协助调查或者检查,不得拒绝或者阻挠。询问或者检查应当制作笔录。

第56条 证据收集程序

行政机关在收集证据时,可以采取抽样取证的方法;在证据可能灭失或者以后难以取得的情况下,经行政机关负责人批准,可以先行登记保存,并应当在七日内及时作出处理决定,在此期间,当事人或者有关人员不得销毁或者转移证据。

第57条 处罚决定

1. 调查终结,行政机关负责人应当对调查结果进行审查,根据不同情况,分别作出如下决定:
   (一)确有应受行政处罚的违法行为的,根据情节轻重及具体情况,作出行政处罚决定;
   (二)违法行为轻微,依法可以不予行政处罚的,不予行政处罚;
   (三)违法事实不能成立的,不予行政处罚;
   (四)违法行为涉嫌犯罪的,移送司法机关。
2. 对情节复杂或者重大违法行为给予行政处罚,行政机关负责人应当集体讨论决定。

第58条 法制审核

1. 有下列情形之一,在行政机关负责人作出行政处罚的决定之前,应当由从事行政处罚决定法制审核的人员进行法制审核;未经法制审核或者审核未通过的,不得作出决定:
   (一)涉及重大公共利益的;
   (二)直接关系当事人或者第三人重大权益,经过听证程序的;
   (三)案件情况疑难复杂、涉及多个法律关系的;
   (四)法律、法规规定应当进行法制审核的其他情形。
2. 行政机关中初次从事行政处罚决定法制审核的人员,应当通过国家统一法律职业资格考试取得法律职业资格。

第59条 行政处罚决定书的内容

1. 行政机关依照本法第五十七条的规定给予行政处罚,应当制作行政处罚决定书。行政处罚决定书应当载明下列事项:
   (一)当事人的姓名或者名称、地址;
   (二)违反法律、法规、规章的事实和证据;

第五十一条 违法事实确凿并有法定依据，对公民处以二百元以下、对法人或者其他组织处以三千元以下罚款或者警告的行政处罚的，可以当场作出行政处罚决定。法律另有规定的，从其规定。

（三）行政处罚的种类和依据；
（四）行政处罚的履行方式和期限；
（五）申请行政复议、提起行政诉讼的途径和期限；
（六）作出行政处罚决定的行政机关名称和作出决定的日期。
行政处罚决定书必须盖有作出行政处罚决定的行政机关的印章。

第60条 行政处罚决定作出期限
行政机关应当自行政处罚案件立案之日起九十日内作出行政处罚决定。法律、法规、规章另有规定的，从其规定。

第61条 送达
行政处罚决定书应当在宣告后当场交付当事人；当事人不在场的，行政机关应当在七日内依照《中华人民共和国民事诉讼法》的有关规定，将行政处罚决定书送达当事人。
当事人同意并签订确认书的，行政机关可以采用传真、电子邮件等方式，将行政处罚决定书等送达当事人。

第62条 处罚的成立条件
行政机关及其执法人员在作出行政处罚决定之前，未依照本法第四十四条、第四十五条的规定向当事人告知拟作出的行政处罚内容及事实、理由、依据，或者拒绝听取当事人的陈述、申辩，不得作出行政处罚决定；当事人明确放弃陈述或者申辩权利的除外。

第四节 听证程序

第63条 听证权
行政机关拟作出下列行政处罚决定，应当告知当事人有要求听证的权利，当事人要求听证的，行政机关应当组织听证：
（一）较大数额罚款；
（二）没收较大数额违法所得、没收较大价值非法财物；
（三）降低资质等级、吊销许可证件；
（四）责令停产停业、责令关闭、限制从业；
（五）其他较重的行政处罚；
（六）法律、法规、规章规定的其他情形。
当事人不承担行政机关组织听证的费用。

第64条 听证程序
听证应当依照以下程序组织：
（一）当事人要求听证的，应当在行政机关告知后五日内提出；
（二）行政机关应当在举行听证的七日前，通知当事人及有关人员听证的时间、地点；
（三）除涉及国家秘密、商业秘密或者个人隐私依法予以保密外，听证公开举行；
（四）听证由行政机关指定的非本案调查人员主持；当事人认为主持人与本案有直接利害关系的，有权申请回避；
（五）当事人可以亲自参加听证，也可以委托一至二人代理；
（六）当事人及其代理人无正当理由拒不出席听证或者未经许可中途退出听证的，视为放弃听证权利，行政机关终止听证；

第四十四条 行政机关在作出行政处罚决定之前,应当告知当事人拟作出的行政处罚内容及事实、理由、依据,并告知当事人依法享有的陈述、申辩、要求听证等权利。

第四十五条 当事人有权进行陈述和申辩。行政机关必须充分听取当事人的意见,对当事人提出的事实、理由和证据,应当进行复核;当事人提出的事实、理由或者证据成立的,行政机关应当采纳。

行政机关不得因当事人陈述、申辩而给予更重的处罚。

	（七）举行听证时，调查人员提出当事人违法的事实、证据和行政处罚建议，当事人进行申辩和质证； （八）听证应当制作笔录。笔录应当交当事人或者其代理人核对无误后签字或者盖章。当事人或者其代理人拒绝签字或者盖章的，由听证主持人在笔录中注明。
第65条　听证结束后的处理	听证结束后，行政机关应当根据听证笔录，依照本法第五十七条的规定，作出决定。

第五十七条　调查终结,行政机关负责人应当对调查结果进行审查,根据不同情况,分别作出如下决定:(一)确有应受行政处罚的违法行为的,根据情节轻重及具体情况,作出行政处罚决定;(二)违法行为轻微,依法可以不予行政处罚的,不予行政处罚;(三)违法事实不能成立的,不予行政处罚;(四)违法行为涉嫌犯罪的,移送司法机关。

对情节复杂或者重大违法行为给予行政处罚,行政机关负责人应当集体讨论决定。

第六章　行政处罚的执行

第66条　履行义务

1. 行政处罚决定依法作出后,当事人应当在行政处罚决定书载明的期限内,予以履行。
2. 当事人确有经济困难,需要延期或者分期缴纳罚款的,经当事人申请和行政机关批准,可以暂缓或者分期缴纳。

第67条　罚缴分离原则

1. 作出罚款决定的行政机关应当与收缴罚款的机构分离。
2. 除依照本法第六十八条、第六十九条的规定当场收缴的罚款外,作出行政处罚决定的行政机关及其执法人员不得自行收缴罚款。
3. 当事人应当自收到行政处罚决定书之日起十五日内,到指定的银行或者通过电子支付系统缴纳罚款。银行应当收受罚款,并将罚款直接上缴国库。

第68条　当场收缴罚款范围

依照本法第五十一条的规定当场作出行政处罚决定,有下列情形之一,执法人员可以当场收缴罚款:
（一）依法给予一百元以下罚款的;
（二）不当场收缴事后难以执行的。

第69条　边远地区当场收缴罚款

在边远、水上、交通不便地区,行政机关及其执法人员依照本法第五十一条、第五十七条的规定作出罚款决定后,当事人到指定的银行或者通过电子支付系统缴纳罚款确有困难,经当事人提出,行政机关及其执法人员可以当场收缴罚款。

第70条　罚款票据

行政机关及其执法人员当场收缴罚款的,必须向当事人出具国务院财政部门或者省、自治区、直辖市人民政府财政部门统一制发的专用票据;不出具财政部门统一制发的专用票据的,当事人有权拒绝缴纳罚款。

第71条　当场收缴罚款的缴纳期限

执法人员当场收缴的罚款,应当自收缴罚款之日起二日内,交至行政机关;在水上当场收缴的罚款,应当自抵岸之日起二日内交至行政机关;行政机关应当在二日内将罚款缴付指定的银行。

第72条　执行措施

1. 当事人逾期不履行行政处罚决定的,作出行政处罚决定的行政机关可以采取下列措施:
（一）到期不缴纳罚款的,每日按罚款数额的百分之三加处罚款,加处罚款的数额不得超出罚款的数额;
（二）根据法律规定,将查封、扣押的财物拍卖、依法处理或者将冻结的存款、汇款划拨抵缴罚款;
（三）根据法律规定,采取其他行政强制执行方式;
（四）依照《中华人民共和国行政强制法》的规定申请人民法院强制执行。
2. 行政机关批准延期、分期缴纳罚款的,申请人民法院强制执行的期限,自暂缓或者分期缴纳罚款期限结束之日起计算。

第五十一条 违法事实确凿并有法定依据，对公民处以二百元以下、对法人或者其他组织处以三千元以下罚款或者警告的行政处罚的，可以当场作出行政处罚决定。法律另有规定的，从其规定。

第五十七条 调查终结，行政机关负责人应当对调查结果进行审查，根据不同情况，分别作出如下决定：（一）确有应受行政处罚的违法行为的，根据情节轻重及具体情况，作出行政处罚决定；（二）违法行为轻微，依法可以不予行政处罚的，不予行政处罚；（三）违法事实不能成立的，不予行政处罚；（四）违法行为涉嫌犯罪的，移送司法机关。

对情节复杂或者重大违法行为给予行政处罚，行政机关负责人应当集体讨论决定。

第73条 不停止执行及暂缓执行

1. 当事人对行政处罚决定不服，申请行政复议或者提起行政诉讼的，行政处罚不停止执行，法律另有规定的除外。
2. 当事人对限制人身自由的行政处罚决定不服，申请行政复议或者提起行政诉讼的，可以向作出决定的机关提出暂缓执行申请。符合法律规定情形的，应当暂缓执行。
3. 当事人申请行政复议或者提起行政诉讼的，加处罚款的数额在行政复议或者行政诉讼期间不予计算。

第74条 没收的非法财物的处理

1. 除依法应当予以销毁的物品外，依法没收的非法财物必须按照国家规定公开拍卖或者按照国家有关规定处理。
2. 罚款、没收的违法所得或者没收非法财物拍卖的款项，必须全部上缴国库，任何行政机关或者个人不得以任何形式截留、私分或者变相私分。
3. 罚款、没收的违法所得或者没收非法财物拍卖的款项，不得同作出行政处罚决定的行政机关及其工作人员的考核、考评直接或者变相挂钩。除依法应当退还、退赔的外，财政部门不得以任何形式向作出行政处罚决定的行政机关返还罚款、没收的违法所得或者没收非法财物拍卖的款项。

第75条 监督检查

1. 行政机关应当建立健全对行政处罚的监督制度。县级以上人民政府应当定期组织开展行政执法评议、考核，加强对行政处罚的监督检查，规范和保障行政处罚的实施。
2. 行政机关实施行政处罚应当接受社会监督。公民、法人或者其他组织对行政机关实施行政处罚的行为，有权申诉或者检举；行政机关应当认真审查，发现有错误的，应当主动改正。

第七章 法律责任

第76条 上级行政机关的监督

行政机关实施行政处罚,有下列情形之一,由上级行政机关或者有关机关责令改正,对直接负责的主管人员和其他直接责任人员依法给予处分:
(一)没有法定的行政处罚依据的;
(二)擅自改变行政处罚种类、幅度的;
(三)违反法定的行政处罚程序的;
(四)违反本法第二十条关于委托处罚的规定的;
(五)执法人员未取得执法证件的。

行政机关对符合立案标准的案件不及时立案的,依照前款规定予以处理。

第77条 当事人的拒绝处罚权及检举权

行政机关对当事人进行处罚不使用罚款、没收财物单据或者使用非法定部门制发的罚款、没收财物单据的,当事人有权拒绝,并有权予以检举,由上级行政机关或者有关机关对使用的非法单据予以缴销销毁,对直接负责的主管人员和其他直接责任人员依法给予处分。

第78条 自行收缴罚款的处理

行政机关违反本法第六十七条的规定自行收缴罚款的,财政部门违反本法第七十四条的规定向行政机关返还罚款、没收的违法所得或者拍卖款项的,由上级行政机关或者有关机关责令改正,对直接负责的主管人员和其他直接责任人员依法给予处分。

第79条 私分罚没财物的处理

行政机关截留、私分或者变相私分罚款、没收的违法所得或者财物的,由财政部门或者有关机关予以追缴,对直接负责的主管人员和其他直接责任人员依法给予处分;情节严重构成犯罪的,依法追究刑事责任。

执法人员利用职务上的便利,索取或者收受他人财物、将收缴罚款据为己有,构成犯罪的,依法追究刑事责任;情节轻微不构成犯罪的,依法给予处分。

第80条 使用、损毁查封、扣押财物的法律责任

行政机关使用或者损毁查封、扣押的财物,对当事人造成损失的,应当依法予以赔偿,对直接负责的主管人员和其他直接责任人员依法给予处分。

第81条 违法实行检查和执行措施的法律责任

行政机关违法实施检查措施或者执行措施,给公民人身或者财产造成损害、给法人或者其他组织造成损失的,应当依法予以赔偿,对直接负责的主管人员和其他直接责任人员依法给予处分;情节严重构成犯罪的,依法追究刑事责任。

第82条 以行代刑的责任

行政机关对应当依法移交司法机关追究刑事责任的案件不移交,以行政处罚代替刑事处罚,由上级行政机关或者有关机关责令改正,对直接负责的主管人员和其他直接责任人员依法给予处分;情节严重构成犯罪的,依法追究刑事责任。

第二十条　行政机关依照法律、法规、规章的规定，可以在其法定权限内书面委托符合本法第二十一条规定条件的组织实施行政处罚。行政机关不得委托其他组织或者个人实施行政处罚。

　　委托书应当载明委托的具体事项、权限、期限等内容。委托行政机关和受委托组织应当将委托书向社会公布。

　　委托行政机关对受委托组织实施行政处罚的行为应当负责监督，并对该行为的后果承担法律责任。

　　受委托组织在委托范围内，以委托行政机关名义实施行政处罚；不得再委托其他组织或者个人实施行政处罚。

第六十七条　作出罚款决定的行政机关应当与收缴罚款的机构分离。

　　除依照本法第六十八条、第六十九条的规定当场收缴的罚款外，作出行政处罚决定的行政机关及其执法人员不得自行收缴罚款。

　　当事人应当自收到行政处罚决定书之日起十五日内，到指定的银行或者通过电子支付系统缴纳罚款。银行应当收受罚款，并将罚款直接上缴国库。

第七十四条　除依法应当予以销毁的物品外，依法没收的非法财物必须按照国家规定公开拍卖或者按照国家有关规定处理。

　　罚款、没收的违法所得或者没收非法财物拍卖的款项，必须全部上缴国库，任何行政机关或者个人不得以任何形式截留、私分或者变相私分。

　　罚款、没收的违法所得或者没收非法财物拍卖的款项，不得同作出行政处罚决定的行政机关及其工作人员的考核、考评直接或者变相挂钩。除依法应当退还、退赔的外，财政部门不得以任何形式向作出行政处罚决定的行政机关返还罚款、没收的违法所得或者没收非法财物拍卖的款项。

第83条	行政不作为的法律责任	行政机关对应当予以制止和处罚的违法行为不予制止、处罚,致使公民、法人或者其他组织的合法权益、公共利益和社会秩序遭受损害的,对直接负责的主管人员和其他直接责任人员依法给予处分;情节严重构成犯罪的,依法追究刑事责任。

第八章 附则

第 84 条 属地原则

外国人、无国籍人、外国组织在中华人民共和国领域内有违法行为，应当给予行政处罚的，适用本法，法律另有规定的除外。

第 85 条 工作日

本法中"二日""三日""五日""七日"的规定是指工作日，不含法定节假日。

第 86 条 施行日期

本法自 2021 年 7 月 15 日起施行。

中华人民共和国行政许可法

（2003年8月27日第十届全国人民代表大会常务委员会第四次会议通过　根据2019年4月23日第十三届全国人民代表大会常务委员会第十次会议《关于修改〈中华人民共和国建筑法〉等八部法律的决定》修正）

第一章 总则

第1条 立法目的

为了规范行政许可的设定和实施,保护公民、法人和其他组织的合法权益,维护公共利益和社会秩序,保障和监督行政机关有效实施行政管理,根据宪法,制定本法。

第2条 行政许可的含义

本法所称行政许可,是指行政机关根据公民、法人或者其他组织的申请,经依法审查,准予其从事特定活动的行为。

第3条 适用范围

1. 行政许可的设定和实施,适用本法。
2. 有关行政机关对其他机关或者对其直接管理的事业单位的人事、财务、外事等事项的审批,不适用本法。

第4条 合法原则

设定和实施行政许可,应当依照法定的权限、范围、条件和程序。

第5条 公开、公平、公正、非歧视原则

1. 设定和实施行政许可,应当遵循公开、公平、公正、非歧视的原则。
2. 有关行政许可的规定应当公布;未经公布的,不得作为实施行政许可的依据。行政许可的实施和结果,除涉及国家秘密、商业秘密或者个人隐私的外,应当公开。未经申请人同意,行政机关及其工作人员、参与专家评审等的人员不得披露申请人提交的商业秘密、未披露信息或者保密商务信息,法律另有规定或者涉及国家安全、重大社会公共利益的除外;行政机关依法公开申请人前述信息的,允许申请人在合理期限内提出异议。
3. 符合法定条件、标准的,申请人有依法取得行政许可的平等权利,行政机关不得歧视任何人。

第6条 便民原则

实施行政许可,应当遵循便民的原则,提高办事效率,提供优质服务。

第7条 陈述权、申辩权和救济权

公民、法人或者其他组织对行政机关实施行政许可,享有陈述权、申辩权;有权依法申请行政复议或者提起行政诉讼;其合法权益因行政机关违法实施行政许可受到损害的,有权依法要求赔偿。

第8条 信赖保护原则

1. 公民、法人或者其他组织依法取得的行政许可受法律保护,行政机关不得擅自改变已经生效的行政许可。
2. 行政许可所依据的法律、法规、规章修改或者废止,或者准予行政许可所依据的客观情况发生重大变化的,为了公共利益的需要,行政机关可以依法变更或者撤回已经生效的行政许可。由此给公民、法人或者其他组织造成财产损失的,行政机关应当依法给予补偿。

第9条 行政许可的转让

依法取得的行政许可,除法律、法规规定依照法定条件和程序可以转让的外,不得转让。

257

第10条 | 行政许可监督

1. 县级以上人民政府应当建立健全对行政机关实施行政许可的监督制度,加强对行政机关实施行政许可的监督检查。
2. 行政机关应当对公民、法人或者其他组织从事行政许可事项的活动实施有效监督。

第二章 行政许可的设定

第11条 行政许可设定原则

设定行政许可,应当遵循经济和社会发展规律,有利于发挥公民、法人或者其他组织的积极性、主动性,维护公共利益和社会秩序,促进经济、社会和生态环境协调发展。

第12条 行政许可的设定事项

下列事项可以设定行政许可:
(一)直接涉及国家安全、公共安全、经济宏观调控、生态环境保护以及直接关系人身健康、生命财产安全等特定活动,需要按照法定条件予以批准的事项;
(二)有限自然资源开发利用、公共资源配置以及直接关系公共利益的特定行业的市场准入等,需要赋予特定权利的事项;
(三)提供公众服务并且直接关系公共利益的职业、行业,需要确定具备特殊信誉、特殊条件或者特殊技能等资格、资质的事项;
(四)直接关系公共安全、人身健康、生命财产安全的重要设备、设施、产品、物品,需要按照技术标准、技术规范,通过检验、检测、检疫等方式进行审定的事项;
(五)企业或者其他组织的设立等,需要确定主体资格的事项;
(六)法律、行政法规规定可以设定行政许可的其他事项。

第13条 不设定行政许可的事项

本法第十二条所列事项,通过下列方式能够予以规范的,可以不设行政许可:
(一)公民、法人或者其他组织能够自主决定的;
(二)市场竞争机制能够有效调节的;
(三)行业组织或者中介机构能够自律管理的;
(四)行政机关采用事后监督等其他行政管理方式能够解决的。

第14条 法律、行政法规、国务院决定的行政许可设定权

1 本法第十二条所列事项,法律可以设定行政许可。尚未制定法律的,行政法规可以设定行政许可。
2 必要时,国务院可以采用发布决定的方式设定行政许可。实施后,除临时性行政许可事项外,国务院应当及时提请全国人民代表大会及其常务委员会制定法律,或者自行制定行政法规。

第15条 地方性法规、省级政府规章的行政许可设定权

1 本法第十二条所列事项,尚未制定法律、行政法规的,地方性法规可以设定行政许可;尚未制定法律、行政法规和地方性法规的,因行政管理的需要,确需立即实施行政许可的,省、自治区、直辖市人民政府规章可以设定临时性的行政许可。临时性的行政许可实施满一年需要继续实施的,应当提请本级人民代表大会及其常务委员会制定地方性法规。
2 地方性法规和省、自治区、直辖市人民政府规章,不得设定应当由国家统一确定的公民、法人或者其他组织的资格、资质的行政许可;不得设定企业或者其他组织的设立登记及其前置性行政许可。其设定的行政许可,不得限制其他地区的个人或者企业到本地区从事生产经营和提供服务,不得限制其他地区的商品进入本地区市场。

第 16 条　行政许可规定权

1. 行政法规可以在法律设定的行政许可事项范围内,对实施该行政许可作出具体规定。
2. 地方性法规可以在法律、行政法规设定的行政许可事项范围内,对实施该行政许可作出具体规定。
3. 规章可以在上位法设定的行政许可事项范围内,对实施该行政许可作出具体规定。
4. 法规、规章对实施上位法设定的行政许可作出的具体规定,不得增设行政许可;对行政许可条件作出的具体规定,不得增设违反上位法的其他条件。

第 17 条　其他规范性文件不得设定行政许可

除本法第十四条、第十五条规定的外,其他规范性文件一律不得设定行政许可。

第 18 条　行政许可应当明确规定的事项

设定行政许可,应当规定行政许可的实施机关、条件、程序、期限。

第 19 条　设定行政许可应当听取意见、说明理由

起草法律草案、法规草案和省、自治区、直辖市人民政府规章草案,拟设定行政许可的,起草单位应当采取听证会、论证会等形式听取意见,并向制定机关说明设定该行政许可的必要性、对经济和社会可能产生的影响以及听取和采纳意见的情况。

第 20 条　行政许可评价制度

1. 行政许可的设定机关应当定期对其设定的行政许可进行评价;对已设定的行政许可,认为通过本法第十三条所列方式能够解决的,应当对设定该行政许可的规定及时予以修改或者废止。
2. 行政许可的实施机关可以对已设定的行政许可的实施情况及存在的必要性适时进行评价,并将意见报告该行政许可的设定机关。
3. 公民、法人或者其他组织可以向行政许可的设定机关和实施机关就行政许可的设定和实施提出意见和建议。

第 21 条　停止实施行政许可

省、自治区、直辖市人民政府对行政法规设定的有关经济事务的行政许可,根据本行政区域经济和社会发展情况,认为通过本法第十三条所列方式能够解决的,报国务院批准后,可以在本行政区域内停止实施该行政许可。

第十三条　本法第十二条所列事项，通过下列方式能够予以规范的，可以不设行政许可：（一）公民、法人或者其他组织能够自主决定的；（二）市场竞争机制能够有效调节的；（三）行业组织或者中介机构能够自律管理的；（四）行政机关采用事后监督等其他行政管理方式能够解决的。

第十四条　本法第十二条所列事项，法律可以设定行政许可。尚未制定法律的，行政法规可以设定行政许可。

　　必要时，国务院可以采用发布决定的方式设定行政许可。实施后，除临时性行政许可事项外，国务院应当及时提请全国人民代表大会及其常务委员会制定法律，或者自行制定行政法规。

第十五条　本法第十二条所列事项，尚未制定法律、行政法规的，地方性法规可以设定行政许可；尚未制定法律、行政法规和地方性法规的，因行政管理的需要，确需立即实施行政许可的，省、自治区、直辖市人民政府规章可以设定临时性的行政许可。临时性的行政许可实施满一年需要继续实施的，应当提请本级人民代表大会及其常务委员会制定地方性法规。

　　地方性法规和省、自治区、直辖市人民政府规章，不得设定应当由国家统一确定的公民、法人或者其他组织的资格、资质的行政许可；不得设定企业或者其他组织的设立登记及其前置性行政许可。其设定的行政许可，不得限制其他地区的个人或者企业到本地区从事生产经营和提供服务，不得限制其他地区的商品进入本地区市场。

第三章 行政许可的实施机关

第22条 行政许可实施主体的一般规定

行政许可由具有行政许可权的行政机关在其法定职权范围内实施。

第23条 法律、法规授权组织实施行政许可

法律、法规授权的具有管理公共事务职能的组织,在法定授权范围内,以自己的名义实施行政许可。被授权的组织适用本法有关行政机关的规定。

第24条 委托实施行政许可的主体

1　行政机关在其法定职权范围内,依照法律、法规、规章的规定,可以委托其他行政机关实施行政许可。委托机关应当将受委托行政机关和受委托实施行政许可的内容予以公告。

2　委托行政机关对受委托行政机关实施行政许可的行为应当负责监督,并对该行为的后果承担法律责任。

3　受委托行政机关在委托范围内,以委托行政机关名义实施行政许可;不得再委托其他组织或者个人实施行政许可。

第25条 相对集中行政许可权

经国务院批准,省、自治区、直辖市人民政府根据精简、统一、效能的原则,可以决定一个行政机关行使有关行政机关的行政许可权。

第26条 一个窗口对外、统一办理或者联合办理、集中办理

1　行政许可需要行政机关内设的多个机构办理的,该行政机关应当确定一个机构统一受理行政许可申请,统一送达行政许可决定。

2　行政许可依法由地方人民政府两个以上部门分别实施的,本级人民政府可以确定一个部门受理行政许可申请并转告有关部门分别提出意见后统一办理,或者组织有关部门联合办理、集中办理。

第27条 行政机关及其工作人员的纪律约束

1　行政机关实施行政许可,不得向申请人提出购买指定商品、接受有偿服务等不正当要求。

2　行政机关工作人员办理行政许可,不得索取或者收受申请人的财物,不得谋取其他利益。

第28条 授权专业组织实施的指导性规定

对直接关系公共安全、人身健康、生命财产安全的设备、设施、产品、物品的检验、检测、检疫,除法律、行政法规规定由行政机关实施的外,应当逐步由符合法定条件的专业技术组织实施。专业技术组织及其有关人员对所实施的检验、检测、检疫结论承担法律责任。

第四章 行政许可的实施程序

第一节 申请与受理

第29条 行政许可申请

1. 公民、法人或者其他组织从事特定活动,依法需要取得行政许可的,应当向行政机关提出申请。申请书需要采用格式文本的,行政机关应当向申请人提供行政许可申请书格式文本。申请书格式文本中不得包含与申请行政许可事项没有直接关系的内容。
2. 申请人可以委托代理人提出行政许可申请。但是,依法应当由申请人到行政机关办公场所提出行政许可申请的除外。
3. 行政许可申请可以通过信函、电报、电传、传真、电子数据交换和电子邮件等方式提出。

第30条 行政机关公示义务

1. 行政机关应当将法律、法规、规章规定的有关行政许可的事项、依据、条件、数量、程序、期限以及需要提交的全部材料的目录和申请书示范文本等在办公场所公示。
2. 申请人要求行政机关对公示内容予以说明、解释的,行政机关应当说明、解释,提供准确、可靠的信息。

第31条 申请人提交真实材料、反映真实情况义务

1. 申请人申请行政许可,应当如实向行政机关提交有关材料和反映真实情况,并对其申请材料实质内容的真实性负责。行政机关不得要求申请人提交与其申请的行政许可事项无关的技术资料和其他材料。
2. 行政机关及其工作人员不得以转让技术作为取得行政许可的条件;不得在实施行政许可的过程中,直接或者间接地要求转让技术。

第32条 行政许可申请的处理

1. 行政机关对申请人提出的行政许可申请,应当根据下列情况分别作出处理:
   (一)申请事项依法不需要取得行政许可的,应当即时告知申请人不受理;
   (二)申请事项依法不属于本行政机关职权范围的,应当即时作出不予受理的决定,并告知申请人向有关行政机关申请;
   (三)申请材料存在可以当场更正的错误的,应当允许申请人当场更正;
   (四)申请材料不齐全或者不符合法定形式的,应当当场或者在五日内一次告知申请人需要补正的全部内容,逾期不告知的,自收到申请材料之日起即为受理;
   (五)申请事项属于本行政机关职权范围,申请材料齐全、符合法定形式,或者申请人按照本行政机关的要求提交全部补正申请材料的,应当受理行政许可申请。
2. 行政机关受理或者不予受理行政许可申请,应当出具加盖本行政机关专用印章和注明日期的书面凭证。

第33条 鼓励行政机关发展电子政务实施行政许可

行政机关应当建立和完善有关制度，推行电子政务，在行政机关的网站上公布行政许可事项，方便申请人采取数据电文等方式提出行政许可申请；应当与其他行政机关共享有关行政许可信息，提高办事效率。

第二节 审查与决定

第34条 审查行政许可材料

1. 行政机关应当对申请人提交的申请材料进行审查。
2. 申请人提交的申请材料齐全、符合法定形式，行政机关能够当场作出决定的，应当当场作出书面的行政许可决定。
3. 根据法定条件和程序，需要对申请材料的实质内容进行核实的，行政机关应当指派两名以上工作人员进行核查。

第35条 多层级行政机关实施行政许可的审查程序

依法应当先经下级行政机关审查后报上级行政机关决定的行政许可，下级行政机关应当在法定期限内将初步审查意见和全部申请材料直接报送上级行政机关。上级行政机关不得要求申请人重复提供申请材料。

第36条 直接关系他人重大利益的行政许可审查程序

行政机关对行政许可申请进行审查时，发现行政许可事项直接关系他人重大利益的，应当告知该利害关系人。申请人、利害关系人有权进行陈述和申辩。行政机关应当听取申请人、利害关系人的意见。

第37条 行政机关依法作出行政许可决定

行政机关对行政许可申请进行审查后，除当场作出行政许可决定的外，应当在法定期限内按照规定程序作出行政许可决定。

第38条 行政机关许可和不予许可应当履行的义务

1. 申请人的申请符合法定条件、标准的，行政机关应当依法作出准予行政许可的书面决定。
2. 行政机关依法作出不予行政许可的书面决定的，应当说明理由，并告知申请人享有依法申请行政复议或者提起行政诉讼的权利。

第39条 颁发行政许可证件

1. 行政机关作出准予行政许可的决定，需要颁发行政许可证件的，应当向申请人颁发加盖本行政机关印章的下列行政许可证件：
   （一）许可证、执照或者其他许可证书；
   （二）资格证、资质证或者其他合格证书；
   （三）行政机关的批准文件或者证明文件；
   （四）法律、法规规定的其他行政许可证件。
2. 行政机关实施检验、检测、检疫的，可以在检验、检测、检疫合格的设备、设施、产品、物品上加贴标签或者加盖检验、检测、检疫印章。

第40条 准予行政许可决定的公开义务

行政机关作出的准予行政许可决定，应当予以公开，公众有权查阅。

第41条 行政许可的地域效力

法律、行政法规设定的行政许可，其适用范围没有地域限制的，申请人取得的行政许可在全国范围内有效。

第三节 期限

第42条 行政许可一般期限

1. 除可以当场作出行政许可决定的外，行政机关应当自受理行政许可申请之日起二十日内作出行政许可决定。二十日内不能作出决定的，经本行政机关负责人批准，可以延长十日，并应当将延长期限的理由告知申请人。但是，法律、法规另有规定的，依照其规定。

2. 依照本法第二十六条的规定，行政许可采取统一办理或者联合办理、集中办理的，办理的时间不得超过四十五日；四十五日内不能办结的，经本级人民政府负责人批准，可以延长十五日，并应当将延长期限的理由告知申请人。

第43条 多层级许可的审查期限

依法应当先经下级行政机关审查后报上级行政机关决定的行政许可，下级行政机关应当自其受理行政许可申请之日起二十日内审查完毕。但是，法律、法规另有规定的，依照其规定。

第44条 许可证章颁发期限

行政机关作出准予行政许可的决定，应当自作出决定之日起十日内向申请人颁发、送达行政许可证件，或者加贴标签、加盖检验、检测、检疫印章。

第45条 不纳入许可期限的事项

行政机关作出行政许可决定，依法需要听证、招标、拍卖、检验、检测、检疫、鉴定和专家评审的，所需时间不计算在本节规定的期限内。行政机关应当将所需时间书面告知申请人。

第四节 听证

第46条 行政机关主动举行听证的行政许可事项

法律、法规、规章规定实施行政许可应当听证的事项，或者行政机关认为需要听证的其他涉及公共利益的重大行政许可事项，行政机关应当向社会公告，并举行听证。

第47条 行政机关应申请举行听证的行政许可事项

1. 行政许可直接涉及申请人与他人之间重大利益关系的，行政机关在作出行政许可决定前，应当告知申请人、利害关系人享有要求听证的权利；申请人、利害关系人在被告知听证权利之日起五日内提出听证申请的，行政机关应当在二十日内组织听证。

2. 申请人、利害关系人不承担行政机关组织听证的费用。

第48条 行政许可听证程序规则

1. 听证按照下列程序进行：
（一）行政机关应当于举行听证的七日前将举行听证的时间、地点通知申请人、利害关系人，必要时予以公告；
（二）听证应当公开举行；

第二十六条　行政许可需要行政机关内设的多个机构办理的，该行政机关应当确定一个机构统一受理行政许可申请，统一送达行政许可决定。

　　行政许可依法由地方人民政府两个以上部门分别实施的，本级人民政府可以确定一个部门受理行政许可申请并转告有关部门分别提出意见后统一办理，或者组织有关部门联合办理、集中办理。

（三）行政机关应当指定审查该行政许可申请的工作人员以外的人员为听证主持人，申请人、利害关系人认为主持人与该行政许可事项有直接利害关系的，有权申请回避；
（四）举行听证时，审查该行政许可申请的工作人员应当提供审查意见的证据、理由，申请人、利害关系人可以提出证据，并进行申辩和质证；
（五）听证应当制作笔录，听证笔录应当交听证参加人确认无误后签字或者盖章。

2 行政机关应当根据听证笔录，作出行政许可决定。

第五节 变更与延续

第49条 变更行政许可的程序

被许可人要求变更行政许可事项的，应当向作出行政许可决定的行政机关提出申请；符合法定条件、标准的，行政机关应当依法办理变更手续。

第50条 延续行政许可的程序

1 被许可人需要延续依法取得的行政许可的有效期的，应当在该行政许可有效期届满三十日前向作出行政许可决定的行政机关提出申请。但是，法律、法规、规章另有规定的，依照其规定。

2 行政机关应当根据被许可人的申请，在该行政许可有效期届满前作出是否准予延续的决定；逾期未作决定的，视为准予延续。

第六节 特别规定

第51条 本节和本章其他规定适用规则

实施行政许可的程序，本节有规定的，适用本节规定；本节没有规定的，适用本章其他有关规定。

第52条 国务院实施行政许可程序

国务院实施行政许可的程序，适用有关法律、行政法规的规定。

第53条 通过招标拍卖作出行政许可决定

1 实施本法第十二条第二项所列事项的行政许可的，行政机关应当通过招标、拍卖等公平竞争的方式作出决定。但是，法律、行政法规另有规定的，依照其规定。

2 行政机关通过招标、拍卖等方式作出行政许可决定的具体程序，依照有关法律、行政法规的规定。

3 行政机关按照招标、拍卖程序确定中标人、买受人后，应当作出准予行政许可的决定，并依法向中标人、买受人颁发行政许可证件。

4 行政机关违反本条规定，不采用招标、拍卖方式，或者违反招标、拍卖程序，损害申请人合法权益的，申请人可以依法申请行政复议或者提起行政诉讼。

第十二条 下列事项可以设定行政许可:(一)直接涉及国家安全、公共安全、经济宏观调控、生态环境保护以及直接关系人身健康、生命财产安全等特定活动,需要按照法定条件予以批准的事项;(二)有限自然资源开发利用、公共资源配置以及直接关系公共利益的特定行业的市场准入等,需要赋予特定权利的事项;(三)提供公众服务并且直接关系公共利益的职业、行业,需要确定具备特殊信誉、特殊条件或者特殊技能等资格、资质的事项;(四)直接关系公共安全、人身健康、生命财产安全的重要设备、设施、产品、物品,需要按照技术标准、技术规范,通过检验、检测、检疫等方式进行审定的事项;(五)企业或者其他组织的设立等,需要确定主体资格的事项;(六)法律、行政法规规定可以设定行政许可的其他事项。

第54条 通过考试考核方式作出行政许可决定

1. 实施本法第十二条第三项所列事项的行政许可,赋予公民特定资格,依法应当举行国家考试的,行政机关根据考试成绩和其他法定条件作出行政许可决定;赋予法人或者其他组织特定的资格、资质的,行政机关根据申请人的专业人员构成、技术条件、经营业绩和管理水平等的考核结果作出行政许可决定。但是,法律、行政法规另有规定的,依照其规定。

2. 公民特定资格的考试依法由行政机关或者行业组织实施,公开举行。行政机关或者行业组织应当事先公布资格考试的报名条件、报考办法、考试科目以及考试大纲。但是,不得组织强制性的资格考试的考前培训,不得指定教材或者其他助考材料。

第55条 根据技术标准、技术规范作出行政许可决定

1. 实施本法第十二条第四项所列事项的行政许可的,应当按照技术标准、技术规范依法进行检验、检测、检疫,行政机关根据检验、检测、检疫的结果作出行政许可决定。

2. 行政机关实施检验、检测、检疫,应当自受理申请之日起五日内指派两名以上工作人员按照技术标准、技术规范进行检验、检测、检疫。不需要对检验、检测、检疫结果作进一步技术分析即可认定设备、设施、产品、物品是否符合技术标准、技术规范的,行政机关应当当场作出行政许可决定。

3. 行政机关根据检验、检测、检疫结果,作出不予行政许可决定的,应当书面说明不予行政许可所依据的技术标准、技术规范。

第56条 当场许可的特别规定

实施本法第十二条第五项所列事项的行政许可,申请人提交的申请材料齐全、符合法定形式的,行政机关应当当场予以登记。需要对申请材料的实质内容进行核实的,行政机关依照本法第三十四条第三款的规定办理。

第57条 有数量限制的行政许可

有数量限制的行政许可,两个或者两个以上申请人的申请均符合法定条件、标准的,行政机关应当根据受理行政许可申请的先后顺序作出准予行政许可的决定。但是,法律、行政法规另有规定的,依照其规定。

第十二条　下列事项可以设定行政许可:(一)直接涉及国家安全、公共安全、经济宏观调控、生态环境保护以及直接关系人身健康、生命财产安全等特定活动,需要按照法定条件予以批准的事项;(二)有限自然资源开发利用、公共资源配置以及直接关系公共利益的特定行业的市场准入等,需要赋予特定权利的事项;(三)提供公众服务并且直接关系公共利益的职业、行业,需要确定具备特殊信誉、特殊条件或者特殊技能等资格、资质的事项;(四)直接关系公共安全、人身健康、生命财产安全的重要设备、设施、产品、物品,需要按照技术标准、技术规范,通过检验、检测、检疫等方式进行审定的事项;(五)企业或者其他组织的设立等,需要确定主体资格的事项;(六)法律、行政法规规定可以设定行政许可的其他事项。

第三十四条　行政机关应当对申请人提交的申请材料进行审查。
　　申请人提交的申请材料齐全、符合法定形式,行政机关能够当场作出决定的,应当当场作出书面的行政许可决定。
　　根据法定条件和程序,需要对申请材料的实质内容进行核实的,行政机关应当指派两名以上工作人员进行核查。

第五章　行政许可的费用

第 58 条 收费原则和经费保障

1. 行政机关实施行政许可和对行政许可事项进行监督检查,不得收取任何费用。但是,法律、行政法规另有规定的,依照其规定。
2. 行政机关提供行政许可申请书格式文本,不得收费。
3. 行政机关实施行政许可所需经费应当列入本行政机关的预算,由本级财政予以保障,按照批准的预算予以核拨。

第 59 条 收费规则以及对收费所得款项的处理

行政机关实施行政许可,依照法律、行政法规收取费用的,应当按照公布的法定项目和标准收费;所收取的费用必须全部上缴国库,任何机关或者个人不得以任何形式截留、挪用、私分或者变相私分。财政部门不得以任何形式向行政机关返还或者变相返还实施行政许可所收取的费用。

第六章 监督检查

第60条 行政许可层级监督

上级行政机关应当加强对下级行政机关实施行政许可的监督检查，及时纠正行政许可实施中的违法行为。

第61条 书面检查原则

1. 行政机关应当建立健全监督制度，通过核查反映被许可人从事行政许可事项活动情况的有关材料，履行监督责任。
2. 行政机关依法对被许可人从事行政许可事项的活动进行监督检查时，应当将监督检查的情况和处理结果予以记录，由监督检查人员签字后归档。公众有权查阅行政机关监督检查记录。
3. 行政机关应当创造条件，实现与被许可人、其他有关行政机关的计算机档案系统互联，核查被许可人从事行政许可事项活动情况。

第62条 抽样检查、检验、检测和实地检查、定期检验权适用的情形及程序

1. 行政机关可以对被许可人生产经营的产品依法进行抽样检查、检验、检测，对其生产经营场所依法进行实地检查。检查时，行政机关可以依法查阅或者要求被许可人报送有关材料；被许可人应当如实提供有关情况和材料。
2. 行政机关根据法律、行政法规的规定，对直接关系公共安全、人身健康、生命财产安全的重要设备、设施进行定期检验。对检验合格的，行政机关应当发给相应的证明文件。

第63条 行政机关实施监督检查时应当遵守的纪律

行政机关实施监督检查，不得妨碍被许可人正常的生产经营活动，不得索取或者收受被许可人的财物，不得谋取其他利益。

第64条 行政许可监督检查的属地管辖与协作

被许可人在作出行政许可决定的行政机关管辖区域外违法从事行政许可事项活动的，违法行为发生地的行政机关应当依法将被许可人的违法事实、处理结果抄告作出行政许可决定的行政机关。

第65条 个人、组织对违法从事行政许可活动的监督

个人和组织发现违法从事行政许可事项的活动，有权向行政机关举报，行政机关应当及时核实、处理。

第66条 行政机关监督被许可人依法履行开发利用有限自然资源、公共资源义务

被许可人未依法履行开发利用自然资源义务或者未依法履行利用公共资源义务的，行政机关应当责令限期改正；被许可人在规定期限内不改正的，行政机关应当依照有关法律、行政法规的规定予以处理。

第67条 行政机关监督取得直接关系公共利益的特定行业市场准入行政许可的被许可人履行义务

1. 取得直接关系公共利益的特定行业的市场准入行政许可的被许可人，应当按照国家规定的服务标准、资费标准和行政机关依法规定的条件，向用户提供安全、方便、稳定和价格合理的服务，并履行普遍服务的义务；未经作出行政许可决定的行政机关批准，不得擅自停业、歇业。
2. 被许可人不履行前款规定的义务的，行政机关应当责令限期改正，或者依法采取有效措施督促其履行义务。

第68条 行政机关督促重要设备、设施的设计、建造、安装和使用单位建立自检制度并对监督检查中发现的安全隐患及时采取措施

1 对直接关系公共安全、人身健康、生命财产安全的重要设备、设施,行政机关应当督促设计、建造、安装和使用单位建立相应的自检制度。

2 行政机关在监督检查时,发现直接关系公共安全、人身健康、生命财产安全的重要设备、设施存在安全隐患的,应当责令停止建造、安装和使用,并责令设计、建造、安装和使用单位立即改正。

第69条 撤销行政许可的情形

1 有下列情形之一的,作出行政许可决定的行政机关或者其上级行政机关,根据利害关系人的请求或者依据职权,可以撤销行政许可:
(一)行政机关工作人员滥用职权、玩忽职守作出准予行政许可决定的;
(二)超越法定职权作出准予行政许可决定的;
(三)违反法定程序作出准予行政许可决定的;
(四)对不具备申请资格或者不符合法定条件的申请人准予行政许可的;
(五)依法可以撤销行政许可的其他情形。

2 被许可人以欺骗、贿赂等不正当手段取得行政许可的,应当予以撤销。

3 依照前两款的规定撤销行政许可,可能对公共利益造成重大损害的,不予撤销。

4 依照本条第一款的规定撤销行政许可,被许可人的合法权益受到损害的,行政机关应当依法给予赔偿。依照本条第二款的规定撤销行政许可的,被许可人基于行政许可取得的利益不受保护。

第70条 注销行政许可的情形

有下列情形之一的,行政机关应当依法办理有关行政许可的注销手续:
(一)行政许可有效期届满未延续的;
(二)赋予公民特定资格的行政许可,该公民死亡或者丧失行为能力的;
(三)法人或者其他组织依法终止的;
(四)行政许可依法被撤销、撤回,或者行政许可证件依法被吊销的;
(五)因不可抗力导致行政许可事项无法实施的;
(六)法律、法规规定的应当注销行政许可的其他情形。

第七章 法律责任

第71条 规范性文件违法设定行政许可的法律责任

违反本法第十七条规定设定的行政许可,有关机关应当责令设定该行政许可的机关改正,或者依法予以撤销。

第72条 行政机关及其工作人员违反行政许可程序应当承担的法律责任

行政机关及其工作人员违反本法的规定,有下列情形之一的,由其上级行政机关或者监察机关责令改正;情节严重的,对直接负责的主管人员和其他直接责任人员依法给予行政处分:
(一)对符合法定条件的行政许可申请不予受理的;
(二)不在办公场所公示依法应当公示的材料的;
(三)在受理、审查、决定行政许可过程中,未向申请人、利害关系人履行法定告知义务的;
(四)申请人提交的申请材料不齐全、不符合法定形式,不一次告知申请人必须补正的全部内容的;
(五)违法披露申请人提交的商业秘密、未披露信息或者保密商务信息的;
(六)以转让技术作为取得行政许可的条件,或者在实施行政许可的过程中直接或者间接地要求转让技术的;
(七)未依法说明不受理行政许可申请或者不予行政许可的理由的;
(八)依法应当举行听证而不举行听证的。

第73条 行政机关工作人员索取或者收受他人财物及利益应当承担的法律责任

行政机关工作人员办理行政许可、实施监督检查,索取或者收受他人财物或者谋取其他利益,构成犯罪的,依法追究刑事责任;尚不构成犯罪的,依法给予行政处分。

第74条 行政机关及其工作人员实体违法的法律责任

行政机关实施行政许可,有下列情形之一的,由其上级行政机关或者监察机关责令改正,对直接负责的主管人员和其他直接责任人员依法给予行政处分;构成犯罪的,依法追究刑事责任:
(一)对不符合法定条件的申请人准予行政许可或者超越法定职权作出准予行政许可决定的;
(二)对符合法定条件的申请人不予行政许可或者不在法定期限内作出准予行政许可决定的;
(三)依法应当根据招标、拍卖结果或者考试成绩择优作出准予行政许可决定,未经招标、拍卖或者考试,或者不根据招标、拍卖结果或者考试成绩择优作出准予行政许可决定的。

第75条 行政机关及其工作人员违反收费规定的法律责任

行政机关实施行政许可,擅自收费或者不按照法定项目和标准收费的,由其上级行政机关或者监察机关责令退还非法收取的费用;对直接负责的主管人员和其他直接责任人员依法给予行政处分。
截留、挪用、私分或者变相私分实施行政许可依法收取的费用的,予以追缴;对直接负责的主管人员和其他直接责任人员依法给予行政处分;构成犯罪的,依法追究刑事责任。

第十七条　除本法第十四条、第十五条规定的外，其他规范性文件一律不得设定行政许可。

| 第76条 | 行政机关违法实施许可的赔偿责任 | 行政机关违法实施行政许可,给当事人的合法权益造成损害的,应当依照国家赔偿法的规定给予赔偿。 |

| 第77条 | 行政机关不依法履行监督责任或者监督不力的法律责任 | 行政机关不依法履行监督职责或者监督不力,造成严重后果的,由其上级行政机关或者监察机关责令改正,对直接负责的主管人员和其他直接责任人员依法给予行政处分;构成犯罪的,依法追究刑事责任。 |

| 第78条 | 申请人申请不实应承担的法律责任 | 行政许可申请人隐瞒有关情况或者提供虚假材料申请行政许可的,行政机关不予受理或者不予行政许可,并给予警告;行政许可申请属于直接关系公共安全、人身健康、生命财产安全事项的,申请人在一年内不得再次申请该行政许可。 |

| 第79条 | 申请人以欺骗、贿赂等不正当手段取得行政许可应当承担的法律责任 | 被许可人以欺骗、贿赂等不正当手段取得行政许可的,行政机关应当依法给予行政处罚;取得的行政许可属于直接关系公共安全、人身健康、生命财产安全事项的,申请人在三年内不得再次申请该行政许可;构成犯罪的,依法追究刑事责任。 |

| 第80条 | 被许可人违法从事行政许可活动的法律责任 | 被许可人有下列行为之一的,行政机关应当依法给予行政处罚;构成犯罪的,依法追究刑事责任:
(一)涂改、倒卖、出租、出借行政许可证件,或者以其他形式非法转让行政许可的;
(二)超越行政许可范围进行活动的;
(三)向负责监督检查的行政机关隐瞒有关情况、提供虚假材料或者拒绝提供反映其活动情况的真实材料的;
(四)法律、法规、规章规定的其他违法行为。 |

| 第81条 | 公民、法人或者其他组织未经行政许可从事应当取得行政许可活动的法律责任 | 公民、法人或者其他组织未经行政许可,擅自从事依法应当取得行政许可的活动的,行政机关应当依法采取措施予以制止,并依法给予行政处罚;构成犯罪的,依法追究刑事责任。 |

第八章 附则

第 82 条 行政许可的期限计算

本法规定的行政机关实施行政许可的期限以工作日计算,不含法定节假日。

第 83 条 施行日期及对现行行政许可进行清理的规定

1. 本法自 2004 年 7 月 1 日起施行。
2. 本法施行前有关行政许可的规定,制定机关应当依照本法规定予以清理;不符合本法规定的,自本法施行之日起停止执行。

附

最高人民法院关于审理行政许可案件若干问题的规定

法释〔2009〕20号

（2009年11月9日最高人民法院审判委员会第1476次会议通过 2009年12月14日最高人民法院公告公布 自2010年1月起施行）

为规范行政许可案件的审理，根据《中华人民共和国行政许可法》（以下简称行政许可法）、《中华人民共和国行政诉讼法》及其他有关法律规定，结合行政审判实际，对有关问题作如下规定：

第一条 公民、法人或者其他组织认为行政机关作出的行政许可决定以及相应的不作为，或者行政机关就行政许可的变更、延续、撤回、注销、撤销等事项作出的有关具体行政行为及其相应的不作为侵犯其合法权益，提起行政诉讼的，人民法院应当依法受理。

第二条 公民、法人或者其他组织认为行政机关未公开行政许可决定或者未提供行政许可监督检查记录侵犯其合法权益，提起行政诉讼的，人民法院应当依法受理。

第三条 公民、法人或者其他组织仅就行政许可过程中的告知补正申请材料、听证等通知行为提起行政诉讼的，人民法院不予受理，但导致许可程序对上述主体事实上终止的除外。

第四条 当事人不服行政许可决定提起诉讼的，以作出行政许可决定的机关为被告；行政许可依法须经上级行政机关批准，当事人对批准或者不批准行为不服一并提起诉讼的，以上级行政机关为共同被告；行政许可依法须经下级行政机关或者管理公共事务的组织初步审查并上报，当事人对不予初步审查或者不予上报不服提起诉讼的，以下级行政机关或者管理公共事务的组织为被告。

第五条 行政机关依据行政许可法第二十六条第二款规定统一办理行政许可的，当事人对行政许可行为不服提起诉讼，以对当事人作出具有实质影响的不利行为的机关为被告。

第六条 行政机关受理行政许可申请后，在法定期限内不予答复，公民、法人或者其他组织向人民法院起诉的，人民法院应当依法受理。

前款"法定期限"自行政许可申请受理之日起计算；以数据电文方式受理的，自数据电文进入行政机关指定的特定系统之日起计算；数据电文需要确认收讫的，自申请人收到行政机关的收讫确认之日起计算。

第七条 作为被诉行政许可行为基础的其他行政决定或者文书存在以下情形之一的，人民法院不予认可：

（一）明显缺乏事实根据；

（二）明显缺乏法律依据；

（三）超越职权；

（四）其他重大明显违法情形。

第八条 被告不提供或者无正当理由逾期提供证据的，与被诉行政许可行为有利害关系的第三人可以向人民法院提供；第三人对无法提供的证据，可以申请人民法院调取；人民法院在当事人无争议，但涉及国家利益、公共利益或者他人合法权益的情况下，也可以依职权调取证据。

第三人提供或者人民法院调取的证据能够证明行政许可行为合法的，人民法院应当判决驳回原告的诉讼请求。

第九条 人民法院审理行政许可案件，应当以申请人提出行政许可申请后实施的新的法律规范为依据；行政机关在旧的法律规范实施期间，无正当理由拖延审查行政许可申请至新的法律规范实施，适用新的法律规范不利于申请人的，以旧的法律规范为依据。

第十条 被诉准予行政许可决定违反当时的法律规范但符合新的法律规范的，判决确认该决定违法；准予行政许可决定不损害公共利益和利害关系人合法权益的，判决驳回原告的诉讼请求。

第十一条 人民法院审理不予行政许可决定案件，认为原告请求准予许可的理由成立，且被告没有裁量余地的，可以在判决理由写明，并判决撤销不予许可决定，责令被告重新作出决定。

第十二条 被告无正当理由拒绝原告查阅行政许可决定及有关档案材料或者监督检查记录的，人民法院可以判决被告在法定或者合理期限内准予原告查阅。

第十三条 被告在实施行政许可过程中，与他人恶意串通共同违法侵犯原告合法权益的，应当承担连带赔偿责任；被告与他人违法侵犯原告合法权益的，应当根据其违法行为在损害发生过程和结果中所起作用等因素，确定被告的行政赔偿责任；被告已经依照法定程序履行审慎合理的审查职责，因他人行为导致行政许可决定违法的，不承担赔偿责任。

在行政许可案件中，当事人请求一并解决有关民事赔偿问题的，人民法院可以合并审理。

第十四条 行政机关依据行政许可法第八条第二款规定变更或者撤回已经生效的行政许可，公民、法人或者其他组织仅主张行政补偿的，应当先向行政机关提出申请；行政机关在法定期限或者合理期限内不予答复或者对行政机关作出的补偿决定不服的，可以依法提起行政诉讼。

第十五条 法律、法规、规章或者规范性文件对变更或者撤回行政许可的补偿标准未作规定的，一般在实际损失范围内确定补偿数额；行政许可属于行政许可法第十二条第（二）项规定情形的，一般按照实际投入的损失确定补偿数额。

第十六条　行政许可补偿案件的调解，参照最高人民法院《关于审理行政赔偿案件若干问题的规定》的有关规定办理。

第十七条　最高人民法院以前所作的司法解释凡与本规定不一致的，按本规定执行。

中华人民共和国行政强制法

（2011年6月30日第十一届全国人民代表大会常务委员会第二十一次会议通过）

第一章 总则

第1条 立法宗旨

为了规范行政强制的设定和实施,保障和监督行政机关依法履行职责,维护公共利益和社会秩序,保护公民、法人和其他组织的合法权益,根据宪法,制定本法。

第2条 行政强制的方式

1. 本法所称行政强制,包括行政强制措施和行政强制执行。
2. 行政强制措施,是指行政机关在行政管理过程中,为制止违法行为、防止证据损毁、避免危害发生、控制危险扩大等情形,依法对公民的人身自由实施暂时性限制,或者对公民、法人或者其他组织的财物实施暂时性控制的行为。
3. 行政强制执行,是指行政机关或者行政机关申请人民法院,对不履行行政决定的公民、法人或者其他组织,依法强制履行义务的行为。

第3条 行政强制设定和实施的根据

1. 行政强制的设定和实施,适用本法。
2. 发生或者即将发生自然灾害、事故灾难、公共卫生事件或者社会安全事件等突发事件,行政机关采取应急措施或者临时措施,依照有关法律、行政法规的规定执行。
3. 行政机关采取金融业审慎监管措施、进出境货物强制性技术监控措施,依照有关法律、行政法规的规定执行。

第4条 法定原则

行政强制的设定和实施,应当依照法定的权限、范围、条件和程序。

第5条 适当原则

行政强制的设定和实施,应当适当。采用非强制手段可以达到行政管理目的的,不得设定和实施行政强制。

第6条 教育与强制结合原则

实施行政强制,应当坚持教育与强制相结合。

第7条 不得谋利原则

行政机关及其工作人员不得利用行政强制权为单位或者个人谋取利益。

第8条 行政强制相对人的权利与救济

1. 公民、法人或者其他组织对行政机关实施行政强制,享有陈述权、申辩权;有权依法申请行政复议或者提起行政诉讼;因行政机关违法实施行政强制受到损害的,有权依法要求赔偿。
2. 公民、法人或者其他组织因人民法院在强制执行中有违法行为或者扩大强制执行范围受到损害的,有权依法要求赔偿。

第二章 行政强制的种类和设定

第9条 行政强制措施种类

行政强制措施的种类：
（一）限制公民人身自由；
（二）查封场所、设施或者财物；
（三）扣押财物；
（四）冻结存款、汇款；
（五）其他行政强制措施。

第10条 行政强制措施的设定权限

1. 行政强制措施由法律设定。
2. 尚未制定法律，且属于国务院行政管理职权事项的，行政法规可以设定除本法第九条第一项、第四项和应当由法律规定的行政强制措施以外的其他行政强制措施。
3. 尚未制定法律、行政法规，且属于地方性事务的，地方性法规可以设定本法第九条第二项、第三项的行政强制措施。
4. 法律、法规以外的其他规范性文件不得设定行政强制措施。

第11条 行政强制措施的对象、条件、种类法定

1. 法律对行政强制措施的对象、条件、种类作了规定的，行政法规、地方性法规不得作出扩大规定。
2. 法律中未设定行政强制措施的，行政法规、地方性法规不得设定行政强制措施。但是，法律规定特定事项由行政法规规定具体管理措施的，行政法规可以设定除本法第九条第一项、第四项和应当由法律规定的行政强制措施以外的其他行政强制措施。

第12条 行政强制执行方式

行政强制执行的方式：
（一）加处罚款或者滞纳金；
（二）划拨存款、汇款；
（三）拍卖或者依法处理查封、扣押的场所、设施或者财物；
（四）排除妨碍、恢复原状；
（五）代履行；
（六）其他强制执行方式。

第13条 行政强制执行的设定权限

1. 行政强制执行由法律设定。
2. 法律没有规定行政机关强制执行的，作出行政决定的行政机关应当申请人民法院强制执行。

第14条 设定行政强制的民主程序

起草法律草案、法规草案，拟设定行政强制的，起草单位应当采取听证会、论证会等形式听取意见，并向制定机关说明设定该行政强制的必要性、可能产生的影响以及听取和采纳意见的情况。

第15条 行政强制评价制度

1. 行政强制的设定机关应当定期对其设定的行政强制进行评价，并对不适当的行政强制及时予以修改或者废止。
2. 行政强制的实施机关可以对已设定的行政强制的实施情况及存在的必要性适时进行评价，并将意见报告该行政强制的设定机关。

3 公民、法人或者其他组织可以向行政强制的设定机关和实施机关就行政强制的设定和实施提出意见和建议。有关机关应当认真研究论证,并以适当方式予以反馈。

第三章 行政强制措施实施程序

第一节 一般规定

第16条 依法实施行政强制措施

1. 行政机关履行行政管理职责,依照法律、法规的规定,实施行政强制措施。
2. 违法行为情节显著轻微或者没有明显社会危害的,可以不采取行政强制措施。

第17条 行政强制措施实施权限

1. 行政强制措施由法律、法规规定的行政机关在法定职权范围内实施。行政强制措施权不得委托。
2. 依据《中华人民共和国行政处罚法》的规定行使相对集中行政处罚权的行政机关,可以实施法律、法规规定的与行政处罚权有关的行政强制措施。
3. 行政强制措施应当由行政机关具备资格的行政执法人员实施,其他人员不得实施。

第18条 行政强制措施实施应遵守的规定

行政机关实施行政强制措施应当遵守下列规定:
（一）实施前须向行政机关负责人报告并经批准;
（二）由两名以上行政执法人员实施;
（三）出示执法身份证件;
（四）通知当事人到场;
（五）当场告知当事人采取行政强制措施的理由、依据以及当事人依法享有的权利、救济途径;
（六）听取当事人的陈述和申辩;
（七）制作现场笔录;
（八）现场笔录由当事人和行政执法人员签名或者盖章,当事人拒绝的,在笔录中予以注明;
（九）当事人不到场的,邀请见证人到场,由见证人和行政执法人员在现场笔录上签名或者盖章;
（十）法律、法规规定的其他程序。

第19条 当场实施行政强制措施的情形

情况紧急,需要当场实施行政强制措施的,行政执法人员应当在二十四小时内向行政机关负责人报告,并补办批准手续。行政机关负责人认为不应当采取行政强制措施的,应当立即解除。

第20条 限制人身自由的特殊规定

1. 依照法律规定实施限制公民人身自由的行政强制措施,除应当履行本法第十八条规定的程序外,还应当遵守下列规定:
（一）当场告知或者实施行政强制措施后立即通知当事人家属实施行政强制措施的行政机关、地点和期限;
（二）在紧急情况下当场实施行政强制措施的,在返回行政机关后,立即向行政机关负责人报告并补办批准手续;
（三）法律规定的其他程序。
2. 实施限制人身自由的行政强制措施不得超过法定期限。实施行政强制措施的目的已经达到或者条件已经消失,应当立即解除。

第21条 涉嫌犯罪的移送

违法行为涉嫌犯罪应当移送司法机关的,行政机关应当将查封、扣押、冻结的财物一并移送,并书面告知当事人。

第二节 查封、扣押

第22条 法定机关实施查封、扣押

查封、扣押应当由法律、法规规定的行政机关实施,其他任何行政机关或者组织不得实施。

第23条 查封、扣押的范围

1. 查封、扣押限于涉案的场所、设施或者财物,不得查封、扣押与违法行为无关的场所、设施或者财物;不得查封、扣押公民个人及其所扶养家属的生活必需品。
2. 当事人的场所、设施或者财物已被其他国家机关依法查封的,不得重复查封。

第24条 查封、扣押决定书

1. 行政机关决定实施查封、扣押的,应当履行本法第十八条规定的程序,制作并当场交付查封、扣押决定书和清单。
2. 查封、扣押决定书应当载明下列事项:
   (一)当事人的姓名或者名称、地址;
   (二)查封、扣押的理由、依据和期限;
   (三)查封、扣押场所、设施或者财物的名称、数量等;
   (四)申请行政复议或者提起行政诉讼的途径和期限;
   (五)行政机关的名称、印章和日期。
3. 查封、扣押清单一式二份,由当事人和行政机关分别保存。

第25条 查封、扣押期限

1. 查封、扣押的期限不得超过三十日;情况复杂的,经行政机关负责人批准,可以延长,但是延长期限不得超过三十日。法律、行政法规另有规定的除外。
2. 延长查封、扣押的决定应当及时书面告知当事人,并说明理由。
3. 对物品需要进行检测、检验、检疫或者技术鉴定的,查封、扣押的期间不包括检测、检验、检疫或者技术鉴定的期间。检测、检验、检疫或者技术鉴定的期间应当明确,并书面告知当事人。检测、检验、检疫或者技术鉴定的费用由行政机关承担。

第26条 查封、扣押中的保管

1. 对查封、扣押的场所、设施或者财物,行政机关应当妥善保管,不得使用或者损毁;造成损失的,应当承担赔偿责任。
2. 对查封的场所、设施或者财物,行政机关可以委托第三人保管,第三人不得损毁或者擅自转移、处置。因第三人的原因造成的损失,行政机关先行赔付后,有权向第三人追偿。
3. 因查封、扣押发生的保管费用由行政机关承担。

第27条 查封、扣押后的调查

行政机关采取查封、扣押措施后,应当及时查清事实,在本法第二十五条规定的期限内作出处理决定。对违法事实清楚,依法应当没收的非法财物予以没收;法律、行政法规规定应当销毁的,依法销毁;应当解除查封、扣押的,作出解除查封、扣押的决定。

第十八条　行政机关实施行政强制措施应当遵守下列规定：（一）实施前须向行政机关负责人报告并经批准；（二）由两名以上行政执法人员实施；（三）出示执法身份证件；（四）通知当事人到场；（五）当场告知当事人采取行政强制措施的理由、依据以及当事人依法享有的权利、救济途径；（六）听取当事人的陈述和申辩；（七）制作现场笔录；（八）现场笔录由当事人和行政执法人员签名或者盖章，当事人拒绝的，在笔录中予以注明；（九）当事人不到场的，邀请见证人到场，由见证人和行政执法人员在现场笔录上签名或者盖章；（十）法律、法规规定的其他程序。

第28条 解除查封、扣押的情形

1. 有下列情形之一的,行政机关应当及时作出解除查封、扣押决定:
（一）当事人没有违法行为;
（二）查封、扣押的场所、设施或者财物与违法行为无关;
（三）行政机关对违法行为已经作出处理决定,不再需要查封、扣押;
（四）查封、扣押期限已经届满;
（五）其他不再需要采取查封、扣押措施的情形。
2. 解除查封、扣押应当立即退还财物;已将鲜活物品或者其他不易保管的财物拍卖或者变卖的,退还拍卖或者变卖所得款项。变卖价格明显低于市场价格,给当事人造成损失的,应当给予补偿。

第三节 冻结

第29条 法定机关实施冻结

1. 冻结存款、汇款应当由法律规定的行政机关实施,不得委托给其他行政机关或者组织;其他任何行政机关或者组织不得冻结存款、汇款。
2. 冻结存款、汇款的数额应当与违法行为涉及的金额相当;已被其他国家机关依法冻结的,不得重复冻结。

第30条 冻结通知

1. 行政机关依照法律规定决定实施冻结存款、汇款的,应当履行本法第十八条第一项、第二项、第三项、第七项规定的程序,并向金融机构交付冻结通知书。
2. 金融机构接到行政机关依法作出的冻结通知书后,应当立即予以冻结,不得拖延,不得在冻结前向当事人泄露信息。
3. 法律规定以外的行政机关或者组织要求冻结当事人存款、汇款的,金融机构应当拒绝。

第31条 冻结决定书

依照法律规定冻结存款、汇款的,作出决定的行政机关应当在三日内向当事人交付冻结决定书。冻结决定书应当载明下列事项:
（一）当事人的姓名或者名称、地址;
（二）冻结的理由、依据和期限;
（三）冻结的账号和数额;
（四）申请行政复议或者提起行政诉讼的途径和期限;
（五）行政机关的名称、印章和日期。

第32条 冻结期限

1. 自冻结存款、汇款之日起三十日内,行政机关应当作出处理决定或者作出解除冻结决定;情况复杂的,经行政机关负责人批准,可以延长,但是延长期限不得超过三十日。法律另有规定的除外。
2. 延长冻结的决定应当及时书面告知当事人,并说明理由。

第十八条　行政机关实施行政强制措施应当遵守下列规定:(一)实施前须向行政机关负责人报告并经批准;(二)由两名以上行政执法人员实施;(三)出示执法身份证件;(四)通知当事人到场;(五)当场告知当事人采取行政强制措施的理由、依据以及当事人依法享有的权利、救济途径;(六)听取当事人的陈述和申辩;(七)制作现场笔录;(八)现场笔录由当事人和行政执法人员签名或者盖章,当事人拒绝的,在笔录中予以注明;(九)当事人不到场的,邀请见证人到场,由见证人和行政执法人员在现场笔录上签名或者盖章;(十)法律、法规规定的其他程序。

第33条 解除冻结的情形

1. 有下列情形之一的,行政机关应当及时作出解除冻结决定:
   (一)当事人没有违法行为;
   (二)冻结的存款、汇款与违法行为无关;
   (三)行政机关对违法行为已经作出处理决定,不再需要冻结;
   (四)冻结期限已经届满;
   (五)其他不再需要采取冻结措施的情形。
2. 行政机关作出解除冻结决定的,应当及时通知金融机构和当事人。金融机构接到通知后,应当立即解除冻结。
3. 行政机关逾期未作出处理决定或者解除冻结决定的,金融机构应当自冻结期满之日起解除冻结。

第四章 行政机关强制执行程序

第一节 一般规定

第34条 行政机关行政强制执行的适用情形

行政机关依法作出行政决定后，当事人在行政机关决定的期限内不履行义务的，具有行政强制执行权的行政机关依照本章规定强制执行。

第35条 催告

行政机关作出强制执行决定前，应当事先催告当事人履行义务。催告应当以书面形式作出，并载明下列事项：
（一）履行义务的期限；
（二）履行义务的方式；
（三）涉及金钱给付的，应当有明确的金额和给付方式；
（四）当事人依法享有的陈述权和申辩权。

第36条 陈述和申辩

当事人收到催告书后有权进行陈述和申辩。行政机关应当充分听取当事人的意见，对当事人提出的事实、理由和证据，应当进行记录、复核。当事人提出的事实、理由或者证据成立的，行政机关应当采纳。

第37条 强制执行决定

经催告，当事人逾期仍不履行行政决定，且无正当理由的，行政机关可以作出强制执行决定。
强制执行决定应当以书面形式作出，并载明下列事项：
（一）当事人的姓名或者名称、地址；
（二）强制执行的理由和依据；
（三）强制执行的方式和时间；
（四）申请行政复议或者提起行政诉讼的途径和期限；
（五）行政机关的名称、印章和日期。
在催告期间，对有证据证明有转移或者隐匿财物迹象的，行政机关可以作出立即强制执行决定。

第38条 送达

催告书、行政强制执行决定书应当直接送达当事人。当事人拒绝接收或者无法直接送达当事人的，应当依照《中华人民共和国民事诉讼法》的有关规定送达。

第39条 中止执行

有下列情形之一的，中止执行：
（一）当事人履行行政决定确有困难或者暂无履行能力的；
（二）第三人对执行标的主张权利，确有理由的；
（三）执行可能造成难以弥补的损失，且中止执行不损害公共利益的；
（四）行政机关认为需要中止执行的其他情形。
中止执行的情形消失后，行政机关应当恢复执行。对没有明显社会危害，当事人确无能力履行，中止执行满三年未恢复执行的，行政机关不再执行。

第40条	终结执行	有下列情形之一的，终结执行： （一）公民死亡，无遗产可供执行，又无义务承受人的； （二）法人或者其他组织终止，无财产可供执行，又无义务承受人的； （三）执行标的灭失的； （四）据以执行的行政决定被撤销的； （五）行政机关认为需要终结执行的其他情形。
第41条	执行回转	在执行中或者执行完毕后，据以执行的行政决定被撤销、变更，或者执行错误的，应当恢复原状或者退还财物；不能恢复原状或者退还财物的，依法给予赔偿。
第42条	执行协议	1 实施行政强制执行，行政机关可以在不损害公共利益和他人合法权益的情况下，与当事人达成执行协议。执行协议可以约定分阶段履行；当事人采取补救措施的，可以减免加处的罚款或者滞纳金。 2 执行协议应当履行。当事人不履行执行协议的，行政机关应当恢复强制执行。
第43条	执行禁止行为	1 行政机关不得在夜间或者法定节假日实施行政强制执行。但是，情况紧急的除外。 2 行政机关不得对居民生活采取停止供水、供电、供热、供燃气等方式迫使当事人履行相关行政决定。
第44条	强制拆除	对违法的建筑物、构筑物、设施等需要强制拆除的，应当由行政机关予以公告，限期当事人自行拆除。当事人在法定期限内不申请行政复议或者提起行政诉讼，又不拆除的，行政机关可以依法强制拆除。

第二节 金钱给付义务的执行

第45条	罚款和滞纳金	1 行政机关依法作出金钱给付义务的行政决定，当事人逾期不履行的，行政机关可以依法加处罚款或者滞纳金。加处罚款或者滞纳金的标准应当告知当事人。 2 加处罚款或者滞纳金的数额不得超出金钱给付义务的数额。
第46条	不缴纳罚款或滞纳金时的强制执行	1 行政机关依照本法第四十五条规定实施加处罚款或者滞纳金超过三十日，经催告当事人仍不履行的，具有行政强制执行权的行政机关可以强制执行。 2 行政机关实施强制执行前，需要采取查封、扣押、冻结措施的，依照本法第三章规定办理。

		3	没有行政强制执行权的行政机关应当申请人民法院强制执行。但是，当事人在法定期限内不申请行政复议或者提起行政诉讼，经催告仍不履行的，在实施行政管理过程中已经采取查封、扣押措施的行政机关，可以将查封、扣押的财物依法拍卖抵缴罚款。
第47条	依法划拨存款、汇款	1	划拨存款、汇款应当由法律规定的行政机关决定，并书面通知金融机构。金融机构接到行政机关依法作出划拨存款、汇款的决定后，应当立即划拨。
		2	法律规定以外的行政机关或者组织要求划拨当事人存款、汇款的，金融机构应当拒绝。
第48条	依法拍卖		依法拍卖财物，由行政机关委托拍卖机构依照《中华人民共和国拍卖法》的规定办理。
第49条	款项依法归库		划拨的存款、汇款以及拍卖和依法处理所得的款项应当上缴国库或者划入财政专户。任何行政机关或者个人不得以任何形式截留、私分或者变相私分。

第三节　代履行

第50条	代履行的情形		行政机关依法作出要求当事人履行排除妨碍、恢复原状等义务的行政决定，当事人逾期不履行，经催告仍不履行，其后果已经或者将危害交通安全、造成环境污染或者破坏自然资源的，行政机关可以代履行，或者委托没有利害关系的第三人代履行。
第51条	代履行应遵守的规定	1	代履行应当遵守下列规定： （一）代履行前送达决定书，代履行决定书应当载明当事人的姓名或者名称、地址，代履行的理由和依据、方式和时间、标的、费用预算以及代履行人； （二）代履行三日前，催告当事人履行，当事人履行的，停止代履行； （三）代履行时，作出决定的行政机关应当派员到场监督； （四）代履行完毕，行政机关到场监督的工作人员、代履行人和当事人或者见证人应当在执行文书上签名或者盖章。
		2	代履行的费用按照成本合理确定，由当事人承担。但是，法律另有规定的除外。
		3	代履行不得采用暴力、胁迫以及其他非法方式。
第52条	代履行的立即实施		需要立即清除道路、河道、航道或者公共场所的遗洒物、障碍物或者污染物，当事人不能清除的，行政机关可以决定立即实施代履行；当事人不在场的，行政机关应当在事后立即通知当事人，并依法作出处理。

第五章　申请人民法院强制执行

第53条　申请法院强制执行的情形

当事人在法定期限内不申请行政复议或者提起行政诉讼，又不履行行政决定的，没有行政强制执行权的行政机关可以自期限届满之日起三个月内，依照本章规定申请人民法院强制执行。

第54条　管辖

行政机关申请人民法院强制执行前，应当催告当事人履行义务。催告书送达十日后当事人仍未履行义务的，行政机关可以向所在地有管辖权的人民法院申请强制执行；执行对象是不动产的，向不动产所在地有管辖权的人民法院申请强制执行。

第55条　执行申请材料

1. 行政机关向人民法院申请强制执行，应当提供下列材料：
（一）强制执行申请书；
（二）行政决定书及作出决定的事实、理由和依据；
（三）当事人的意见及行政机关催告情况；
（四）申请强制执行标的情况；
（五）法律、行政法规规定的其他材料。
2. 强制执行申请书应当由行政机关负责人签名，加盖行政机关的印章，并注明日期。

第56条　执行申请的受理

1. 人民法院接到行政机关强制执行的申请，应当在五日内受理。
2. 行政机关对人民法院不予受理的裁定有异议的，可以在十五日内向上一级人民法院申请复议，上一级人民法院应当自收到复议申请之日起十五日内作出是否受理的裁定。

第57条　书面审查

人民法院对行政机关强制执行的申请进行书面审查，对符合本法第五十五条规定，且行政决定具备法定执行效力的，除本法第五十八条规定的情形外，人民法院应当自受理之日起七日内作出执行裁定。

第58条　执行裁定

1. 人民法院发现有下列情形之一的，在作出裁定前可以听取被执行人和行政机关的意见：
（一）明显缺乏事实根据的；
（二）明显缺乏法律、法规依据的；
（三）其他明显违法并损害被执行人合法权益的。
2. 人民法院应当自受理之日起三十日内作出是否执行的裁定。裁定不予执行的，应当说明理由，并在五日内将不予执行的裁定送达行政机关。
3. 行政机关对人民法院不予执行的裁定有异议的，可以自收到裁定之日起十五日内向上一级人民法院申请复议，上一级人民法院应当自收到复议申请之日起三十日内作出是否执行的裁定。

第59条　立即执行

因情况紧急，为保障公共安全，行政机关可以申请人民法院立即执行。经人民法院院长批准，人民法院应当自作出执行裁定之日起五日内执行。

第60条 费用承担和执行措施

1. 行政机关申请人民法院强制执行,不缴纳申请费。强制执行的费用由被执行人承担。
2. 人民法院以划拨、拍卖方式强制执行的,可以在划拨、拍卖后将强制执行的费用扣除。
3. 依法拍卖财物,由人民法院委托拍卖机构依照《中华人民共和国拍卖法》的规定办理。
4. 划拨的存款、汇款以及拍卖和依法处理所得的款项应当上缴国库或者划入财政专户,不得以任何形式截留、私分或者变相私分。

第六章 法律责任

第61条 违法行政强制的责任

行政机关实施行政强制,有下列情形之一的,由上级行政机关或者有关部门责令改正,对直接负责的主管人员和其他直接责任人员依法给予处分:
(一)没有法律、法规依据的;
(二)改变行政强制对象、条件、方式的;
(三)违反法定程序实施行政强制的;
(四)违反本法规定,在夜间或者法定节假日实施行政强制执行的;
(五)对居民生活采取停止供水、供电、供热、供燃气等方式迫使当事人履行相关行政决定的;
(六)有其他违法实施行政强制情形的。

第62条 滥用行政强制的责任

违反本法规定,行政机关有下列情形之一的,由上级行政机关或者有关部门责令改正,对直接负责的主管人员和其他直接责任人员依法给予处分:
(一)扩大查封、扣押、冻结范围的;
(二)使用或者损毁查封、扣押场所、设施或者财物的;
(三)在查封、扣押法定期间不作出处理决定或者未依法及时解除查封、扣押的;
(四)在冻结存款、汇款法定期间不作出处理决定或者未依法及时解除冻结的。

第63条 渎职责任

1 行政机关将查封、扣押的财物或者划拨的存款、汇款以及拍卖和依法处理所得的款项,截留、私分或者变相私分的,由财政部门或者有关部门予以追缴;对直接负责的主管人员和其他直接责任人员依法给予记大过、降级、撤职或者开除的处分。
2 行政机关工作人员利用职务上的便利,将查封、扣押的场所、设施或者财物据为己有的,由上级行政机关或者有关部门责令改正,依法给予记大过、降级、撤职或者开除的处分。

第64条 谋取私利的责任

行政机关及其工作人员利用行政强制权为单位或者个人谋取利益的,由上级行政机关或者有关部门责令改正,对直接负责的主管人员和其他直接责任人员依法给予处分。

第65条 金融机构违法责任一

违反本法规定,金融机构有下列行为之一的,由金融业监督管理机构责令改正,对直接负责的主管人员和其他直接责任人员依法给予处分:
(一)在冻结前向当事人泄露信息的;
(二)对应当立即冻结、划拨的存款、汇款不冻结或者不划拨,致使存款、汇款转移的;
(三)将不应当冻结、划拨的存款、汇款予以冻结或者划拨的;
(四)未及时解除冻结存款、汇款的。

第66条 金融机构违法责任二

1. 违反本法规定,金融机构将款项划入国库或者财政专户以外的其他账户的,由金融业监督管理机构责令改正,并处以违法划拨款项二倍的罚款;对直接负责的主管人员和其他直接责任人员依法给予处分。
2. 违反本法规定,行政机关、人民法院指令金融机构将款项划入国库或者财政专户以外的其他账户的,对直接负责的主管人员和其他直接责任人员依法给予处分。

第67条 司法人员违法责任

人民法院及其工作人员在强制执行中有违法行为或者扩大强制执行范围的,对直接负责的主管人员和其他直接责任人员依法给予处分。

第68条 赔偿责任和刑事责任

1. 违反本法规定,给公民、法人或者其他组织造成损失的,依法给予赔偿。
2. 违反本法规定,构成犯罪的,依法追究刑事责任。

第七章 附则

第 69 条 期限的界定

本法中十日以内期限的规定是指工作日,不含法定节假日。

第 70 条 法定授权组织的适用情形

法律、行政法规授权的具有管理公共事务职能的组织在法定授权范围内,以自己的名义实施行政强制,适用本法有关行政机关的规定。

第 71 条 施行日期

本法自 2012 年 1 月 1 日起施行。

中华人民共和国行政复议法

（1999年4月29日第九届全国人民代表大会常务委员会第九次会议通过 根据2009年8月27日第十一届全国人民代表大会常务委员会第十次会议《关于修改部分法律的决定》第一次修正 根据2017年9月1日第十二届全国人民代表大会常务委员会第二十九次会议《关于修改〈中华人民共和国法官法〉等八部法律的决定》第二次修正 2023年9月1日第十四届全国人民代表大会常务委员会第五次会议修订）

第一章 总则

第1条 立法目的

为了防止和纠正违法的或者不当的行政行为,保护公民、法人和其他组织的合法权益,监督和保障行政机关依法行使职权,发挥行政复议化解行政争议的主渠道作用,推进法治政府建设,根据宪法,制定本法。

第2条 适用范围

1 公民、法人或者其他组织认为行政机关的行政行为侵犯其合法权益,向行政复议机关提出行政复议申请,行政复议机关办理行政复议案件,适用本法。
2 前款所称行政行为,包括法律、法规、规章授权的组织的行政行为。

第3条 工作原则

1 行政复议工作坚持中国共产党的领导。
2 行政复议机关履行行政复议职责,应当遵循合法、公正、公开、高效、便民、为民的原则,坚持有错必纠,保障法律、法规的正确实施。

第4条 行政复议机关、机构及其职责

1 县级以上各级人民政府以及其他依照本法履行行政复议职责的行政机关是行政复议机关。
2 行政复议机关办理行政复议事项的机构是行政复议机构。行政复议机构同时组织办理行政复议机关的行政应诉事项。
3 行政复议机关应当加强行政复议工作,支持和保障行政复议机构依法履行职责。上级行政复议机构对下级行政复议机构的行政复议工作进行指导、监督。
4 国务院行政复议机构可以发布行政复议指导性案例。

第5条 行政复议调解

1 行政复议机关办理行政复议案件,可以进行调解。
2 调解应当遵循合法、自愿的原则,不得损害国家利益、社会公共利益和他人合法权益,不得违反法律、法规的强制性规定。

第6条 行政复议人员

1 国家建立专业化、职业化行政复议人员队伍。
2 行政复议机构中初次从事行政复议工作的人员,应当通过国家统一法律职业资格考试取得法律职业资格,并参加统一职前培训。
3 国务院行政复议机构应当会同有关部门制定行政复议人员工作规范,加强对行政复议人员的业务考核和管理。

第7条 行政复议保障

行政复议机关应当确保行政复议机构的人员配备与所承担的工作任务相适应,提高行政复议人员专业素质,根据工作需要保障办案场所、装备等设施。县级以上各级人民政府应当将行政复议工作经费列入本级预算。

第8条 行政复议信息化建设

行政复议机关应当加强信息化建设,运用现代信息技术,方便公民、法人或者其他组织申请、参加行政复议,提高工作质量和效率。

| 第9条 | 表彰和奖励 | 对在行政复议工作中做出显著成绩的单位和个人，按照国家有关规定给予表彰和奖励。 |

| 第10条 | 行政复议与诉讼衔接 | 公民、法人或者其他组织对行政复议决定不服的，可以依照《中华人民共和国行政诉讼法》的规定向人民法院提起行政诉讼，但是法律规定行政复议决定为最终裁决的除外。 |

第二章 行政复议申请

第一节 行政复议范围

第11条 行政复议范围

有下列情形之一的,公民、法人或者其他组织可以依照本法申请行政复议:
(一)对行政机关作出的行政处罚决定不服;
(二)对行政机关作出的行政强制措施、行政强制执行决定不服;
(三)申请行政许可,行政机关拒绝或者在法定期限内不予答复,或者对行政机关作出的有关行政许可的其他决定不服;
(四)对行政机关作出的确认自然资源的所有权或者使用权的决定不服;
(五)对行政机关作出的征收征用决定及其补偿决定不服;
(六)对行政机关作出的赔偿决定或者不予赔偿决定不服;
(七)对行政机关作出的不予受理工伤认定申请的决定或者工伤认定结论不服;
(八)认为行政机关侵犯其经营自主权或者农村土地承包经营权、农村土地经营权;
(九)认为行政机关滥用行政权力排除或者限制竞争;
(十)认为行政机关违法集资、摊派费用或者违法要求履行其他义务;
(十一)申请行政机关履行保护人身权利、财产权利、受教育权利等合法权益的法定职责,行政机关拒绝履行、未依法履行或者不予答复;
(十二)申请行政机关依法给付抚恤金、社会保险待遇或者最低生活保障等社会保障,行政机关没有依法给付;
(十三)认为行政机关不依法订立、不依法履行、未按照约定履行或者违法变更、解除政府特许经营协议、土地房屋征收补偿协议等行政协议;
(十四)认为行政机关在政府信息公开工作中侵犯其合法权益;
(十五)认为行政机关的其他行政行为侵犯其合法权益。

第12条 不属于行政复议范围的事项

下列事项不属于行政复议范围:
(一)国防、外交等国家行为;
(二)行政法规、规章或者行政机关制定、发布的具有普遍约束力的决定、命令等规范性文件;
(三)行政机关对行政机关工作人员的奖惩、任免等决定;
(四)行政机关对民事纠纷作出的调解。

第13条 行政复议附带审查申请范围

公民、法人或者其他组织认为行政机关的行政行为所依据的下列规范性文件不合法,在对行政行为申请行政复议时,可以一并向行政复议机关提出对该规范性文件的附带审查申请:
(一)国务院部门的规范性文件;
(二)县级以上地方各级人民政府及其工作部门的规范性文件;
(三)乡、镇人民政府的规范性文件;
(四)法律、法规、规章授权的组织的规范性文件。

2 前款所列规范性文件不含规章。规章的审查依照法律、行政法规办理。

第二节 行政复议参加人

第14条 申请人
1 依照本法申请行政复议的公民、法人或者其他组织是申请人。
2 有权申请行政复议的公民死亡的,其近亲属可以申请行政复议。有权申请行政复议的法人或者其他组织终止的,其权利义务承受人可以申请行政复议。
3 有权申请行政复议的公民为无民事行为能力人或者限制民事行为能力人的,其法定代理人可以代为申请行政复议。

第15条 代表人
1 同一行政复议案件申请人人数众多的,可以由申请人推选代表人参加行政复议。
2 代表人参加行政复议的行为对其所代表的申请人发生效力,但是代表人变更行政复议请求、撤回行政复议申请、承认第三人请求的,应当经被代表的申请人同意。

第16条 第三人
1 申请人以外的同被申请行政复议的行政行为或者行政复议案件处理结果有利害关系的公民、法人或者其他组织,可以作为第三人申请参加行政复议,或者由行政复议机构通知其作为第三人参加行政复议。
2 第三人不参加行政复议,不影响行政复议案件的审理。

第17条 委托代理人
1 申请人、第三人可以委托一至二名律师、基层法律服务工作者或者其他代理人代为参加行政复议。
2 申请人、第三人委托代理人的,应当向行政复议机构提交授权委托书、委托人及被委托人的身份证明文件。授权委托书应当载明委托事项、权限和期限。申请人、第三人变更或者解除代理人权限的,应当书面告知行政复议机构。

第18条 法律援助
符合法律援助条件的行政复议申请人申请法律援助的,法律援助机构应当依法为其提供法律援助。

第19条 被申请人
1 公民、法人或者其他组织对行政行为不服申请行政复议的,作出行政行为的行政机关或者法律、法规、规章授权的组织是被申请人。
2 两个以上行政机关以共同的名义作出同一行政行为的,共同作出行政行为的行政机关是被申请人。
3 行政机关委托的组织作出行政行为的,委托的行政机关是被申请人。
4 作出行政行为的行政机关被撤销或者职权变更的,继续行使其职权的行政机关是被申请人。

第三节 申请的提出

第20条　申请期限

1. 公民、法人或者其他组织认为行政行为侵犯其合法权益的,可以自知道或者应当知道该行政行为之日起六十日内提出行政复议申请;但是法律规定的申请期限超过六十日的除外。
2. 因不可抗力或者其他正当理由耽误法定申请期限的,申请期限自障碍消除之日起继续计算。
3. 行政机关作出行政行为时,未告知公民、法人或者其他组织申请行政复议的权利、行政复议机关和申请期限的,申请期限自公民、法人或者其他组织知道或者应当知道申请行政复议的权利、行政复议机关和申请期限之日起计算,但是自知道或者应当知道行政行为内容之日起最长不得超过一年。

第21条　不动产行政复议申请期限

因不动产提出的行政复议申请自行政行为作出之日起超过二十年,其他行政复议申请自行政行为作出之日起超过五年的,行政复议机关不予受理。

第22条　申请形式

1. 申请人申请行政复议,可以书面申请;书面申请有困难的,也可以口头申请。
2. 书面申请的,可以通过邮寄或者行政复议机关指定的互联网渠道等方式提交行政复议申请书,也可以当面提交行政复议申请书。行政机关通过互联网渠道送达行政行为决定书的,应当同时提供提交行政复议申请书的互联网渠道。
3. 口头申请的,行政复议机关应当当场记录申请人的基本情况、行政复议请求、申请行政复议的主要事实、理由和时间。
4. 申请人对两个以上行政行为不服的,应当分别申请行政复议。

第23条　行政复议前置

1. 有下列情形之一的,申请人应当先向行政复议机关申请行政复议,对行政复议决定不服的,可以再依法向人民法院提起行政诉讼:
（一）对当场作出的行政处罚决定不服的;
（二）对行政机关作出的侵犯其已经依法取得的自然资源的所有权或者使用权的决定不服的;
（三）认为行政机关存在本法第十一条规定的未履行法定职责情形的;
（四）申请政府信息公开,行政机关不予公开的;
（五）法律、行政法规规定应当先向行政复议机关申请行政复议的其他情形。
2. 对前款规定的情形,行政机关在作出行政行为时应当告知公民、法人或者其他组织先向行政复议机关申请行政复议。

第十一条　有下列情形之一的，公民、法人或者其他组织可以依照本法申请行政复议：
（一）对行政机关作出的行政处罚决定不服；（二）对行政机关作出的行政强制措施、行政强制执行决定不服；（三）申请行政许可，行政机关拒绝或者在法定期限内不予答复，或者对行政机关作出的有关行政许可的其他决定不服；（四）对行政机关作出的确认自然资源的所有权或者使用权的决定不服；（五）对行政机关作出的征收征用决定及其补偿决定不服；（六）对行政机关作出的赔偿决定或者不予赔偿决定不服；（七）对行政机关作出的不予受理工伤认定申请的决定或者工伤认定结论不服；（八）认为行政机关侵犯其经营自主权或者农村土地承包经营权、农村土地经营权；（九）认为行政机关滥用行政权力排除或者限制竞争；（十）认为行政机关违法集资、摊派费用或者违法要求履行其他义务；（十一）申请行政机关履行保护人身权利、财产权利、受教育权利等合法权益的法定职责，行政机关拒绝履行、未依法履行或者不予答复；（十二）申请行政机关依法给付抚恤金、社会保险待遇或者最低生活保障等社会保障，行政机关没有依法给付；（十三）认为行政机关不依法订立、不依法履行、未按照约定履行或者违法变更、解除政府特许经营协议、土地房屋征收补偿协议等行政协议；（十四）认为行政机关在政府信息公开工作中侵犯其合法权益；（十五）认为行政机关的其他行政行为侵犯其合法权益。

第四节 行政复议管辖

第24条 县级以上地方人民政府管辖

1. 县级以上地方各级人民政府管辖下列行政复议案件：
（一）对本级人民政府工作部门作出的行政行为不服的；
（二）对下一级人民政府作出的行政行为不服的；
（三）对本级人民政府依法设立的派出机关作出的行政行为不服的；
（四）对本级人民政府或者其工作部门管理的法律、法规、规章授权的组织作出的行政行为不服的。
2. 除前款规定外，省、自治区、直辖市人民政府同时管辖对本机关作出的行政行为不服的行政复议案件。
3. 省、自治区人民政府依法设立的派出机关参照设区的市级人民政府的职责权限，管辖相关行政复议案件。
4. 对县级以上地方各级人民政府工作部门依法设立的派出机构依照法律、法规、规章规定，以派出机构的名义作出的行政行为不服的行政复议案件，由本级人民政府管辖；其中，对直辖市、设区的市人民政府工作部门按照行政区划设立的派出机构作出的行政行为不服的，也可以由其所在地的人民政府管辖。

第25条 国务院部门管辖

国务院部门管辖下列行政复议案件：
（一）对本部门作出的行政行为不服的；
（二）对本部门依法设立的派出机构依照法律、行政法规、部门规章规定，以派出机构的名义作出的行政行为不服的；
（三）对本部门管理的法律、行政法规、部门规章授权的组织作出的行政行为不服的。

第26条 原级行政复议决定的救济途径

对省、自治区、直辖市人民政府依照本法第二十四条第二款的规定、国务院部门依照本法第二十五条第一项的规定作出的行政复议决定不服的，可以向人民法院提起行政诉讼；也可以向国务院申请裁决，国务院依照本法的规定作出最终裁决。

第27条 垂直领导行政机关等管辖

对海关、金融、外汇管理等实行垂直领导的行政机关、税务和国家安全机关的行政行为不服的，向上一级主管部门申请行政复议。

第28条 司法行政部门的管辖

对履行行政复议机构职责的地方人民政府司法行政部门的行政行为不服的，可以向本级人民政府申请行政复议，也可以向上一级司法行政部门申请行政复议。

第29条 行政复议和行政诉讼的选择

1. 公民、法人或者其他组织申请行政复议，行政复议机关已经依法受理的，在行政复议期间不得向人民法院提起行政诉讼。
2. 公民、法人或者其他组织向人民法院提起行政诉讼，人民法院已经依法受理的，不得申请行政复议。

第三章 行政复议受理

第30条 受理条件

1. 行政复议机关收到行政复议申请后,应当在五日内进行审查。对符合下列规定的,行政复议机关应当予以受理:
（一）有明确的申请人和符合本法规定的被申请人;
（二）申请人与被申请行政复议的行政行为有利害关系;
（三）有具体的行政复议请求和理由;
（四）在法定申请期限内提出;
（五）属于本法规定的行政复议范围;
（六）属于本机关的管辖范围;
（七）行政复议机关未受理过该申请人就同一行政行为提出的行政复议申请,并且人民法院未受理过该申请人就同一行政行为提起的行政诉讼。

2. 对不符合前款规定的行政复议申请,行政复议机关应当在审查期限内决定不予受理并说明理由;不属于本机关管辖的,还应当在不予受理决定中告知申请人有管辖权的行政复议机关。

3. 行政复议申请的审查期限届满,行政复议机关未作出不予受理决定的,审查期限届满之日起视为受理。

第31条 申请材料补正

1. 行政复议申请材料不齐全或者表述不清楚,无法判断行政复议申请是否符合本法第三十条第一款规定的,行政复议机关应当自收到申请之日起五日内书面通知申请人补正。补正通知应当一次性载明需要补正的事项。

2. 申请人应当自收到补正通知之日起十日内提交补正材料。有正当理由不能按期补正的,行政复议机关可以延长合理的补正期限。无正当理由逾期不补正的,视为申请人放弃行政复议申请,并记录在案。

3. 行政复议机关收到补正材料后,依照本法第三十条的规定处理。

第32条 部分案件的复核处理

1. 对当场作出或者依据电子技术监控设备记录的违法事实作出的行政处罚决定不服申请行政复议的,可以通过作出行政处罚决定的行政机关提交行政复议申请。

2. 行政机关收到行政复议申请后,应当及时处理;认为需要维持行政处罚决定的,应当自收到行政复议申请之日起五日内转送行政复议机关。

第33条 程序性驳回

行政复议机关受理行政复议申请后,发现该行政复议申请不符合本法第三十条第一款规定的,应当决定驳回申请并说明理由。

第34条 复议前置等情形的诉讼衔接

法律、行政法规规定应当先向行政复议机关申请行政复议、对行政复议决定不服再向人民法院提起行政诉讼的,行政复议机关决定不予受理、驳回申请或者受理后超过行政复议期限不作答复的,公民、法人或者其他组织可以自收到决定书之日起或者行政复议期限届满之日起十五日内,依法向人民法院提起行政诉讼。

第35条	对行政复议受理的监督	公民、法人或者其他组织依法提出行政复议申请,行政复议机关无正当理由不予受理、驳回申请或者受理后超过行政复议期限不作答复的,申请人有权向上级行政机关反映,上级行政机关应当责令其纠正;必要时,上级行政复议机关可以直接受理。

第四章 行政复议审理

第一节 一般规定

第36条　审理程序及要求

1. 行政复议机关受理行政复议申请后,依照本法适用普通程序或者简易程序进行审理。行政复议机构应当指定行政复议人员负责办理行政复议案件。
2. 行政复议人员对办理行政复议案件过程中知悉的国家秘密、商业秘密和个人隐私,应当予以保密。

第37条　审理依据

1. 行政复议机关依照法律、法规、规章审理行政复议案件。
2. 行政复议机关审理民族自治地方的行政复议案件,同时依照该民族自治地方的自治条例和单行条例。

第38条　提级审理

1. 上级行政复议机关根据需要,可以审理下级行政复议机关管辖的行政复议案件。
2. 下级行政复议机关对其管辖的行政复议案件,认为需要由上级行政复议机关审理的,可以报请上级行政复议机关决定。

第39条　中止情形

1. 行政复议期间有下列情形之一的,行政复议中止:
（一）作为申请人的公民死亡,其近亲属尚未确定是否参加行政复议;
（二）作为申请人的公民丧失参加行政复议的行为能力,尚未确定法定代理人参加行政复议;
（三）作为申请人的公民下落不明;
（四）作为申请人的法人或者其他组织终止,尚未确定权利义务承受人;
（五）申请人、被申请人因不可抗力或者其他正当理由,不能参加行政复议;
（六）依照本法规定进行调解、和解,申请人和被申请人同意中止;
（七）行政复议案件涉及的法律适用问题需要有权机关作出解释或者确认;
（八）行政复议案件审理需要以其他案件的审理结果为依据,而其他案件尚未审结;
（九）有本法第五十六条或者第五十七条规定的情形;
（十）需要中止行政复议的其他情形。
2. 行政复议中止的原因消除后,应当及时恢复行政复议案件的审理。
3. 行政复议机关中止、恢复行政复议案件的审理,应当书面告知当事人。

第40条　对无正当理由中止的监督

行政复议期间,行政复议机关无正当理由中止行政复议的,上级行政机关应当责令其恢复审理。

第五十六条 申请人依照本法第十三条的规定提出对有关规范性文件的附带审查申请，行政复议机关有权处理的，应当在三十日内依法处理；无权处理的，应当在七日内转送有权处理的行政机关依法处理。

第五十七条 行政复议机关在对被申请人作出的行政行为进行审查时，认为其依据不合法，本机关有权处理的，应当在三十日内依法处理；无权处理的，应当在七日内转送有权处理的国家机关依法处理。

| 第41条 | 终止情形 |

行政复议期间有下列情形之一的,行政复议机关决定终止行政复议:
(一)申请人撤回行政复议申请,行政复议机构准予撤回;
(二)作为申请人的公民死亡,没有近亲属或者其近亲属放弃行政复议权利;
(三)作为申请人的法人或者其他组织终止,没有权利义务承受人或者其权利义务承受人放弃行政复议权利;
(四)申请人对行政拘留或者限制人身自由的行政强制措施不服申请行政复议后,因同一违法行为涉嫌犯罪,被采取刑事强制措施;
(五)依照本法第三十九条第一款第一项、第二项、第四项的规定中止行政复议满六十日,行政复议中止的原因仍未消除。

| 第42条 | 行政行为停止执行情形 |

行政复议期间行政行为不停止执行;但是有下列情形之一的,应当停止执行:
(一)被申请人认为需要停止执行;
(二)行政复议机关认为需要停止执行;
(三)申请人、第三人申请停止执行,行政复议机关认为其要求合理,决定停止执行;
(四)法律、法规、规章规定停止执行的其他情形。

第二节 行政复议证据

| 第43条 | 行政复议证据种类 |

行政复议证据包括:
(一)书证;
(二)物证;
(三)视听资料;
(四)电子数据;
(五)证人证言;
(六)当事人的陈述;
(七)鉴定意见;
(八)勘验笔录、现场笔录。
以上证据经行政复议机构审查属实,才能作为认定行政复议案件事实的根据。

| 第44条 | 举证责任分配 |

被申请人对其作出的行政行为的合法性、适当性负有举证责任。
有下列情形之一的,申请人应当提供证据:
(一)认为被申请人不履行法定职责的,提供曾经要求被申请人履行法定职责的证据,但是被申请人应当依职权主动履行法定职责或者申请人因正当理由不能提供的除外;
(二)提出行政赔偿请求的,提供受行政行为侵害而造成损害的证据,但是因被申请人原因导致申请人无法举证的,由被申请人承担举证责任;
(三)法律、法规规定需要申请人提供证据的其他情形。

第三十九条 行政复议期间有下列情形之一的，行政复议中止：（一）作为申请人的公民死亡，其近亲属尚未确定是否参加行政复议；（二）作为申请人的公民丧失参加行政复议的行为能力，尚未确定法定代理人参加行政复议；（三）作为申请人的公民下落不明；（四）作为申请人的法人或者其他组织终止，尚未确定权利义务承受人；（五）申请人、被申请人因不可抗力或者其他正当理由，不能参加行政复议；（六）依照本法规定进行调解、和解，申请人和被申请人同意中止；（七）行政复议案件涉及的法律适用问题需要有权机关作出解释或者确认；（八）行政复议案件审理需要以其他案件的审理结果为依据，而其他案件尚未审结；（九）有本法第五十六条或者第五十七条规定的情形；（十）需要中止行政复议的其他情形。

行政复议中止的原因消除后，应当及时恢复行政复议案件的审理。

行政复议机关中止、恢复行政复议案件的审理，应当书面告知当事人。

第45条	行政复议机关调查取证	1	行政复议机关有权向有关单位和个人调查取证,查阅、复制、调取有关文件和资料,向有关人员进行询问。
		2	调查取证时,行政复议人员不得少于两人,并应当出示行政复议工作证件。
		3	被调查取证的单位和个人应当积极配合行政复议人员的工作,不得拒绝或者阻挠。

| 第46条 | 被申请人收集和补充证据限制 | 1 | 行政复议期间,被申请人不得自行向申请人和其他有关单位或者个人收集证据;自行收集的证据不作为认定行政行为合法性、适当性的依据。 |
| | | 2 | 行政复议期间,申请人或者第三人提出被申请行政复议的行政行为作出时没有提出的理由或者证据的,经行政复议机构同意,被申请人可以补充证据。 |

| 第47条 | 申请人等查阅、复制权利 | | 行政复议期间,申请人、第三人及其委托代理人可以按照规定查阅、复制被申请人提出的书面答复、作出行政行为的证据、依据和其他有关材料,除涉及国家秘密、商业秘密、个人隐私或者可能危及国家安全、公共安全、社会稳定的情形外,行政复议机构应当同意。 |

第三节 普通程序

| 第48条 | 被申请人书面答复 | | 行政复议机构应当自行政复议申请受理之日起七日内,将行政复议申请书副本或者行政复议申请笔录复印件发送被申请人。被申请人应当自收到行政复议申请书副本或者行政复议申请笔录复印件之日起十日内,提出书面答复,并提交作出行政行为的证据、依据和其他有关材料。 |

| 第49条 | 听取意见程序 | | 适用普通程序审理的行政复议案件,行政复议机构应当当面或者通过互联网、电话等方式听取当事人的意见,并将听取的意见记录在案。因当事人原因不能听取意见的,可以书面审理。 |

第50条	听证情形和人员组成	1	审理重大、疑难、复杂的行政复议案件,行政复议机构应当组织听证。
		2	行政复议机构认为有必要听证,或者申请人请求听证的,行政复议机构可以组织听证。
		3	听证由一名行政复议人员任主持人,两名以上行政复议人员任听证员,一名记录员制作听证笔录。

第51条	听证程序和要求	1	行政复议机构组织听证的,应当于举行听证的五日前将听证的时间、地点和拟听证事项书面通知当事人。
		2	申请人无正当理由拒不参加听证的,视为放弃听证权利。
		3	被申请人的负责人应当参加听证。不能参加的,应当说明理由并委托相应的工作人员参加听证。

第52条 行政复议委员会组成和职责

1. 县级以上各级人民政府应当建立相关政府部门、专家、学者等参与的行政复议委员会,为办理行政复议案件提供咨询意见,并就行政复议工作中的重大事项和共性问题研究提出意见。行政复议委员会的组成和开展工作的具体办法,由国务院行政复议机构制定。

2. 审理行政复议案件涉及下列情形之一的,行政复议机构应当提请行政复议委员会提出咨询意见:
（一）案情重大、疑难、复杂；
（二）专业性、技术性较强；
（三）本法第二十四条第二款规定的行政复议案件；
（四）行政复议机构认为有必要。

3. 行政复议机构应当记录行政复议委员会的咨询意见。

第四节 简易程序

第53条 简易程序适用情形

1. 行政复议机关审理下列行政复议案件,认为事实清楚、权利义务关系明确、争议不大的,可以适用简易程序:
（一）被申请行政复议的行政行为是当场作出；
（二）被申请行政复议的行政行为是警告或者通报批评；
（三）案件涉及款额三千元以下；
（四）属于政府信息公开案件。

2. 除前款规定以外的行政复议案件,当事人各方同意适用简易程序的,可以适用简易程序。

第54条 简易程序书面答复

1. 适用简易程序审理的行政复议案件,行政复议机构应当自受理行政复议申请之日起三日内,将行政复议申请书副本或者行政复议申请笔录复印件发送被申请人。被申请人应当自收到行政复议申请书副本或者行政复议申请笔录复印件之日起五日内,提出书面答复,并提交作出行政行为的证据、依据和其他有关材料。

2. 适用简易程序审理的行政复议案件,可以书面审理。

第55条 简易程序向普通程序转换

适用简易程序审理的行政复议案件,行政复议机构认为不宜适用简易程序的,经行政复议机构的负责人批准,可以转为普通程序审理。

第五节 行政复议附带审查

第56条 规范性文件审查处理

申请人依照本法第十三条的规定提出对有关规范性文件的附带审查申请,行政复议机关有权处理的,应当在三十日内依法处理；无权处理的,应当在七日内转送有权处理的行政机关依法处理。

第57条 行政行为依据审查处理

行政复议机关在对被申请人作出的行政行为进行审查时,认为其依据不合法,本机关有权处理的,应当在三十日内依法处理；无权处理的,应当在七日内转送有权处理的国家机关依法处理。

第二十四条　县级以上地方各级人民政府管辖下列行政复议案件：（一）对本级人民政府工作部门作出的行政行为不服的；（二）对下一级人民政府作出的行政行为不服的；（三）对本级人民政府依法设立的派出机关作出的行政行为不服的；（四）对本级人民政府或者其工作部门管理的法律、法规、规章授权的组织作出的行政行为不服的。

除前款规定外，省、自治区、直辖市人民政府同时管辖对本机关作出的行政行为不服的行政复议案件。

省、自治区人民政府依法设立的派出机关参照设区的市级人民政府的职责权限，管辖相关行政复议案件。

对县级以上地方各级人民政府工作部门依法设立的派出机构依照法律、法规、规章规定，以派出机构的名义作出的行政行为不服的行政复议案件，由本级人民政府管辖；其中，对直辖市、设区的市人民政府工作部门按照行政区划设立的派出机构作出的行政行为不服的，也可以由其所在地的人民政府管辖。

第十三条　公民、法人或者其他组织认为行政机关的行政行为所依据的下列规范性文件不合法，在对行政行为申请行政复议时，可以一并向行政复议机关提出对该规范性文件的附带审查申请：（一）国务院部门的规范性文件；（二）县级以上地方各级人民政府及其工作部门的规范性文件；（三）乡、镇人民政府的规范性文件；（四）法律、法规、规章授权的组织的规范性文件。

前款所列规范性文件不含规章。规章的审查依照法律、行政法规办理。

第58条 附带审查处理程序

1. 行政复议机关依照本法第五十六条、第五十七条的规定有权处理有关规范性文件或者依据的，行政复议机构应当自行政复议中止之日起三日内，书面通知规范性文件或者依据的制定机关就相关条款的合法性提出书面答复。制定机关应当自收到书面通知之日起十日内提交书面答复及相关材料。
2. 行政复议机构认为必要时，可以要求规范性文件或者依据的制定机关当面说明理由，制定机关应当配合。

第59条 附带审查处理结果

行政复议机关依照本法第五十六条、第五十七条的规定有权处理有关规范性文件或者依据，认为相关条款合法的，在行政复议决定书中一并告知；认为相关条款超越权限或者违反上位法的，决定停止该条款的执行，并责令制定机关予以纠正。

第60条 接受转送机关的职责

依照本法第五十六条、第五十七条的规定接受转送的行政机关、国家机关应当自收到转送之日起六十日内，将处理意见回复转送的行政复议机关。

第五十六条 申请人依照本法第十三条的规定提出对有关规范性文件的附带审查申请,行政复议机关有权处理的,应当在三十日内依法处理;无权处理的,应当在七日内转送有权处理的行政机关依法处理。

第五十七条 行政复议机关在对被申请人作出的行政行为进行审查时,认为其依据不合法,本机关有权处理的,应当在三十日内依法处理;无权处理的,应当在七日内转送有权处理的国家机关依法处理。

第五章 行政复议决定

第61条 行政复议决定程序

1. 行政复议机关依照本法审理行政复议案件，由行政复议机构对行政行为进行审查，提出意见，经行政复议机关的负责人同意或者集体讨论通过后，以行政复议机关的名义作出行政复议决定。
2. 经过听证的行政复议案件，行政复议机关应当根据听证笔录、审查认定的事实和证据，依照本法作出行政复议决定。
3. 提请行政复议委员会提出咨询意见的行政复议案件，行政复议机关应当将咨询意见作为作出行政复议决定的重要参考依据。

第62条 行政复议审理期限

1. 适用普通程序审理的行政复议案件，行政复议机关应当自受理申请之日起六十日内作出行政复议决定；但是法律规定的行政复议期限少于六十日的除外。情况复杂，不能在规定期限内作出行政复议决定的，经行政复议机构的负责人批准，可以适当延长，并书面告知当事人；但是延长期限最多不得超过三十日。
2. 适用简易程序审理的行政复议案件，行政复议机关应当自受理申请之日起三十日内作出行政复议决定。

第63条 变更决定

1. 行政行为有下列情形之一的，行政复议机关决定变更该行政行为：
（一）事实清楚，证据确凿，适用依据正确，程序合法，但是内容不适当；
（二）事实清楚，证据确凿，程序合法，但是未正确适用依据；
（三）事实不清、证据不足，经行政复议机关查清事实和证据。
2. 行政复议机关不得作出对申请人更为不利的变更决定，但是第三人提出相反请求的除外。

第64条 撤销或者部分撤销、责令重作

1. 行政行为有下列情形之一的，行政复议机关决定撤销或者部分撤销该行政行为，并可以责令被申请人在一定期限内重新作出行政行为：
（一）主要事实不清、证据不足；
（二）违反法定程序；
（三）适用的依据不合法；
（四）超越职权或者滥用职权。
2. 行政复议机关责令被申请人重新作出行政行为的，被申请人不得以同一事实和理由作出与被申请行政复议的行政行为相同或者基本相同的行政行为，但是行政复议机关以违反法定程序为由决定撤销或者部分撤销的除外。

第65条 确认违法

1. 行政行为有下列情形之一的，行政复议机关不撤销该行政行为，但是确认该行政行为违法：
（一）依法应予撤销，但是撤销会给国家利益、社会公共利益造成重大损害；
（二）程序轻微违法，但是对申请人权利不产生实际影响。

② 行政行为有下列情形之一，不需要撤销或者责令履行的，行政复议机关确认该行政行为违法：
（一）行政行为违法，但是不具有可撤销内容；
（二）被申请人改变原违法行政行为，申请人仍要求撤销或者确认该行政行为违法；
（三）被申请人不履行或者拖延履行法定职责，责令履行没有意义。

第66条　责令履行

被申请人不履行法定职责的，行政复议机关决定被申请人在一定期限内履行。

第67条　确认无效

行政行为有实施主体不具有行政主体资格或者没有依据等重大且明显违法情形，申请人申请确认行政行为无效的，行政复议机关确认该行政行为无效。

第68条　维持决定

行政行为认定事实清楚，证据确凿，适用依据正确，程序合法，内容适当的，行政复议机关决定维持该行政行为。

第69条　驳回行政复议请求

行政复议机关受理申请人认为被申请人不履行法定职责的行政复议申请后，发现被申请人没有相应法定职责或者在受理前已经履行法定职责的，决定驳回申请人的行政复议请求。

第70条　被申请人不提交书面答复等情形的处理

被申请人不按照本法第四十八条、第五十四条的规定提出书面答复、提交作出行政行为的证据、依据和其他有关材料的，视为该行政行为没有证据、依据，行政复议机关决定撤销、部分撤销该行政行为，确认该行政行为违法、无效或者决定被申请人在一定期限内履行，但是行政行为涉及第三人合法权益，第三人提供证据的除外。

第71条　行政协议案件处理

① 被申请人不依法订立、不依法履行、未按照约定履行或者违法变更、解除行政协议的，行政复议机关决定被申请人承担依法订立、继续履行、采取补救措施或者赔偿损失等责任。

② 被申请人变更、解除行政协议合法，但是未依法给予补偿或者补偿不合理的，行政复议机关决定被申请人依法给予合理补偿。

第72条　行政复议期间赔偿请求的处理

申请人在申请行政复议时一并提出行政赔偿请求，行政复议机关对依照《中华人民共和国国家赔偿法》的有关规定应当不予赔偿的，在作出行政复议决定时，应当同时决定驳回行政赔偿请求；对符合《中华人民共和国国家赔偿法》的有关规定应当给予赔偿的，在决定撤销或者部分撤销、变更行政行为或者确认行政行为违法、无效时，应当同时决定被申请人依法给予赔偿；确认行政行为违法的，还可以同时责令被申请人采取补救措施。

第四十八条　行政复议机构应当自行政复议申请受理之日起七日内,将行政复议申请书副本或者行政复议申请笔录复印件发送被申请人。被申请人应当自收到行政复议申请书副本或者行政复议申请笔录复印件之日起十日内,提出书面答复,并提交作出行政行为的证据、依据和其他有关材料。

第五十四条　适用简易程序审理的行政复议案件,行政复议机构应当自受理行政复议申请之日起三日内,将行政复议申请书副本或者行政复议申请笔录复印件发送被申请人。被申请人应当自收到行政复议申请书副本或者行政复议申请笔录复印件之日起五日内,提出书面答复,并提交作出行政行为的证据、依据和其他有关材料。

适用简易程序审理的行政复议案件,可以书面审理。

	②	申请人在申请行政复议时没有提出行政赔偿请求的，行政复议机关在依法决定撤销或者部分撤销、变更罚款，撤销或者部分撤销违法集资、没收财物、征收征用、摊派费用以及对财产的查封、扣押、冻结等行政行为时，应当同时责令被申请人返还财产，解除对财产的查封、扣押、冻结措施，或者赔偿相应的价款。
第73条 行政复议调解处理	①	当事人经调解达成协议的，行政复议机关应当制作行政复议调解书，经各方当事人签字或者签章，并加盖行政复议机关印章，即具有法律效力。
	②	调解未达成协议或者调解书生效前一方反悔的，行政复议机关应当依法审查或者及时作出行政复议决定。
第74条 行政复议和解处理	①	当事人在行政复议决定作出前可以自愿达成和解，和解内容不得损害国家利益、社会公共利益和他人合法权益，不得违反法律、法规的强制性规定。
	②	当事人达成和解后，由申请人向行政复议机构撤回行政复议申请。行政复议机构准予撤回行政复议申请、行政复议机关决定终止行政复议的，申请人不得再以同一事实和理由提出行政复议申请。但是，申请人能够证明撤回行政复议申请违背其真实意愿的除外。
第75条 行政复议决定书	①	行政复议机关作出行政复议决定，应当制作行政复议决定书，并加盖行政复议机关印章。
	②	行政复议决定书一经送达，即发生法律效力。
第76条 行政复议意见书		行政复议机关在办理行政复议案件过程中，发现被申请人或者其他下级行政机关的有关行政行为违法或者不当的，可以向其制发行政复议意见书。有关机关应当自收到行政复议意见书之日起六十日内，将纠正相关违法或者不当行政行为的情况报送行政复议机关。
第77条 被申请人履行义务	①	被申请人应当履行行政复议决定书、调解书、意见书。
	②	被申请人不履行或者无正当理由拖延履行行政复议决定书、调解书、意见书的，行政复议机关或者有关上级行政机关应当责令其限期履行，并可以约谈被申请人的有关负责人或者予以通报批评。
第78条 行政复议决定书、调解书的强制执行		申请人、第三人逾期不起诉又不履行行政复议决定书、调解书的，或者不履行最终裁决的行政复议决定的，按照下列规定分别处理： （一）维持行政行为的行政复议决定书，由作出行政行为的行政机关依法强制执行，或者申请人民法院强制执行；

（二）变更行政行为的行政复议决定书，由行政复议机关依法强制执行，或者申请人民法院强制执行；
（三）行政复议调解书，由行政复议机关依法强制执行，或者申请人民法院强制执行。

第79条　行政复议决定书公开和文书抄告

1　行政复议机关根据被申请行政复议的行政行为的公开情况，按照国家有关规定将行政复议决定书向社会公开。

2　县级以上地方各级人民政府办理以本级人民政府工作部门为被申请人的行政复议案件，应当将发生法律效力的行政复议决定书、意见书同时抄告被申请人的上一级主管部门。

第六章 法律责任

第80条 行政复议机关不依法履职的法律责任

行政复议机关不依照本法规定履行行政复议职责，对负有责任的领导人员和直接责任人员依法给予警告、记过、记大过的处分；经有权监督的机关督促仍不改正或者造成严重后果的，依法给予降级、撤职、开除的处分。

第81条 行政复议机关工作人员法律责任

行政复议机关工作人员在行政复议活动中，徇私舞弊或者有其他渎职、失职行为的，依法给予警告、记过、记大过的处分；情节严重的，依法给予降级、撤职、开除的处分；构成犯罪的，依法追究刑事责任。

第82条 被申请人不书面答复等行为的法律责任

被申请人违反本法规定，不提出书面答复或者不提交作出行政行为的证据、依据和其他有关材料，或者阻挠、变相阻挠公民、法人或者其他组织依法申请行政复议的，对负有责任的领导人员和直接责任人员依法给予警告、记过、记大过的处分；进行报复陷害的，依法给予降级、撤职、开除的处分；构成犯罪的，依法追究刑事责任。

第83条 被申请人不履行有关文书的法律责任

被申请人不履行或者无正当理由拖延履行行政复议决定书、调解书、意见书的，对负有责任的领导人员和直接责任人员依法给予警告、记过、记大过的处分；经责令履行仍拒不履行的，依法给予降级、撤职、开除的处分。

第84条 拒绝、阻挠调查取证等行为的法律责任

拒绝、阻挠行政复议人员调查取证，故意扰乱行政复议工作秩序的，依法给予处分、治安管理处罚；构成犯罪的，依法追究刑事责任。

第85条 违法事实材料移送

行政机关及其工作人员违反本法规定的，行政复议机关可以向监察机关或者公职人员任免机关、单位移送有关人员违法的事实材料，接受移送的监察机关或者公职人员任免机关、单位应当依法处理。

第86条 职务违法犯罪线索移送

行政复议机关在办理行政复议案件过程中，发现公职人员涉嫌贪污贿赂、失职渎职等职务违法或者职务犯罪的问题线索，应当依照有关规定移送监察机关，由监察机关依法调查处置。

第七章　附则

第 87 条　受理申请不收费

行政复议机关受理行政复议申请，不得向申请人收取任何费用。

第 88 条　期间计算和文书送达

1. 行政复议期间的计算和行政复议文书的送达，本法没有规定的，依照《中华人民共和国民事诉讼法》关于期间、送达的规定执行。
2. 本法关于行政复议期间有关"三日"、"五日"、"七日"、"十日"的规定是指工作日，不含法定休假日。

第 89 条　外国人等法律适用

外国人、无国籍人、外国组织在中华人民共和国境内申请行政复议，适用本法。

第 90 条　施行日期

本法自 2024 年 1 月 1 日起施行。

附

中华人民共和国行政复议法实施条例

（2007年5月23日国务院第177次常务会议通过 2007年5月29日中华人民共和国国务院令第499号公布 自2007年8月1日起施行）

第一章 总则

第一条 为了进一步发挥行政复议制度在解决行政争议、建设法治政府、构建社会主义和谐社会中的作用，根据《中华人民共和国行政复议法》（以下简称行政复议法），制定本条例。

第二条 各级行政复议机关应当认真履行行政复议职责，领导并支持本机关负责法制工作的机构（以下简称行政复议机构）依法办理行政复议事项，并依照有关规定配备、充实、调剂专职行政复议人员，保证行政复议机构的办案能力与工作任务相适应。

第三条 行政复议机构除应当依照行政复议法第三条的规定履行职责外，还应当履行下列职责：

（一）依照行政复议法第十八条的规定转送有关行政复议申请；

（二）办理行政复议法第二十九条规定的行政赔偿等事项；

（三）按照职责权限，督促行政复议申请的受理和行政复议决定的履行；

（四）办理行政复议、行政应诉案件统计和重大行政复议决定备案事项；

（五）办理或者组织办理未经行政复议直接提起行政诉讼的行政应诉事项；

（六）研究行政复议工作中发现的问题，及时向有关机关提出改进建议，重大问题及时向行政复议机关报告。

第四条 专职行政复议人员应当具备与履行行政复议职责相适应的品行、专业知识和业务能力，并取得相应资格。具体办法由国务院法制机构会同国务院有关部门规定。

第二章 行政复议申请

第一节 申请人

第五条 依照行政复议法和本条例的规定申请行政复议的公民、法人或者其他组织为申请人。

第六条 合伙企业申请行政复议的,应当以核准登记的企业为申请人,由执行合伙事务的合伙人代表该企业参加行政复议;其他合伙组织申请行政复议的,由合伙人共同申请行政复议。

前款规定以外的不具备法人资格的其他组织申请行政复议的,由该组织的主要负责人代表该组织参加行政复议;没有主要负责人的,由共同推选的其他成员代表该组织参加行政复议。

第七条 股份制企业的股东大会、股东代表大会、董事会认为行政机关作出的具体行政行为侵犯企业合法权益的,可以以企业的名义申请行政复议。

第八条 同一行政复议案件申请人超过5人的,推选1至5名代表参加行政复议。

第九条 行政复议期间,行政复议机构认为申请人以外的公民、法人或者其他组织与被审查的具体行政行为有利害关系的,可以通知其作为第三人参加行政复议。

行政复议期间,申请人以外的公民、法人或者其他组织与被审查的具体行政行为有利害关系的,可以向行政复议机构申请作为第三人参加行政复议。

第三人不参加行政复议,不影响行政复议案件的审理。

第十条 申请人、第三人可以委托1至2名代理人参加行政复议。申请人、第三人委托代理人的,应当向行政复议机构提交授权委托书。授权委托书应当载明委托事项、权限和期限。公民在特殊情况下无法书面委托的,可以口头委托。口头委托的,行政复议机构应当核实并记录在卷。申请人、第三人解除或者变更委托的,应当书面报告行政复议机构。

第二节 被申请人

第十一条 公民、法人或者其他组织对行政机关的具体行政行为不服,依照行政复议法和本条例的规定申请行政复议的,作出该具体行政行为的行政机关为被申请人。

第十二条 行政机关与法律、法规授权的组织以共同的名义作出具体行政行为的,行政机关和法律、法规授权的组织为共同被申请人。

行政机关与其他组织以共同名义作出具体行政行为的,行政机关为被申请人。

第十三条 下级行政机关依照法律、法规、规章规定,经上级行政机关批准作出具体行政行为的,批准机关为被申请人。

第十四条 行政机关设立的派出机构、内设机构或者其他组织,未经法律、法规授权,对外以自己名义作出具体行政行为的,该行政机关为被申请人。

第三节 行政复议申请期限

第十五条 行政复议法第九条第一款规定的行政复议申请期限的计算,依照下列规定办理：

（一）当场作出具体行政行为的，自具体行政行为作出之日起计算；

（二）载明具体行政行为的法律文书直接送达的，自受送达人签收之日起计算；

（三）载明具体行政行为的法律文书邮寄送达的，自受送达人在邮件签收单上签收之日起计算；没有邮件签收单的，自受送达人在送达回执上签名之日起计算；

（四）具体行政行为依法通过公告形式告知受送达人的，自公告规定的期限届满之日起计算；

（五）行政机关作出具体行政行为时未告知公民、法人或者其他组织，事后补充告知的，自该公民、法人或者其他组织收到行政机关补充告知的通知之日起计算；

（六）被申请人能够证明公民、法人或者其他组织知道具体行政行为的，自证据材料证明其知道具体行政行为之日起计算。

行政机关作出具体行政行为，依法应当向有关公民、法人或者其他组织送达法律文书而未送达的，视为该公民、法人或者其他组织不知道该具体行政行为。

第十六条　公民、法人或者其他组织依照行政复议法第六条第（八）项、第（九）项、第（十）项的规定申请行政机关履行法定职责，行政机关未履行的，行政复议申请期限依照下列规定计算：

（一）有履行期限规定的，自履行期限届满之日起计算；

（二）没有履行期限规定的，自行政机关收到申请满60日起计算。

公民、法人或者其他组织在紧急情况下请求行政机关履行保护人身权、财产权的法定职责，行政机关不履行的，行政复议申请期限不受前款规定的限制。

第十七条　行政机关作出的具体行政行为对公民、法人或者其他组织的权利、义务可能产生不利影响的，应当告知其申请行政复议的权利、行政复议机关和行政复议申请期限。

第四节　行政复议申请的提出

第十八条　申请人书面申请行政复议的，可以采取当面递交、邮寄或者传真等方式提出行政复议申请。

有条件的行政复议机构可以接受以电子邮件形式提出的行政复议申请。

第十九条　申请人书面申请行政复议的，应当在行政复议申请书中载明下列事项：

（一）申请人的基本情况，包括：公民的姓名、性别、年龄、身份证号码、工作单位、住所、邮政编码；法人或者其他组织的名称、住所、邮政编码和法定代表人或者主要负责人的姓名、职务；

（二）被申请人的名称；

（三）行政复议请求、申请行政复议的主要事实和理由；

（四）申请人的签名或者盖章；

（五）申请行政复议的日期。

第二十条　申请人口头申请行政复议的，行政复议机构应当依照本条例第十九条规定的事项，当场制作行政复议申请笔录交申请人核对或者向申请人宣读，并由申请人签字确认。

第二十一条　有下列情形之一的，申请人应当提供证明材料：

（一）认为被申请人不履行法定职责的，提供曾经要求被申请人履行法定职责而被申请人未履行的证明材料；

（二）申请行政复议时一并提出行政赔偿请求的，提供受具体行政行为侵害而造成损害的证明材料；

（三）法律、法规规定需要申请人提供证据材料的其他情形。

第二十二条　申请人提出行政复议申请时错列被申请人的，行政复议机构应当告知申请人变更被申请人。

第二十三条　申请人对两个以上国务院部门共同作出的具体行政行为不服的，依照行政复议法第十四条的规定，可以向其中任何一个国务院部门提出行政复议申请，由作出具体行政行为的国务院部门共同作出行政复议决定。

第二十四条　申请人对经国务院批准实行省以下垂直领导的部门作出的具体行政行为不服的，可以选择向该部门的本级人民政府或者上一级主管部门申请行政复议；省、自治区、直辖市另有规定的，依照省、自治区、直辖市的规定办理。

第二十五条　申请人依照行政复议法第三十条第二款的规定申请行政复议的，应当向省、自治区、直辖市人民政府提出行政复议申请。

第二十六条　依照行政复议法第七条的规定，申请人认为具体行政行为所依据的规定不合法的，可以在对具体行政行为申请行政复议的同时一并提出对该规定的审查申请；申请人在对具体行政行为提出行政复议申请时尚不知道该具体行政行为所依据的规定的，可以在行政复议机关作出行政复议决定前向行政复议机关提出对该规定的审查申请。

第三章　行政复议受理

第二十七条　公民、法人或者其他组织认为行政机关的具体行政行为侵犯其合法权益提出行政复议申请，除不符合行政复议法和本条例规定的申请条件的，行政复议机关必须受理。

第二十八条　行政复议申请符合下列规定的，应当予以受理：

（一）有明确的申请人和符合规定的被申请人；

（二）申请人与具体行政行为有利害关系；

（三）有具体的行政复议请求和理由；

（四）在法定申请期限内提出；

（五）属于行政复议法规定的行政复议范围；

（六）属于收到行政复议申请的行政复议机构的职责范围；

（七）其他行政复议机关尚未受理同一行政复议申请，人民法院尚未受理同一主体就同一事实提起的行政诉讼。

第二十九条　行政复议申请材料不齐全或者表述不清楚的，行政复议机构可以自收到该行政复议申请之日起5日内书面通知申请人补正。补正通知应当载明需要补正的事项和合理的补正期限。无正当理由逾期不补正的，视为申请人放弃行政复议申请。补正申请材料所用时间不计入行政复议审理期限。

第三十条　申请人就同一事项向两个或者两个以上有权受理的行政机关申请行政复议的，由最先收到行政复议申请的行政机关受理；同时收到行政复议申请的，由收到行政复议申请的行政机关在10日内协商确定；协商不成的，由其共同上一级行政机关在10日内指定受理机关。协商确定或者指定受理机关所用时间不计入行政复议审理期限。

第三十一条　依照行政复议法第二十条的规定，上级行政机关认为行政复议机关不予受理行政复议申请的理由不成立的，可以先行督促其受理；经督促仍不受理的，应当责令其限期受理，必要时也可以直接受理；认为行政复议申请不符合法定受理条件的，应当告知申请人。

第四章　行政复议决定

第三十二条　行政复议机构审理行政复议案件，应当由2名以上行政复议人员参加。

第三十三条　行政复议机构认为必要时，可以实地调查核实证据；对重大、复杂的案件，申请人提出要求或者行政复议机构认为必要时，可以采取听证的方式审理。

第三十四条　行政复议人员向有关组织和人员调查取证时，可以查阅、复制、调取有关文件和资料，向有关人员进行询问。

调查取证时，行政复议人员不得少于2人，并应当向当事人或者有关人员出示证件。被调查单位和人员应当配合行政复议人员的工作，不得拒绝或者阻挠。

需要现场勘验的，现场勘验所用时间不计入行政复议审理期限。

第三十五条　行政复议机关应当为申请人、第三人查阅有关材料提供必要条件。

第三十六条　依照行政复议法第十四条的规定申请原级行政复议的案件，由原承办具体行政行为有关事项的部门或者机构提出书面答复，并提交作出具体行政行为的证据、依据和其他有关材料。

第三十七条　行政复议期间涉及专门事项需要鉴定的，当事人可以自行委托鉴定机构进行鉴定，也可以申请行政复议机构委托鉴定机构进行鉴定。鉴定费用由当事人承担。鉴定所用时间不计入行政复议审理期限。

第三十八条　申请人在行政复议决定作出前自愿撤回行政复议申请的，经行政复议机构同意，可以撤回。

申请人撤回行政复议申请的，不得再以同一事实和理由提出行政复议申请。但是，申请人能够证明撤回行政复议申请违背其真实意思表示的除外。

第三十九条　行政复议期间被申请人改变原具体行政行为的，不影响行政复议案件的审理。但是，申请人依法撤回行政复议申请的除外。

第四十条　公民、法人或者其他组织对行政机关行使法律、法规规定的自由裁量权作出的具体行政行为不服申请行政复议，申请人与被申请人在行政复议决定作出前自愿达成和解的，应当向行政复议机构提交书面和解协议；和解内容不损害社会公共利益和他人合法权益的，行政复议机构应当准许。

第四十一条　行政复议期间有下列情形之一，影响行政复议案件审理的，行政复议中止：

（一）作为申请人的自然人死亡，其近亲属尚未确定是否参加行政复议的；

（二）作为申请人的自然人丧失参加行政复议的能力，尚未确定法定代理人参加行政复议的；

（三）作为申请人的法人或者其他组织终止，尚未确定权利义务承受人的；

（四）作为申请人的自然人下落不明或者被宣告失踪的；

（五）申请人、被申请人因不可抗力，不能参加行政复议的；

（六）案件涉及法律适用问题，需要有权机关作出解释或者确认的；

（七）案件审理需要以其他案件的审理结果为依据，而其他案件尚未审结的；

（八）其他需要中止行政复议的情形。

行政复议中止的原因消除后，应当及时恢复行政复议案件的审理。

行政复议机构中止、恢复行政复议案件的审理，应当告知有关当事人。

第四十二条　行政复议期间有下列情形之一的，行政复议终止：

（一）申请人要求撤回行政复议申请，行政复议机构准予撤回的；

（二）作为申请人的自然人死亡，没有近亲属或者其近亲属放弃行政复议权利的；

（三）作为申请人的法人或者其他组织终止，其权利义务的承受人放弃行政复议权利的；

（四）申请人与被申请人依照本条例第四十条的规定，经行政复议机构准许达成和解的；

（五）申请人对行政拘留或者限制人身自由的行政强制措施不服申请行政复议后，因申请人同一违法行为涉嫌犯罪，该行政拘留或者限制人身自由的行政强制措施变更为刑事拘留的。

依照本条例第四十一条第一款第（一）项、第（二）项、第（三）项规定中止行政复议，满60日行政复议中止的原因仍未消除的，行政复议终止。

第四十三条 依照行政复议法第二十八条第一款第（一）项规定，具体行政行为认定事实清楚，证据确凿，适用依据正确，程序合法，内容适当的，行政复议机关应当决定维持。

第四十四条 依照行政复议法第二十八条第一款第（二）项规定，被申请人不履行法定职责的，行政复议机关应当决定其在一定期限内履行法定职责。

第四十五条 具体行政行为有行政复议法第二十八条第一款第（三）项规定情形之一的，行政复议机关应当决定撤销、变更该具体行政行为或者确认该具体行政行为违法；决定撤销该具体行政行为或者确认该具体行政行为违法的，可以责令被申请人在一定期限内重新作出具体行政行为。

第四十六条 被申请人未依照行政复议法第二十三条的规定提出书面答复、提交当初作出具体行政行为的证据、依据和其他有关材料的，视为该具体行政行为没有证据、依据，行政复议机关应当决定撤销该具体行政行为。

第四十七条 具体行政行为有下列情形之一，行政复议机关可以决定变更：

（一）认定事实清楚，证据确凿，程序合法，但是明显不当或者适用依据错误的；

（二）认定事实不清，证据不足，但是经行政复议机关审理查明事实清楚，证据确凿的。

第四十八条 有下列情形之一的，行政复议机关应当决定驳回行政复议申请：

（一）申请人认为行政机关不履行法定职责申请行政复议，行政复议机关受理后发现该行政机关没有相应法定职责或者在受理前已经履行法定职责的；

（二）受理行政复议申请后，发现该行政复议申请不符合行政复议法和本条例规定的受理条件的。

上级行政机关认为行政复议机关驳回行政复议申请的理由不成立的，应当责令其恢复审理。

第四十九条 行政复议机关依照行政复议法第二十八条的规定责令被申请人重新作出具体行政行为的，被申请人应当在法律、法规、规章规定的期限内重新作出具体行政行为；法律、法规、规章未规定期限的，重新作出具体行政行为的期限为60日。

公民、法人或者其他组织对被申请人重新作出的具体行政行为不服，可以依法申请行政复议或者提起行政诉讼。

第五十条 有下列情形之一的，行政复议机关可以按照自愿、合法的原则进行调解：

（一）公民、法人或者其他组织对行政机关行使法律、法规规定的自由裁量权作出的具体行政行为不服申请行政复议的；

（二）当事人之间的行政赔偿或者行政补偿纠纷。

当事人经调解达成协议的，行政复议机关应当制作行政复议调解书。调解书应当载明行政复议请求、事实、理由和调解结果，并加盖行政复议机关印章。行政复议调解书经双方当事人签字，即具有法律效力。

调解未达成协议或者调解书生效前一方反悔的，行政复议机关应当及时作出行政复议决定。

第五十一条 行政复议机关在申请人的行政复议请求范围内，不得作出对申请人更为不利的行政复议决定。

第五十二条 第三人逾期不起诉又不履行行政复议决定的，依照行政复议法第三十三条的规定处理。

第五章 行政复议指导和监督

第五十三条 行政复议机关应当加强对行政复议工作的领导。

行政复议机构在本级行政复议机关的领导下，按照职责权限对行政复议工作进行督促、指导。

第五十四条 县级以上各级人民政府应当加强对所属工作部门和下级人民政府履行行政复议职责的监督。

行政复议机关应当加强对其行政复议机构履行行政复议职责的监督。

第五十五条 县级以上地方各级人民政府应当建立健全行政复议工作责任制，将行政复议工作纳入本级政府目标责任制。

第五十六条 县级以上地方各级人民政府应当按照职责权限，通过定期组织检查、抽查等方式，对所属工作部门和下级人民政府行政复议工作进行检查，并及时向有关方面反馈检查结果。

第五十七条 行政复议期间行政复议机关发现被申请人或者其他下级行政机关的相关行政行为违法或者需要做好善后工作的，可以制作行政复议意见书。有关机关应当自收到行政复议意见书之日起60日内将纠正相关行政违法行为或者做好善后工作的情况通报行政复议机构。

行政复议期间行政复议机构发现法律、法规、规章实施中带有普遍性的问题，可以制作行政复议建议书，向有关机关提出完善制度和改进行政执法的建议。

第五十八条 县级以上各级人民政府行政复议机构应当定期向本级人民政府提交行政复议工作状况分析报告。

第五十九条 下级行政复议机关应当及时将重大行政复议决定报上级行政复议机关备案。

第六十条 各级行政复议机构应当定期组织对行政复议人员进行业务培训，提高行政复议人员的专业素质。

第六十一条　各级行政复议机关应当定期总结行政复议工作，对在行政复议工作中做出显著成绩的单位和个人，依照有关规定给予表彰和奖励。

第六章　法律责任

第六十二条　被申请人在规定期限内未按照行政复议决定的要求重新作出具体行政行为，或者违反规定重新作出具体行政行为的，依照行政复议法第三十七条的规定追究法律责任。

第六十三条　拒绝或者阻挠行政复议人员调查取证、查阅、复制、调取有关文件和资料的，对有关责任人员依法给予处分或者治安处罚；构成犯罪的，依法追究刑事责任。

第六十四条　行政复议机关或者行政复议机构不履行行政复议法和本条例规定的行政复议职责，经有权监督的行政机关督促仍不改正的，对直接负责的主管人员和其他直接责任人员依法给予警告、记过、记大过的处分；造成严重后果的，依法给予降级、撤职、开除的处分。

第六十五条　行政机关及其工作人员违反行政复议法和本条例规定的，行政复议机构可以向人事、监察部门提出对有关责任人员的处分建议，也可以将有关人员违法的事实材料直接转送人事、监察部门处理；接受转送的人事、监察部门应当依法处理，并将处理结果通报转送的行政复议机构。

第七章　附则

第六十六条　本条例自 2007 年 8 月 1 日起施行。

中华人民共和国政府信息公开条例

（2007年4月5日中华人民共和国国务院令第492号公布　2019年4月3日中华人民共和国国务院令第711号修订　自2019年5月15日起施行）

第一章 总则

第1条 立法目的

为了保障公民、法人和其他组织依法获取政府信息,提高政府工作的透明度,建设法治政府,充分发挥政府信息对人民群众生产、生活和经济社会活动的服务作用,制定本条例。

第2条 政府信息的定义

本条例所称政府信息,是指行政机关在履行行政管理职能过程中制作或者获取的,以一定形式记录、保存的信息。

第3条 组织领导机关和主管部门

1 各级人民政府应当加强对政府信息公开工作的组织领导。
2 国务院办公厅是全国政府信息公开工作的主管部门,负责推进、指导、协调、监督全国的政府信息公开工作。
3 县级以上地方人民政府办公厅(室)是本行政区域的政府信息公开工作主管部门,负责推进、指导、协调、监督本行政区域的政府信息公开工作。
4 实行垂直领导的部门的办公厅(室)主管本系统的政府信息公开工作。

第4条 工作机构和具体职能

1 各级人民政府及县级以上人民政府部门应当建立健全本行政机关的政府信息公开工作制度,并指定机构(以下统称政府信息公开工作机构)负责本行政机关政府信息公开的日常工作。
2 政府信息公开工作机构的具体职能是:
(一)办理本行政机关的政府信息公开事宜;
(二)维护和更新本行政机关公开的政府信息;
(三)组织编制本行政机关的政府信息公开指南、政府信息公开目录和政府信息公开工作年度报告;
(四)组织开展对拟公开政府信息的审查;
(五)本行政机关规定的与政府信息公开有关的其他职能。

第5条 以公开为常态、不公开为例外原则 公正、公平、便民原则

行政机关公开政府信息,应当坚持以公开为常态、不公开为例外,遵循公正、公平、合法、便民的原则。

第6条 及时、准确原则

1 行政机关应当及时、准确地公开政府信息。
2 行政机关发现影响或者可能影响社会稳定、扰乱社会和经济管理秩序的虚假或者不完整信息的,应当发布准确的政府信息予以澄清。

第7条 倡导深化政府信息公开

各级人民政府应当积极推进政府信息公开工作,逐步增加政府信息公开的内容。

第8条 加强信息化手段运用

各级人民政府应当加强政府信息资源的规范化、标准化、信息化管理,加强互联网政府信息公开平台建设,推进政府信息公开平台与政务服务平台融合,提高政府信息公开在线办理水平。

第9条 监督、批评、建议

公民、法人和其他组织有权对行政机关的政府信息公开工作进行监督,并提出批评和建议。

第二章 公开的主体和范围

第10条 公开主体

1. 行政机关制作的政府信息,由制作该政府信息的行政机关负责公开。行政机关从公民、法人和其他组织获取的政府信息,由保存该政府信息的行政机关负责公开;行政机关获取的其他行政机关的政府信息,由制作或者最初获取该政府信息的行政机关负责公开。法律、法规对政府信息公开的权限另有规定的,从其规定。
2. 行政机关设立的派出机构、内设机构依照法律、法规对外以自己名义履行行政管理职能的,可以由该派出机构、内设机构负责与所履行行政管理职能有关的政府信息公开工作。
3. 两个以上行政机关共同制作的政府信息,由牵头制作的行政机关负责公开。

第11条 协调机制

1. 行政机关应当建立健全政府信息公开协调机制。行政机关公开政府信息涉及其他机关的,应当与有关机关协商、确认,保证行政机关公开的政府信息准确一致。
2. 行政机关公开政府信息依照法律、行政法规和国家有关规定需要批准的,经批准予以公开。

第12条 公开指南和目录

1. 行政机关编制、公布的政府信息公开指南和政府信息公开目录应当及时更新。
2. 政府信息公开指南包括政府信息的分类、编排体系、获取方式和政府信息公开工作机构的名称、办公地址、办公时间、联系电话、传真号码、互联网联系方式等内容。
3. 政府信息公开目录包括政府信息的索引、名称、内容概述、生成日期等内容。

第13条 公开方式

1. 除本条例第十四条、第十五条、第十六条规定的政府信息外,政府信息应当公开。
2. 行政机关公开政府信息,采取主动公开和依申请公开的方式。

第14条 公开豁免情形

依法确定为国家秘密的政府信息,法律、行政法规禁止公开的政府信息,以及公开后可能危及国家安全、公共安全、经济安全、社会稳定的政府信息,不予公开。

第15条 第三方合法权益信息豁免

涉及商业秘密、个人隐私等公开会对第三方合法权益造成损害的政府信息,行政机关不得公开。但是,第三方同意公开或者行政机关认为不公开会对公共利益造成重大影响的,予以公开。

第16条 内部事务信息 过程性信息

1. 行政机关的内部事务信息,包括人事管理、后勤管理、内部工作流程等方面的信息,可以不予公开。
2. 行政机关在履行行政管理职能过程中形成的讨论记录、过程稿、磋商信函、请示报告等过程性信息以及行政执法案卷信息,可以不予公开。法律、法规、规章规定上述信息应当公开的,从其规定。

第17条	公开审查机制	1	行政机关应当建立健全政府信息公开审查机制,明确审查的程序和责任。
		2	行政机关应当依照《中华人民共和国保守国家秘密法》以及其他法律、法规和国家有关规定对拟公开的政府信息进行审查。
		3	行政机关不能确定政府信息是否可以公开的,应当依照法律、法规和国家有关规定报有关主管部门或者保密行政管理部门确定。
第18条	动态调整机制		行政机关应当建立健全政府信息管理动态调整机制,对本行政机关不予公开的政府信息进行定期评估审查,对因情势变化可以公开的政府信息应当公开。

第三章 主动公开

第 19 条　主动公开的范围

对涉及公众利益调整、需要公众广泛知晓或者需要公众参与决策的政府信息，行政机关应当主动公开。

第 20 条　主动公开的重点内容

行政机关应当依照本条例第十九条的规定，主动公开本行政机关的下列政府信息：
（一）行政法规、规章和规范性文件；
（二）机关职能、机构设置、办公地址、办公时间、联系方式、负责人姓名；
（三）国民经济和社会发展规划、专项规划、区域规划及相关政策；
（四）国民经济和社会发展统计信息；
（五）办理行政许可和其他对外管理服务事项的依据、条件、程序以及办理结果；
（六）实施行政处罚、行政强制的依据、条件、程序以及本行政机关认为具有一定社会影响的行政处罚决定；
（七）财政预算、决算信息；
（八）行政事业性收费项目及其依据、标准；
（九）政府集中采购项目的目录、标准及实施情况；
（十）重大建设项目的批准和实施情况；
（十一）扶贫、教育、医疗、社会保障、促进就业等方面的政策、措施及其实施情况；
（十二）突发公共事件的应急预案、预警信息及应对情况；
（十三）环境保护、公共卫生、安全生产、食品药品、产品质量的监督检查情况；
（十四）公务员招考的职位、名额、报考条件等事项以及录用结果；
（十五）法律、法规、规章和国家有关规定规定应当主动公开的其他政府信息。

第 21 条　主动公开的补充规定

除本条例第二十条规定的政府信息外，设区的市级、县级人民政府及其部门还应当根据本地方的具体情况，主动公开涉及市政建设、公共服务、公益事业、土地征收、房屋征收、治安管理、社会救助等方面的政府信息；乡（镇）人民政府还应当根据本地方的具体情况，主动公开贯彻落实农业农村政策、农田水利工程建设运营、农村土地承包经营权流转、宅基地使用情况审核、土地征收、房屋征收、筹资筹劳、社会救助等方面的政府信息。

第 22 条　主动公开内容的不断增加

行政机关应当依照本条例第二十条、第二十一条的规定，确定主动公开政府信息的具体内容，并按照上级行政机关的部署，不断增加主动公开的内容。

第 23 条　公开方式

行政机关应当建立健全政府信息发布机制，将主动公开的政府信息通过政府公报、政府网站或者其他互联网政务媒体、新闻发布会以及报刊、广播、电视等途径予以公开。

| 第 24 条 | 公开平台 | | 各级人民政府应当加强依托政府门户网站公开政府信息的工作，利用统一的政府信息公开平台集中发布主动公开的政府信息。政府信息公开平台应当具备信息检索、查阅、下载等功能。 |

第 25 条	公开场所	1	各级人民政府应当在国家档案馆、公共图书馆、政务服务场所设置政府信息查阅场所，并配备相应的设施、设备，为公民、法人和其他组织获取政府信息提供便利。
		2	行政机关可以根据需要设立公共查阅室、资料索取点、信息公告栏、电子信息屏等场所、设施，公开政府信息。
		3	行政机关应当及时向国家档案馆、公共图书馆提供主动公开的政府信息。

| 第 26 条 | 公开期限 | | 属于主动公开范围的政府信息，应当自该政府信息形成或者变更之日起 20 个工作日内及时公开。法律、法规对政府信息公开的期限另有规定的，从其规定。 |

第四章 依申请公开

第 27 条 依申请公开的范围

除行政机关主动公开的政府信息外，公民、法人或者其他组织可以向地方各级人民政府、对外以自己名义履行行政管理职能的县级以上人民政府部门（含本条例第十条第二款规定的派出机构、内设机构）申请获取相关政府信息。

第 28 条 公开申请渠道

本条例第二十七条规定的行政机关应当建立完善政府信息公开申请渠道，为申请人依法申请获取政府信息提供便利。

第 29 条 依申请公开的形式和要求

公民、法人或者其他组织申请获取政府信息的，应当向行政机关的政府信息公开工作机构提出，并采用包括信件、数据电文在内的书面形式；采用书面形式确有困难的，申请人可以口头提出，由受理该申请的政府信息公开工作机构代为填写政府信息公开申请。

政府信息公开申请应当包括下列内容：
（一）申请人的姓名或者名称、身份证明、联系方式；
（二）申请公开的政府信息的名称、文号或者便于行政机关查询的其他特征性描述；
（三）申请公开的政府信息的形式要求，包括获取信息的方式、途径。

第 30 条 补正程序

政府信息公开申请内容不明确的，行政机关应当给予指导和释明，并自收到申请之日起7个工作日内一次性告知申请人作出补正，说明需要补正的事项和合理的补正期限。答复期限自行政机关收到补正的申请之日起计算。申请人无正当理由逾期不补正的，视为放弃申请，行政机关不再处理该政府信息公开申请。

第 31 条 申请时间

行政机关收到政府信息公开申请的时间，按照下列规定确定：
（一）申请人当面提交政府信息公开申请的，以提交之日为收到申请之日；
（二）申请人以邮寄方式提交政府信息公开申请的，以行政机关签收之日为收到申请之日；以平常信函等无需签收的邮寄方式提交政府信息公开申请的，政府信息公开工作机构应当于收到申请的当日与申请人确认，确认之日为收到申请之日；
（三）申请人通过互联网渠道或者政府信息公开工作机构的传真提交政府信息公开申请的，以双方确认之日为收到申请之日。

第 32 条 征求第三方意见程序

依申请公开的政府信息公开会损害第三方合法权益的，行政机关应当书面征求第三方的意见。第三方应当自收到征求意见书之日起15个工作日内提出意见。第三方逾期未提出意见的，由行政机关依照本条例的规定决定是否公开。第三方不同意公开且有合理理由的，行政机关不予公开。行政机关认为不公开可能对公共利益造成重大影响的，可以决定予以公开，并将决定公开的政府信息内容和理由书面告知第三方。

第十条 行政机关制作的政府信息,由制作该政府信息的行政机关负责公开。行政机关从公民、法人和其他组织获取的政府信息,由保存该政府信息的行政机关负责公开;行政机关获取的其他行政机关的政府信息,由制作或者最初获取该政府信息的行政机关负责公开。法律、法规对政府信息公开的权限另有规定的,从其规定。

行政机关设立的派出机构、内设机构依照法律、法规对外以自己名义履行行政管理职能的,可以由该派出机构、内设机构负责与所履行行政管理职能有关的政府信息公开工作。

两个以上行政机关共同制作的政府信息,由牵头制作的行政机关负责公开。

第33条	依申请公开的答复期限	① 行政机关收到政府信息公开申请,能够当场答复的,应当当场予以答复。
		② 行政机关不能当场答复的,应当自收到申请之日起20个工作日内予以答复;需要延长答复期限的,应当经政府信息公开工作机构负责人同意并告知申请人,延长的期限最长不得超过20个工作日。
		③ 行政机关征求第三方和其他机关意见所需时间不计算在前款规定的期限内。
第34条	征求其他行政机关意见	申请公开的政府信息由两个以上行政机关共同制作的,牵头制作的行政机关收到政府信息公开申请后可以征求相关行政机关的意见,被征求意见机关应当自收到征求意见书之日起15个工作日内提出意见,逾期未提出意见的视为同意公开。
第35条	特别措施	申请人申请公开政府信息的数量、频次明显超过合理范围,行政机关可以要求申请人说明理由。行政机关认为申请理由不合理的,告知申请人不予处理;行政机关认为申请理由合理,但是无法在本条例第三十三条规定的期限内答复申请人的,可以确定延迟答复的合理期限并告知申请人。
第36条	依申请公开的答复	对政府信息公开申请,行政机关根据下列情况分别作出答复: (一)所申请公开信息已经主动公开的,告知申请人获取该政府信息的方式、途径; (二)所申请公开信息可以公开的,向申请人提供该政府信息,或者告知申请人获取该政府信息的方式、途径和时间; (三)行政机关依据本条例的规定决定不予公开的,告知申请人不予公开并说明理由; (四)经检索没有所申请公开信息的,告知申请人该政府信息不存在; (五)所申请公开信息不属于本行政机关负责公开的,告知申请人并说明理由;能够确定负责公开该政府信息的行政机关的,告知申请人该行政机关的名称、联系方式; (六)行政机关已就申请人提出的政府信息公开申请作出答复、申请人重复申请公开相同政府信息的,告知申请人不予重复处理; (七)所申请公开信息属于工商、不动产登记资料等信息,有关法律、行政法规对信息的获取有特别规定的,告知申请人依照有关法律、行政法规的规定办理。
第37条	区分公开制度	申请公开的信息中含有不应当公开或者不属于政府信息的内容,但是能够作区分处理的,行政机关应当向申请人提供可以公开的政府信息内容,并对不予公开的内容说明理由。

第38条	无法提供的处理	行政机关向申请人提供的信息，应当是已制作或者获取的政府信息。除依照本条例第三十七条的规定能够作区分处理的外，需要行政机关对现有政府信息进行加工、分析的，行政机关可以不予提供。
第39条	不予处理	1 申请人以政府信息公开申请的形式进行信访、投诉、举报等活动，行政机关应当告知申请人不作为政府信息公开申请处理并可以告知通过相应渠道提出。 2 申请人提出的申请内容为要求行政机关提供政府公报、报刊、书籍等公开出版物的，行政机关可以告知获取的途径。
第40条	依申请公开的形式	行政机关依申请公开政府信息，应当根据申请人的要求及行政机关保存政府信息的实际情况，确定提供政府信息的具体形式；按照申请人要求的形式提供政府信息，可能危及政府信息载体安全或者公开成本过高的，可以通过电子数据以及其他适当形式提供，或者安排申请人查阅、抄录相关政府信息。
第41条	政府信息更正机制	公民、法人或者其他组织有证据证明行政机关提供的与其自身相关的政府信息记录不准确的，可以要求行政机关更正。有权更正的行政机关审核属实的，应当予以更正并告知申请人；不属于本行政机关职能范围的，行政机关可以转送有权更正的行政机关处理并告知申请人，或者告知申请人向有权更正的行政机关提出。
第42条	依申请公开的收费	1 行政机关依申请提供政府信息，不收取费用。但是，申请人申请公开政府信息的数量、频次明显超过合理范围的，行政机关可以收取信息处理费。 2 行政机关收取信息处理费的具体办法由国务院价格主管部门会同国务院财政部门、全国政府信息公开工作主管部门制定。
第43条	为特殊群体提供必要帮助	申请公开政府信息的公民存在阅读困难或者视听障碍的，行政机关应当为其提供必要的帮助。
第44条	鼓励积极主动公开	1 多个申请人就相同政府信息向同一行政机关提出公开申请，且该政府信息属于可以公开的，行政机关可以纳入主动公开的范围。 2 对行政机关依申请公开的政府信息，申请人认为涉及公众利益调整、需要公众广泛知晓或者需要公众参与决策的，可以建议行政机关将该信息纳入主动公开的范围。行政机关经审核认为属于主动公开范围的，应当及时主动公开。
第45条	工作规范	行政机关应当建立健全政府信息公开申请登记、审核、办理、答复、归档的工作制度，加强工作规范。

第三十七条 申请公开的信息中含有不应当公开或者不属于政府信息的内容，但是能够作区分处理的，行政机关应当向申请人提供可以公开的政府信息内容，并对不予公开的内容说明理由。

第五章 监督和保障

第46条 考核、评议、责任追究制度

各级人民政府应当建立健全政府信息公开工作考核制度、社会评议制度和责任追究制度,定期对政府信息公开工作进行考核、评议。

第47条 日常指导和监督检查

1 政府信息公开工作主管部门应当加强对政府信息公开工作的日常指导和监督检查,对行政机关未按照要求开展政府信息公开工作的,予以督促整改或者通报批评;需要对负有责任的领导人员和直接责任人员追究责任的,依法向有权机关提出处理建议。

2 公民、法人或者其他组织认为行政机关未按照要求主动公开政府信息或者对政府信息公开申请不依法答复处理的,可以向政府信息公开工作主管部门提出。政府信息公开工作主管部门查证属实的,应当予以督促整改或者通报批评。

第48条 定期培训

政府信息公开工作主管部门应当对行政机关的政府信息公开工作人员定期进行培训。

第49条 年度报告制度

1 县级以上人民政府部门应当在每年1月31日前向本级政府信息公开工作主管部门提交本行政机关上一年度政府信息公开工作年度报告并向社会公布。

2 县级以上地方人民政府的政府信息公开工作主管部门应当在每年3月31日前向社会公布本级政府上一年度政府信息公开工作年度报告。

第50条 年度报告的内容

1 政府信息公开工作年度报告应当包括下列内容:
(一)行政机关主动公开政府信息的情况;
(二)行政机关收到和处理政府信息公开申请的情况;
(三)因政府信息公开工作被申请行政复议、提起行政诉讼的情况;
(四)政府信息公开工作存在的主要问题及改进情况,各级人民政府的政府信息公开工作年度报告还应当包括工作考核、社会评议和责任追究结果情况;
(五)其他需要报告的事项。

2 全国政府信息公开工作主管部门应当公布政府信息公开工作年度报告统一格式,并适时更新。

第51条 投诉、举报制度和救济制度

公民、法人或者其他组织认为行政机关在政府信息公开工作中侵犯其合法权益的,可以向上一级行政机关或者政府信息公开工作主管部门投诉、举报,也可以依法申请行政复议或者提起行政诉讼。

第52条 违反本条例应承担的法律责任

行政机关违反本条例的规定,未建立健全政府信息公开有关制度、机制的,由上一级行政机关责令改正;情节严重的,对负有责任的领导人员和直接责任人员依法给予处分。

第53条	法律责任的具体规定	行政机关违反本条例的规定，有下列情形之一的，由上一级行政机关责令改正；情节严重的，对负有责任的领导人员和直接责任人员依法给予处分；构成犯罪的，依法追究刑事责任： （一）不依法履行政府信息公开职能； （二）不及时更新公开的政府信息内容、政府信息公开指南和政府信息公开目录； （三）违反本条例规定的其他情形。

第六章 附则

第 54 条　被授权组织的适用

法律、法规授权的具有管理公共事务职能的组织公开政府信息的活动，适用本条例。

第 55 条　对公共企事业单位的适用

1　教育、卫生健康、供水、供电、供气、供热、环境保护、公共交通等与人民群众利益密切相关的公共企事业单位，公开在提供社会公共服务过程中制作、获取的信息，依照相关法律、法规和国务院有关主管部门或者机构的规定执行。全国政府信息公开工作主管部门根据实际需要可以制定专门的规定。

2　前款规定的公共企事业单位未依照相关法律、法规和国务院有关主管部门或者机构的规定公开在提供社会公共服务过程中制作、获取的信息，公民、法人或者其他组织可以向有关主管部门或者机构申诉，接受申诉的部门或者机构应当及时调查处理并将处理结果告知申诉人。

第 56 条　施行时间

本条例自 2019 年 5 月 15 日起施行。

中华人民共和国国家赔偿法

（1994年5月12日第八届全国人民代表大会常务委员会第七次会议通过 根据2010年4月29日第十一届全国人民代表大会常务委员会第十四次会议《关于修改〈中华人民共和国国家赔偿法〉的决定》第一次修正 根据2012年10月26日第十一届全国人民代表大会常务委员会第二十九次会议《关于修改〈中华人民共和国国家赔偿法〉的决定》第二次修正）

第一章 总则

第1条 立法目的

为保障公民、法人和其他组织享有依法取得国家赔偿的权利,促进国家机关依法行使职权,根据宪法,制定本法。

第2条 依法赔偿

1. 国家机关和国家机关工作人员行使职权,有本法规定的侵犯公民、法人和其他组织合法权益的情形,造成损害的,受害人有依照本法取得国家赔偿的权利。
2. 本法规定的赔偿义务机关,应当依照本法及时履行赔偿义务。

第二章 行政赔偿

第一节 赔偿范围

第3条 侵犯人身权的行政赔偿范围

行政机关及其工作人员在行使行政职权时有下列侵犯人身权情形之一的，受害人有取得赔偿的权利：
（一）违法拘留或者违法采取限制公民人身自由的行政强制措施的；
（二）非法拘禁或者以其他方法非法剥夺公民人身自由的；
（三）以殴打、虐待等行为或者唆使、放纵他人以殴打、虐待等行为造成公民身体伤害或者死亡的；
（四）违法使用武器、警械造成公民身体伤害或者死亡的；
（五）造成公民身体伤害或者死亡的其他违法行为。

第4条 侵犯财产权的行政赔偿范围

行政机关及其工作人员在行使行政职权时有下列侵犯财产权情形之一的，受害人有取得赔偿的权利：
（一）违法实施罚款、吊销许可证和执照、责令停产停业、没收财物等行政处罚的；
（二）违法对财产采取查封、扣押、冻结等行政强制措施的；
（三）违法征收、征用财产的；
（四）造成财产损害的其他违法行为。

第5条 行政侵权中的免责情形

属于下列情形之一的，国家不承担赔偿责任：
（一）行政机关工作人员与行使职权无关的个人行为；
（二）因公民、法人和其他组织自己的行为致使损害发生的；
（三）法律规定的其他情形。

第二节 赔偿请求人和赔偿义务机关

第6条 行政赔偿请求人

1. 受害的公民、法人和其他组织有权要求赔偿。
2. 受害的公民死亡，其继承人和其他有扶养关系的亲属有权要求赔偿。
3. 受害的法人或者其他组织终止的，其权利承受人有权要求赔偿。

第7条 行政赔偿义务机关

1. 行政机关及其工作人员行使行政职权侵犯公民、法人和其他组织的合法权益造成损害的，该行政机关为赔偿义务机关。
2. 两个以上行政机关共同行使行政职权时侵犯公民、法人和其他组织的合法权益造成损害的，共同行使行政职权的行政机关为共同赔偿义务机关。
3. 法律、法规授权的组织在行使授予的行政权力时侵犯公民、法人和其他组织的合法权益造成损害的，被授权的组织为赔偿义务机关。
4. 受行政机关委托的组织或者个人在行使受委托的行政权力时侵犯公民、法人和其他组织的合法权益造成损害的，委托的行政机关为赔偿义务机关。

中华人民共和国国家赔偿法 **7—13**条

		5	赔偿义务机关被撤销的，继续行使其职权的行政机关为赔偿义务机关；没有继续行使其职权的行政机关的，撤销该赔偿义务机关的行政机关为赔偿义务机关。
第8条	经过行政复议的赔偿义务机关		经复议机关复议的，最初造成侵权行为的行政机关为赔偿义务机关，但复议机关的复议决定加重损害的，复议机关对加重的部分履行赔偿义务。

第三节　赔偿程序

第9条	赔偿请求人要求行政赔偿的途径	1	赔偿义务机关有本法第三条、第四条规定情形之一的，应当给予赔偿。
		2	赔偿请求人要求赔偿，应当先向赔偿义务机关提出，也可以在申请行政复议或者提起行政诉讼时一并提出。
第10条	行政赔偿的共同赔偿义务机关		赔偿请求人可以向共同赔偿义务机关中的任何一个赔偿义务机关要求赔偿，该赔偿义务机关应当先予赔偿。
第11条	根据损害提出数项赔偿要求		赔偿请求人根据受到的不同损害，可以同时提出数项赔偿要求。
第12条	赔偿请求人递交赔偿申请书	1	要求赔偿应当递交申请书，申请书应当载明下列事项： （一）受害人的姓名、性别、年龄、工作单位和住所，法人或者其他组织的名称、住所和法定代表人或者主要负责人的姓名、职务； （二）具体的要求、事实根据和理由； （三）申请的年、月、日。
		2	赔偿请求人书写申请书确有困难的，可以委托他人代书；也可以口头申请，由赔偿义务机关记入笔录。
		3	赔偿请求人不是受害人本人的，应当说明与受害人的关系，并提供相应证明。
		4	赔偿请求人当面递交申请书的，赔偿义务机关应当当场出具加盖本行政机关专用印章并注明收讫日期的书面凭证。申请材料不齐全的，赔偿义务机关应当当场或在五日内一次性告知赔偿请求人需要补正的全部内容。
第13条	行政赔偿义务机关作出赔偿决定	1	赔偿义务机关应当自收到申请之日起两个月内，作出是否赔偿的决定，赔偿义务机关作出赔偿决定，应当充分听取赔偿请求人的意见，并可以与赔偿请求人就赔偿方式、赔偿项目和赔偿数额依照本法第四章的规定进行协商。
		2	赔偿义务机关决定赔偿的，应当制作赔偿决定书，并自作出决定之日起十日内送达赔偿请求人。
		3	赔偿义务机关决定不予赔偿的，应当自作出决定之日起十日内书面通知赔偿请求人，并说明不予赔偿的理由。

第14条 赔偿请求人向法院提起诉讼

1. 赔偿义务机关在规定期限内未作出是否赔偿的决定，赔偿请求人可以自期限届满之日起三个月内，向人民法院提起诉讼。
2. 赔偿请求人对赔偿的方式、项目、数额有异议的，或者赔偿义务机关作出不予赔偿决定的，赔偿请求人可以自赔偿义务机关作出赔偿或者不予赔偿决定之日起三个月内，向人民法院提起诉讼。

第15条 举证责任

1. 人民法院审理行政赔偿案件，赔偿请求人和赔偿义务机关对自己提出的主张，应当提供证据。
2. 赔偿义务机关采取行政拘留或者限制人身自由的强制措施期间，被限制人身自由的人死亡或者丧失行为能力的，赔偿义务机关的行为与被限制人身自由的人的死亡或者丧失行为能力是否存在因果关系，赔偿义务机关应当提供证据。

第16条 行政追偿

1. 赔偿义务机关赔偿损失后，应当责令有故意或者重大过失的工作人员或者受委托的组织或者个人承担部分或者全部赔偿费用。
2. 对有故意或者重大过失的责任人员，有关机关应当依法给予处分；构成犯罪的，应当依法追究刑事责任。

第三章 刑事赔偿

第一节 赔偿范围

第17条 侵犯人身权的刑事赔偿范围

行使侦查、检察、审判职权的机关以及看守所、监狱管理机关及其工作人员在行使职权时有下列侵犯人身权情形之一的，受害人有取得赔偿的权利：
（一）违反刑事诉讼法的规定对公民采取拘留措施的，或者依照刑事诉讼法规定的条件和程序对公民采取拘留措施，但是拘留时间超过刑事诉讼法规定的时限，其后决定撤销案件、不起诉或者判决宣告无罪终止追究刑事责任的；
（二）对公民采取逮捕措施后，决定撤销案件、不起诉或者判决宣告无罪终止追究刑事责任的；
（三）依照审判监督程序再审改判无罪，原判刑罚已经执行的；
（四）刑讯逼供或者以殴打、虐待等行为或者唆使、放纵他人以殴打、虐待等行为造成公民身体伤害或者死亡的；
（五）违法使用武器、警械造成公民身体伤害或者死亡的。

第18条 侵犯财产权的刑事赔偿范围

行使侦查、检察、审判职权的机关以及看守所、监狱管理机关及其工作人员在行使职权时有下列侵犯财产权情形之一的，受害人有取得赔偿的权利：
（一）违法对财产采取查封、扣押、冻结、追缴等措施的；
（二）依照审判监督程序再审改判无罪，原判罚金、没收财产已经执行的。

第19条 刑事赔偿免责情形

属于下列情形之一的，国家不承担赔偿责任：
（一）因公民自己故意作虚伪供述，或者伪造其他有罪证据被羁押或者被判处刑罚的；
（二）依照刑法第十七条、第十八条规定不负刑事责任的人被羁押的；
（三）依照刑事诉讼法第十五条、第一百七十三条第二款、第二百七十三条第二款、第二百七十九条规定不追究刑事责任的人被羁押的；
（四）行使侦查、检察、审判职权的机关以及看守所、监狱管理机关的工作人员与行使职权无关的个人行为；
（五）因公民自伤、自残等故意行为致使损害发生的；
（六）法律规定的其他情形。

第二节 赔偿请求人和赔偿义务机关

第20条 刑事赔偿请求人

赔偿请求人的确定依照本法第六条的规定。

第21条 刑事赔偿义务机关

行使侦查、检察、审判职权的机关以及看守所、监狱管理机关及其工作人员在行使职权时侵犯公民、法人和其他组织的合法权益造成损害的，该机关为赔偿义务机关。

		2	对公民采取拘留措施，依照本法的规定应当给予国家赔偿的，作出拘留决定的机关为赔偿义务机关。
		3	对公民采取逮捕措施后决定撤销案件、不起诉或者判决宣告无罪的，作出逮捕决定的机关为赔偿义务机关。
		4	再审改判无罪的，作出原生效判决的人民法院为赔偿义务机关。二审改判无罪，以及二审发回重审后作无罪处理的，作出一审有罪判决的人民法院为赔偿义务机关。

第三节　赔偿程序

第22条	刑事赔偿的提出和赔偿义务机关先行处理	1	赔偿义务机关有本法第十七条、第十八条规定情形之一的，应当给予赔偿。
		2	赔偿请求人要求赔偿，应当先向赔偿义务机关提出。
		3	赔偿请求人提出赔偿请求，适用本法第十一条、第十二条的规定。
第23条	刑事赔偿义务机关赔偿决定的作出	1	赔偿义务机关应当自收到申请之日起两个月内，作出是否赔偿的决定。赔偿义务机关作出赔偿决定，应当充分听取赔偿请求人的意见，并可以与赔偿请求人就赔偿方式、赔偿项目和赔偿数额依照本法第四章的规定进行协商。
		2	赔偿义务机关决定赔偿的，应当制作赔偿决定书，并自作出决定之日起十日内送达赔偿请求人。
		3	赔偿义务机关决定不予赔偿的，应当自作出决定之日起十日内书面通知赔偿请求人，并说明不予赔偿的理由。
第24条	刑事赔偿复议申请的提出	1	赔偿义务机关在规定期限内未作出是否赔偿的决定，赔偿请求人可以自期限届满之日起三十日内向赔偿义务机关的上一级机关申请复议。
		2	赔偿请求人对赔偿的方式、项目、数额有异议的，或者赔偿义务机关作出不予赔偿决定的，赔偿请求人可以自赔偿义务机关作出赔偿或者不予赔偿决定之日起三十日内，向赔偿义务机关的上一级机关申请复议。
		3	赔偿义务机关是人民法院的，赔偿请求人可以依照本条规定向其上一级人民法院赔偿委员会申请作出赔偿决定。
第25条	刑事赔偿复议的处理和对复议决定的救济	1	复议机关应当自收到申请之日起两个月内作出决定。
		2	赔偿请求人不服复议决定的，可以在收到复议决定之日起三十日内向复议机关所在地的同级人民法院赔偿委员会申请作出赔偿决定；复议机关逾期不作决定的，赔偿请求人可以自期限届满之日起三十日内向复议机关所在地的同级人民法院赔偿委员会申请作出赔偿决定。
第26条	举证责任分配	1	人民法院赔偿委员会处理赔偿请求，赔偿请求人和赔偿义务机关对自己提出的主张，应当提供证据。

		2	被羁押人在羁押期间死亡或者丧失行为能力的,赔偿义务机关的行为与被羁押人的死亡或者丧失行为能力是否存在因果关系,赔偿义务机关应当提供证据。
第27条	赔偿委员会办理案件程序		人民法院赔偿委员会处理赔偿请求,采取书面审查的办法。必要时,可以向有关单位和人员调查情况、收集证据。赔偿请求人与赔偿义务机关对损害事实及因果关系有争议的,赔偿委员会可以听取赔偿请求人和赔偿义务机关的陈述和申辩,并可以进行质证。
第28条	赔偿委员会办理案件期限		人民法院赔偿委员会应当自收到赔偿申请之日起三个月内作出决定;属于疑难、复杂、重大案件的,经本院院长批准,可以延长三个月。
第29条	赔偿委员会的组成	1	中级以上的人民法院设立赔偿委员会,由人民法院三名以上审判员组成,组成人员的人数应当为单数。
		2	赔偿委员会作赔偿决定,实行少数服从多数的原则。
		3	赔偿委员会作出的赔偿决定,是发生法律效力的决定,必须执行。
第30条	赔偿委员会重新审查程序	1	赔偿请求人或者赔偿义务机关对赔偿委员会作出的决定,认为确有错误的,可以向上一级人民法院赔偿委员会提出申诉。
		2	赔偿委员会作出的赔偿决定生效后,如发现赔偿决定违反本法规定的,经本院院长决定或者上级人民法院指令,赔偿委员会应当在两个月内重新审查并依法作出决定,上一级人民法院赔偿委员会也可以直接审查并作出决定。
		3	最高人民检察院对各级人民法院赔偿委员会作出的决定,上级人民检察院对下级人民法院赔偿委员会作出的决定,发现违反本法规定的,应当向同级人民法院赔偿委员会提出意见,同级人民法院赔偿委员会应当在两个月内重新审查并依法作出决定。
第31条	刑事赔偿的追偿	1	赔偿义务机关赔偿后,应当向有下列情形之一的工作人员追偿部分或者全部赔偿费用: (一)有本法第十七条第四项、第五项规定情形的; (二)在处理案件中有贪污受贿,徇私舞弊,枉法裁判行为的。
		2	对有前款规定情形的责任人员,有关机关应当依法给予处分;构成犯罪的,应当依法追究刑事责任。

第四章 赔偿方式和计算标准

第32条 赔偿方式

1. 国家赔偿以支付赔偿金为主要方式。
2. 能够返还财产或者恢复原状的,予以返还财产或者恢复原状。

第33条 人身自由的国家赔偿标准

侵犯公民人身自由的,每日赔偿金按照国家上年度职工日平均工资计算。

第34条 生命健康权的国家赔偿标准

1. 侵犯公民生命健康权的,赔偿金按照下列规定计算:
（一）造成身体伤害的,应当支付医疗费、护理费,以及赔偿因误工减少的收入。减少的收入每日的赔偿金按照国家上年度职工日平均工资计算,最高额为国家上年度职工年平均工资的五倍;
（二）造成部分或者全部丧失劳动能力的,应当支付医疗费、护理费、残疾生活辅助具费、康复费等因残疾而增加的必要支出和继续治疗所必需的费用,以及残疾赔偿金。残疾赔偿金根据丧失劳动能力的程度,按照国家规定的伤残等级确定,最高不超过国家上年度职工年平均工资的二十倍。造成全部丧失劳动能力的,对其扶养的无劳动能力的人,还应当支付生活费;
（三）造成死亡的,应当支付死亡赔偿金、丧葬费,总额为国家上年度职工年平均工资的二十倍。对死者生前扶养的无劳动能力的人,还应当支付生活费。
2. 前款第二项、第三项规定的生活费的发放标准,参照当地最低生活保障标准执行。被扶养的人是未成年人的,生活费给付至十八周岁止;其他无劳动能力的人,生活费给付至死亡时止。

第35条 精神损害的国家赔偿标准

有本法第三条或者第十七条规定情形之一,致人精神损害的,应当在侵权行为影响的范围内,为受害人消除影响,恢复名誉,赔礼道歉;造成严重后果的,应当支付相应的精神损害抚慰金。

第36条 财产权的国家赔偿标准

侵犯公民、法人和其他组织的财产权造成损害的,按照下列规定处理:
（一）处罚款、罚金、追缴、没收财产或者违法征收、征用财产的,返还财产;
（二）查封、扣押、冻结财产的,解除对财产的查封、扣押、冻结,造成财产损坏或者灭失的,依照本条第三项、第四项的规定赔偿;
（三）应当返还的财产损坏的,能够恢复原状的恢复原状,不能恢复原状的,按照损害程度给付相应的赔偿金;
（四）应当返还的财产灭失的,给付相应的赔偿金;
（五）财产已经拍卖或者变卖的,给付拍卖或者变卖所得的价款;变卖的价款明显低于财产价值的,应当支付相应的赔偿金;
（六）吊销许可证和执照、责令停产停业的,赔偿停产停业期间必要的经常性费用开支;
（七）返还执行的罚款或者罚金、追缴或者没收的金钱,解除冻结的存款或者汇款的,应当支付银行同期存款利息;
（八）对财产权造成其他损害的,按照直接损失给予赔偿。

第37条 | 国家赔偿费用

1. 赔偿费用列入各级财政预算。
2. 赔偿请求人凭生效的判决书、复议决定书、赔偿决定书或者调解书，向赔偿义务机关申请支付赔偿金。
3. 赔偿义务机关应当自收到支付赔偿金申请之日起七日内，依照预算管理权限向有关的财政部门提出支付申请，财政部门应当自收到支付申请之日起十五日内支付赔偿金。
4. 赔偿费用预算与支付管理的具体办法由国务院规定。

第五章 其他规定

第38条 民事、行政诉讼中的司法赔偿

人民法院在民事诉讼、行政诉讼过程中,违法采取对妨害诉讼的强制措施、保全措施或者对判决、裁定及其他生效法律文书执行错误,造成损害的,赔偿请求人要求赔偿的程序,适用本法刑事赔偿程序的规定。

第39条 国家赔偿请求时效

1. 赔偿请求人请求国家赔偿的时效为两年,自其知道或者应当知道国家机关及其工作人员行使职权时的行为侵犯其人身权、财产权之日起计算,但被羁押等限制人身自由期间不计算在内。在申请行政复议或者提起行政诉讼时一并提出赔偿请求的,适用行政复议法、行政诉讼法有关时效的规定。
2. 赔偿请求人在赔偿请求时效的最后六个月内,因不可抗力或者其他障碍不能行使请求权的,时效中止。从中止时效的原因消除之日起,赔偿请求时效期间继续计算。

第40条 对等原则

1. 外国人、外国企业和组织在中华人民共和国领域内要求中华人民共和国国家赔偿的,适用本法。
2. 外国人、外国企业和组织的所属国对中华人民共和国公民、法人和其他组织要求该国国家赔偿的权利不予保护或者限制的,中华人民共和国与该外国人、外国企业和组织的所属国实行对等原则。

第六章 附则

第41条 不得收费和征税

1. 赔偿请求人要求国家赔偿的,赔偿义务机关、复议机关和人民法院不得向赔偿请求人收取任何费用。
2. 对赔偿请求人取得的赔偿金不予征税。

第42条 施行时间

本法自1995年1月1日起施行。

附

最高人民法院关于适用《中华人民共和国国家赔偿法》若干问题的解释（一）

法释〔2011〕4号

（2011年2月14日由最高人民法院审判委员会第1511次会议通过 2011年2月28日最高人民法院公告公布 自2011年3月18日起施行）

为正确适用2010年4月29日第十一届全国人民代表大会常务委员会第十四次会议修正的《中华人民共和国国家赔偿法》，对人民法院处理国家赔偿案件中适用国家赔偿法的有关问题解释如下：

第一条 国家机关及其工作人员行使职权侵犯公民、法人和其他组织合法权益的行为发生在2010年12月1日以后，或者发生在2010年12月1日以前、持续至2010年12月1日以后的，适用修正的国家赔偿法。

第二条 国家机关及其工作人员行使职权侵犯公民、法人和其他组织合法权益的行为发生在2010年12月1日以前的，适用修正前的国家赔偿法，但有下列情形之一的，适用修正的国家赔偿法：

（一）2010年12月1日以前已经受理赔偿请求人的赔偿请求但尚未作出生效赔偿决定的；

（二）赔偿请求人在2010年12月1日以后提出赔偿请求的。

第三条 人民法院对2010年12月1日以前已经受理但尚未审结的国家赔偿确认案件，应当继续审理。

第四条 公民、法人和其他组织对行使侦查、检察、审判职权的机关以及看守所、监狱管理机关在2010年12月1日以前作出并已发生法律效力的不予确认职务行为违法的法律文书不服，未依据修正前的国家赔偿法规定提出申诉并经有权机关作出侵权确认结论，直接向人民法院赔偿委员会申请赔偿的，不予受理。

第五条 公民、法人和其他组织对在2010年12月1日以前发生法律效力的赔偿决定不服提出申诉的，人民法院审查处理时适用修正前的国家赔偿法；但是仅就修正的国家赔偿法增加的赔偿项目及标准提出申诉的，人民法院不予受理。

第六条 人民法院审查发现2010年12月1日以前发生法律效力的确认裁定、赔偿决定确有错误应当重新审查处理的，适用修正前的国家赔偿法。

第七条 赔偿请求人认为行使侦查、检察、审判职权的机关以及看守所、监狱管理机关及其工作人员在行使职权时有修正的国家赔偿法第十七条第（一）、（二）、（三）项、第十八条规定情形，应当在刑事诉讼程序终结后提出赔偿请求，但下列情形除外：

（一）赔偿请求人有证据证明其与尚未终结的刑事案件无关的；

（二）刑事案件被害人依据刑事诉讼法第一百九十八条的规定，以财产未返还或者认为返还的财产受到损害而要求赔偿的。

第八条　赔偿请求人认为人民法院有修正的国家赔偿法第三十八条规定情形的，应当在民事、行政诉讼程序或者执行程序终结后提出赔偿请求，但人民法院已依法撤销对妨害诉讼采取的强制措施的情形除外。

第九条　赔偿请求人或者赔偿义务机关认为人民法院赔偿委员会作出的赔偿决定存在错误，依法向上一级人民法院赔偿委员会提出申诉的，不停止赔偿决定的执行；但人民法院赔偿委员会依据修正的国家赔偿法第三十条的规定决定重新审查的，可以决定中止原赔偿决定的执行。

第十条　人民检察院依据修正的国家赔偿法第三十条第三款的规定，对人民法院赔偿委员会在 2010 年 12 月 1 日以后作出的赔偿决定提出意见的，同级人民法院赔偿委员会应当决定重新审查，并可以决定中止原赔偿决定的执行。

第十一条　本解释自公布之日起施行。

最高人民法院关于审理行政赔偿案件若干问题的规定

法释〔2022〕10号

（2021年12月6日最高人民法院审判委员会第1855次会议通过，自2022年5月1日起施行）

为保护公民、法人和其他组织的合法权益，监督行政机关依法履行行政赔偿义务，确保人民法院公正、及时审理行政赔偿案件，实质化解行政赔偿争议，根据《中华人民共和国行政诉讼法》（以下简称行政诉讼法）《中华人民共和国国家赔偿法》（以下简称国家赔偿法）等法律规定，结合行政审判工作实际，制定本规定。

一、受案范围

第一条 国家赔偿法第三条、第四条规定的"其他违法行为"包括以下情形：
（一）不履行法定职责行为；
（二）行政机关及其工作人员在履行行政职责过程中作出的不产生法律效果，但事实上损害公民、法人或者其他组织人身权、财产权等合法权益的行为。

第二条 依据行政诉讼法第一条、第十二条第一款第十二项和国家赔偿法第二条规定，公民、法人或者其他组织认为行政机关及其工作人员违法行使行政职权对其劳动权、相邻权等合法权益造成人身、财产损害的，可以依法提起行政赔偿诉讼。

第三条 赔偿请求人不服赔偿义务机关下列行为的，可以依法提起行政赔偿诉讼：
（一）确定赔偿方式、项目、数额的行政赔偿决定；
（二）不予赔偿决定；
（三）逾期不作出赔偿决定；
（四）其他有关行政赔偿的行为。

第四条 法律规定由行政机关最终裁决的行政行为被确认违法后，赔偿请求人可以单独提起行政赔偿诉讼。

第五条 公民、法人或者其他组织认为国防、外交等国家行为或者行政机关制定发布行政法规、规章或者具有普遍约束力的决定、命令侵犯其合法权益造成损害，向人民法院提起行政赔偿诉讼的，不属于人民法院行政赔偿诉讼的受案范围。

二、诉讼当事人

第六条 公民、法人或者其他组织一并提起行政赔偿诉讼中的当事人地位，按照其在行政诉讼中的地位确定，行政诉讼与行政赔偿诉讼当事人不一致的除外。

第七条　受害的公民死亡，其继承人和其他有扶养关系的人可以提起行政赔偿诉讼，并提供该公民死亡证明、赔偿请求人与死亡公民之间的关系证明。

受害的公民死亡，支付受害公民医疗费、丧葬费等合理费用的人可以依法提起行政赔偿诉讼。

有权提起行政赔偿诉讼的法人或者其他组织分立、合并、终止，承受其权利的法人或者其他组织可以依法提起行政赔偿诉讼。

第八条　两个以上行政机关共同实施侵权行政行为造成损害的，共同侵权行政机关为共同被告。赔偿请求人坚持对其中一个或者几个侵权机关提起行政赔偿诉讼，以被起诉的机关为被告，未被起诉的机关追加为第三人。

第九条　原行政行为造成赔偿请求人损害，复议决定加重损害的，复议机关与原行政行为机关为共同被告。赔偿请求人坚持对作出原行政行为机关或者复议机关提起行政赔偿诉讼，以被起诉的机关为被告，未被起诉的机关追加为第三人。

第十条　行政机关依据行政诉讼法第九十七条的规定申请人民法院强制执行其行政行为，因据以强制执行的行政行为违法而发生行政赔偿诉讼的，申请强制执行的行政机关为被告。

三、证据

第十一条　行政赔偿诉讼中，原告应当对行政行为造成的损害提供证据；因被告的原因导致原告无法举证的，由被告承担举证责任。

人民法院对于原告主张的生产和生活所必需物品的合理损失，应当予以支持；对于原告提出的超出生产和生活所必需的其他贵重物品、现金损失，可以结合案件相关证据予以认定。

第十二条　原告主张其被限制人身自由期间受到身体伤害，被告否认相关损害事实或者损害与违法行政行为存在因果关系的，被告应当提供相应的证据证明。

四、起诉与受理

第十三条　行政行为未被确认为违法，公民、法人或者其他组织提起行政赔偿诉讼的，人民法院应当视为提起行政诉讼时一并提起行政赔偿诉讼。

行政行为已被确认为违法，并符合下列条件的，公民、法人或者其他组织可以单独提起行政赔偿诉讼：

（一）原告具有行政赔偿请求资格；

（二）有明确的被告；

（三）有具体的赔偿请求和受损害的事实根据；

（四）赔偿义务机关已先行处理或者超过法定期限不予处理；

（五）属于人民法院行政赔偿诉讼的受案范围和受诉人民法院管辖；

（六）在法律规定的起诉期限内提起诉讼。

第十四条 原告提起行政诉讼时未一并提起行政赔偿诉讼，人民法院审查认为可能存在行政赔偿的，应当告知原告可以一并提起行政赔偿诉讼。

原告在第一审庭审终结前提起行政赔偿诉讼，符合起诉条件的，人民法院应当依法受理；原告在第一审庭审终结后、宣判前提起行政赔偿诉讼的，是否准许由人民法院决定。

原告在第二审程序或者再审程序中提出行政赔偿请求的，人民法院可以组织各方调解；调解不成的，告知其另行起诉。

第十五条 公民、法人或者其他组织应当自知道或者应当知道行政行为侵犯其合法权益之日起两年内，向赔偿义务机关申请行政赔偿。赔偿义务机关在收到赔偿申请之日起两个月内未作出赔偿决定的，公民、法人或者其他组织可以依照行政诉讼法有关规定提起行政赔偿诉讼。

第十六条 公民、法人或者其他组织提起行政诉讼时一并请求行政赔偿的，适用行政诉讼法有关起诉期限的规定。

第十七条 公民、法人或者其他组织仅对行政复议决定中的行政赔偿部分有异议，自复议决定书送达之日起十五日内提起行政赔偿诉讼的，人民法院应当依法受理。

行政机关作出有赔偿内容的行政复议决定时，未告知公民、法人或者其他组织起诉期限的，起诉期限从公民、法人或者其他组织知道或者应当知道起诉期限之日起计算，但从知道或者应当知道行政复议决定内容之日起最长不得超过一年。

第十八条 行政行为被有权机关依照法定程序撤销、变更、确认违法或无效，或者实施行政行为的行政机关工作人员因该行为被生效法律文书或监察机关政务处分确认为渎职、滥用职权的，属于本规定所称的行政行为被确认为违法的情形。

第十九条 公民、法人或者其他组织一并提起行政赔偿诉讼，人民法院经审查认为行政诉讼不符合起诉条件的，对一并提起的行政赔偿诉讼，裁定不予立案；已经立案的，裁定驳回起诉。

第二十条 在涉及行政许可、登记、征收、征用和行政机关对民事争议所作的裁决的行政案件中，原告提起行政赔偿诉讼的同时，有关当事人申请一并解决相关民事争议的，人民法院可以一并审理。

五、审理和判决

第二十一条 两个以上行政机关共同实施违法行政行为，或者行政机关及其工作人员与第三人恶意串通作出的违法行政行为，造成公民、法人或者其他组织人身权、财产权等合法权益实际损害的，应当承担连带赔偿责任。

一方承担连带赔偿责任后，对于超出其应当承担部分，可以向其他连带责任人追偿。

第二十二条　两个以上行政机关分别实施违法行政行为造成同一损害，每个行政机关的违法行为都足以造成全部损害的，各行政机关承担连带赔偿责任。

两个以上行政机关分别实施违法行政行为造成同一损害的，人民法院应当根据其违法行政行为在损害发生和结果中的作用大小，确定各自承担相应的行政赔偿责任；难以确定责任大小的，平均承担责任。

第二十三条　由于第三人提供虚假材料，导致行政机关作出的行政行为违法，造成公民、法人或者其他组织损害的，人民法院应当根据违法行政行为在损害发生和结果中的作用大小，确定行政机关承担相应的行政赔偿责任；行政机关已经尽到审慎审查义务的，不承担行政赔偿责任。

第二十四条　由于第三人行为造成公民、法人或者其他组织损害的，应当由第三人依法承担侵权赔偿责任；第三人赔偿不足、无力承担赔偿责任或者下落不明，行政机关又未尽保护、监管、救助等法定义务的，人民法院应当根据行政机关未尽法定义务在损害发生和结果中的作用大小，确定其承担相应的行政赔偿责任。

第二十五条　由于不可抗力等客观原因造成公民、法人或者其他组织损害，行政机关不依法履行、拖延履行法定义务导致未能及时止损或者损害扩大的，人民法院应当根据行政机关不依法履行、拖延履行法定义务行为在损害发生和结果中的作用大小，确定其承担相应的行政赔偿责任。

第二十六条　有下列情形之一的，属于国家赔偿法第三十五条规定的"造成严重后果"：

（一）受害人被非法限制人身自由超过六个月；

（二）受害人经鉴定为轻伤以上或者残疾；

（三）受害人经诊断、鉴定为精神障碍或者精神残疾，且与违法行政行为存在关联；

（四）受害人名誉、荣誉、家庭、职业、教育等方面遭受严重损害，且与违法行政行为存在关联。

有下列情形之一的，可以认定为后果特别严重：

（一）受害人被限制人身自由十年以上；

（二）受害人死亡；

（三）受害人经鉴定为重伤或者残疾一至四级，且生活不能自理；

（四）受害人经诊断、鉴定为严重精神障碍或者精神残疾一至二级，生活不能自理，且与违法行政行为存在关联。

第二十七条 违法行政行为造成公民、法人或者其他组织财产损害，不能返还财产或者恢复原状的，按照损害发生时该财产的市场价格计算损失。市场价格无法确定，或者该价格不足以弥补公民、法人或者其他组织损失的，可以采用其他合理方式计算。

违法征收征用土地、房屋，人民法院判决给予被征收人的行政赔偿，不得少于被征收人依法应当获得的安置补偿权益。

第二十八条 下列损失属于国家赔偿法第三十六条第六项规定的"停产停业期间必要的经常性费用开支"：

（一）必要留守职工的工资；
（二）必须缴纳的税款、社会保险费；
（三）应当缴纳的水电费、保管费、仓储费、承包费；
（四）合理的房屋场地租金、设备租金、设备折旧费；
（五）维系停产停业期间运营所需的其他基本开支。

第二十九条 下列损失属于国家赔偿法第三十六条第八项规定的"直接损失"：

（一）存款利息、贷款利息、现金利息；
（二）机动车停运期间的营运损失；
（三）通过行政补偿程序依法应当获得的奖励、补贴等；
（四）对财产造成的其他实际损失。

第三十条 被告有国家赔偿法第三条规定情形之一，致人精神损害的，人民法院应当判决其在违法行政行为影响的范围内，为受害人消除影响、恢复名誉、赔礼道歉；消除影响、恢复名誉和赔礼道歉的履行方式，可以双方协商，协商不成的，人民法院应当责令被告以适当的方式履行。造成严重后果的，应当判决支付相应的精神损害抚慰金。

第三十一条 人民法院经过审理认为被告对公民、法人或者其他组织造成财产损害的，判决被告限期返还财产、恢复原状；无法返还财产、恢复原状的，判决被告限期支付赔偿金和相应的利息损失。

人民法院审理行政赔偿案件，可以对行政机关赔偿的方式、项目、标准等予以明确，赔偿内容确定的，应当作出具有赔偿金额等给付内容的判决；行政赔偿决定对赔偿数额的确定确有错误的，人民法院判决予以变更。

第三十二条 有下列情形之一的，人民法院判决驳回原告的行政赔偿请求：

（一）原告主张的损害没有事实根据的；
（二）原告主张的损害与违法行政行为没有因果关系的；
（三）原告的损失已经通过行政补偿等其他途径获得充分救济的；
（四）原告请求行政赔偿的理由不能成立的其他情形。

六、其他

第三十三条 本规定自 2022 年 5 月 1 日起施行。《最高人民法院关于审理行政赔偿案件若干问题的规定》(法发〔1997〕10 号)同时废止。

本规定实施前本院发布的司法解释与本规定不一致的,以本规定为准。